nich all up Rosen danzen, weck möten uk up Duurnen danzen Ank/An, ähnl. verstr. – Wetterr.: *Wenn noch lat dei Rosen bläugen, kannst up'n langen Harwst di freugen* HUMGWD 9,37,2. *Bloije dei Rose no' spår, ward dei Wiente klor* Bel/Kw. – **2.** durch Eiterbläschen gekennzeichnete sehr schmerzhafte Viruserkrankung (neben der Gürtel- zumeist die Kopfrose) verbr. *De Fru hett de Ros' in't Jesicht* Ran/Pe. *Dei Ros' is oft gefährlich* Gri/Mi. – Volksgl.: *Wer de Ros' hett, sall nich œwer fleetend Wåter jåhn, sonst kricht he s' duwwelt* Ran/Ro. In der Volksmed. wurde die Erkrankung besprochen, um sie zu vertreiben: *Ros' verschwind', Wie dat Low von de Lind', wie dat Low von'n Bom; Dat walte Gott Vater, Gott Sohn!* [...] BLFPVK 9,143, ähnl. verstr. – **3.** runde, geflochtene Verbindungsstelle vom Henkel zum Korb verstr. – **4.** Anus, Austrittsstelle des Mastdarms vereinz. Vgl. Rosett.

rösch Adj., *resch* Rum/Ru, *röösch* Rüg/Pu, Dem/De, Stett, vereinz. HPom, *reesch* vereinz. NOPom, knusprig braun (gebraten oder gebacken) verstr. *rösch Seima* [Semmeln] DKr/La.

rœsen sw. schütteln, rütteln verbr. *Hei hett de Bom rœst* Gbg/Wo. *Dei Storm räust o rüttelt am Dack* Gbg/Gp. Auch refl.: *Ick mäut mi rœse, wenn ik dat fette Äten seih* Cam/Ku. *Mi räust dat so, bi dat Wärer ruttogåhn* Sch/Pu. Vgl. rœstern.

Lautvar.: *rösen* selt., *räuse* verstr. ZPom, *råse* °Gbg, Kol/Go,Pr, °Bel, Net/Th, Slo/La, *räse* Cam/Rm, Rum/Br, *rösele* selt. HPom.

Rosenappel m. Hagebutte Gwd/Ow, Stett. – **Rosenbeer** f. dass. verstr. – **Rosenblatt** n. Blütenblatt der Rose vereinz. *Hei nimmt ümmer Rosenblä' mank sienen Tobak* Gwd/Ba. – Ral.: *De Lieb föllt nich ümmer up'n Rosenblatt, se föllt ok öfter up'n Hopen Kohklack* BLFPVK 9,136. – **Rosenbrot** n. **1.** feines Weizenbrötchen in Rosenform (einfach oder mit Mohn, Rosinen oder Kümmel bestreut) verstr. Auch: Weizenbrot in Rosenform selt.; Milchbrötchen JOSTWB 75. – **2.** Heißwecke vereinz. °Rüg. – **Rosenhochtiet** f. Hochzeitstag nach zehnjähriger Ehe verstr. – **Rosenmånd** m. 'Rosenmonat' Bez. für die Monate Juni, Juli, August vereinz. *In'n Rosemånd blögen de Rose* Uec/Pa. – **Rosenquadrilj** f. Quadrille, Tanz vierer Paare, bei dem die Damen zeitweilig im Innenkreis durch Anfassen eine Rose bilden (häufig beim Erntefest getanzt) °Rüg, westl. HPom, BLFPVK 6,65f. – **Rosentüffel** f., zumeist Pl., mehlige, zartrosa Frühkartoffel Fra/Br, Gri/Mi, vereinz. NOPom. Ebenso: *Rosentüft* vereinz. Scherzh., wenn jmd. Löcher in den Strümpfen hat: *De Rosentüften bläugen* Gwd/Ze, ähnl. vereinz.

Rosett f. Anus, Austrittsstelle des Mastdarms verbr. Scherzh.: *Mi is so fründlich üm dei Rosett* ich muß austreten Dem/Tp. Wenn jmd. andauernd Winde läßt: *Dien Rosett höllt wo' nich dicht?* Uec/Pa. Vgl. Ros'4.

rosig Adj., *rausig* Lau/GW, gerötet vereinz. *Du sühst so rosig ut, hest du Feewer?* Dra/Bu. *De Wunn süht rosig ut* Saa/Le.

Rosin f., Endsilbe betont, Rosine. – Ral.: *grot Rosinen in'n Kopp / Sack hebben* große, zumeist unerfüllbare Pläne und Wünsche haben verbr. *Dor sind keenen groten Rosinen bi to stippen* an der Sache ist nichts zu verdienen Ghg/Wt. – Sagw.: *Mien Rosinen kann jedwerein seihn, säd de Bäcker, don har he de Rosinen up denn Stuten backt, äwerst kein in* Gwald. – Volksmed.: Eine Rosine, auf ein Geschwür am Zahn gelegt, soll dieses öffnen vereinz. Auch soll eine in einen hohlen Zahn gedrückte Rosine die Schmerzen lindern vereinz. – **Rosinenfleisch** n. Rind- oder Hammelfleisch mit Rosinen, Mandeln, auch Zwiebeln und Kümmel gekocht und zu Weißbrot gegessen Uec/Ge, Ghg/Wt, °Saa. – **Rosinenschieter** m., SpottN, Kolonialwarenhändler selt.

Ross n. Pferd selt. – Zumeist ral.: *hoch tau Ross sitten* vornehm tun Gwd/Ba; *up sienem Ross sin* eine seinen Fähigkeiten entsprechende Aufgabe erfüllen Uec/Ge. Übertr.: Pferdemähne selt. *Dat Peerd hett 'ne schön Ross* Dra/La. – **Rossappel** m. Pferdekot verstr. Vgl. Pierdkœtel. – **rossen** sw., *rosten* Fra/Pe, Saa/Zi, Gbg/Gp, brünstig sein (von Stuten) verstr. *De Staut rosst* Gwd/Ba. Auch derb: mannstoll sein selt. – **rossig** Adj. brünstig (von Stuten) verstr. *Nu ward dat Tiet, dat de Stot ball rossig ward* Ghg/Wt. – **Rosskäwer** m., TiN, Mistkäfer vereinz. ZPom, vgl. DWA 5, Kt.9. – Wetterr.: das abendliche Brummen von einem *Rosskäwer* zeigt Regen an Nau/Sr BLFPVK 7,154, aber auch gutes Wetter Cam/Al BLFPVK 4,62. → Bussbunk. – **Ross-schlächter** m. Mähre, altes, schlechtes Pferd Pyr/Lt, Nau/Fg,Rh, Lau/GW,Vl. *Du hest uk so 'n ulle Roßschlächter vör de Wåge* Lau/Vl. → Zoss. – **Rosswark** n. Göpel, mit Pferdekraft betriebene Antriebsvorrichtung z. B. für Dreschkästen u. Häckselmaschinen verstr., LAUWB 293[a]. *mit'm Rosswark driewe* Reg/Re.

Rost[1] m. **1.** Gitter aus Eisen- oder Holzstäben als Fußabtreter verstr. – **2.** Ofen-, Herdrost selt.

Rost[2] s. Rust.

Röst f., selt. m., Pl. *Röst, Rösten*, Ofen-, Herdrost verbr. *Dei Röst liggen in'e Kåkmaschin in't Fürloch, dorunner is dat Aschloch* Gwd/Ba. *De Owe hett kean Röst* Dra/Dr. – **Röstback** f. in der Pfanne aus Teigresten gebackene kleine Brote oder Kuchen Stett, Nau/Fg,Rh. Vgl. Röstkauken. – **Röstbrot** n., *Röste-* Dra/Ga, mit Butter bestrichene Brotscheibe, die ganz oder gewürfelt in der Pfanne gebraten wird vereinz. – **rösten** sw. **1.** auf dem Rost braten verbr. *Dat Fleisch möt noch bäten rösten* Gri/Ti. Auch allg.: kochen verbr. *Sei röst' und bråt' hüt jå denn ganzen Dag* Gri/Bo. – **2.** warmhalten (von Speisen) verstr. *Scher di noh Hus, du gleewst woll, ik röst' di de janze Owend dat Eten!* Sto/Gl. – **3.** Lebensmittel großer Ofen-, Feuerhitze aussetzen (damit sie knusprig werden) selt. *Dei Semmel möten ierst röst' warn* Gri/Mi. Spez.: *Korn röste* Korn zu Kaffee brennen Dra/La. – **4.** trocknen (in der Sonne) selt. *Dat Heu röstet* Gri/Ti. Auch: reifen (von Getreide) selt. – **5.** leicht überfrieren Gri/Mi,Ti, Dem/De. *Œwer Nacht hett't bäten röst'* Gri/Mi.

Rœster f./m., *Reester* °Ghg, Pyr/Wi, Saa/Ja, Gbg/Gp, Sch/Sd, *Räuster* Reg/Me. **1.** übereifriger, schwatzhafter Mensch vereinz. – **2.** scherzh., Nähmaschine vereinz. *De sitt't denn janzen Dag an de Rœster* Ghg/Li. – **Rœsterfieken** f. Klatschbase vereinz. VPom, Ghg/Li. – **rœstern** sw., *räästern* vereinz., *reestere* vereinz. HPom, *räustere* Reg/Me. **1.** schnell und fleißig arbeiten verbr. *Hei rœstert von morgens bet åbends* Ank/An. – **2.** schnell und viel reden verstr. VPom, sonst selt. *Hei rœstert in einen wech und lött keinen tau Wuurt kåmen* Gwd/Ba. – **3.** laute, knisternde Geräusche verursachen, rumoren verstr. VPom, sonst selt. *Dei Wind rœstert an't Finster* Dem/Tp. *Dat rœstert mi in't Lief* Ank/An. Vgl. råstern. – **4.** refl., sich schütteln, schaudern (vor Angst, Ekel) selt., HOMWB 155[b]. Vgl. rœsen.

Röstkauken m. in der Pfanne gebackener Brotteig aus Mehl, Salz und Wasser verstr. VPom, Nau/Fg,Rh. *Ik möt fix Röstkauken backen, dat Brot is all* Gri/Mi. Vgl. Röstback.

Rostock ON wie hd. Der Ortsname erfährt volksetym. Singgebung seiner Silben zu *Roß* und *Stock*, die im Nd. nun Pierdknüppel ergeben. – **Rostocker** m. alter Tanz, bei dem sich die Tanzpaare über Kreuz die Hände reichen und während des Tanzens das so gebildete Kreuz ständig verschieben vereinz., BLFPVK 6,84, HUMGWD 12,25,5, ADL 169.

rœstrig Adj., *rööstrig* selt., *reestrig* selt. MPom, Gbg/Gp, sehr eifrig, fleißig vereinz. *Heff di man nich so reestrig, süst blifft för us går nüscht mehr!* Uec/Ge. Auch: rüstig Nau/Dr.

rot Adj. **1.** wie hd. *Du hest jo rore Strümp an!* Sch/Pk. *Dei Patüffle seihn ror ut* Kol/Pr. *De Häuhner hebbe all so rode Kämm, de legga bol* Dra/Ga; *rode Blaume* Nau/Rh; *de rode Sapp* Blut HOEFAMSC 383[b]. In festen Fügungen: *rode Grütt* Nau/Fi; *rode Beit* Gwd/Ba; *rot Wust* Mettwurst Sto/Dö; *ror Wörtel* Mohrrübe Ank/Br; *rot warden* erröten verstr., ebenso: *sik rot ansticken* selt. Scherzh.: *rot Strump* rotes Backsteinhaus mit rotem Ziegeldach vereinz. Im Vergleich: *rot as 'ne Ros'* stark gerötet (von der Gesichtsfarbe) Pyr/Lt; *rot as'n Voss* rothaarig Pyr/Lt; *ror Wåter* blutiger Harn (als Krankheitszeichen bei Rindern) selt. VPom. – Ral.: *den rojen Håhn up't Dack setten* ein Gebäude anzünden vereinz., BLFPVK 4,175; *de rode Fåhn rutstäken* die Menstruation haben Stett; *kein' roden Schilling hemm'* Dem/De, ähnl. vereinz.; *sik 'n roden Unnerrock / rode Strümp verdeinen* sich für eine Heiratsvermittlung etwas verdienen verstr. – Sprw.: *Ror Haor, Jott bewaor* HTKÖS 1930,36,4. *Ror Haoe und Ellehult wasse up keinem gaure Grund* HTKÖS 1927,23. – **2.** subst., *de Rode* m., verhüllende Bez. für den Teufel verstr. Fluch: *Dor scha' do' glick de Rod' mit de Hörne öwe ha(r)kaume!* Saa/So.

Lautvar.: *raut* Rum/Tr, *rout* verstr. NOPom. In flektierten Formen: *rod'* verstr., *ror* verstr. VPom, ZPom, Dra/La, *ro'* vereinz. VPom, Rum/Tr, *roj* vereinz. MPom, Dra/Wi, Fla/Ta.

Röt f., *Råit* Net/Hf,Sl, kleiner Teich, in dem der Flachs mürbe gemacht wird verstr. Vgl. röten, Rötpauhl.

Rotbäuk f., PflN, Rotbuche (Fagus sylvatica) vereinz. – **Rotbeer** f. **1.** Preiselbeere vereinz. VPom, °Cam. Vgl. DWA 10, Kt.6. Rsyn. s. Preisselbeer. – **2.** Walderdbeere Dra/Fa DWA 10, Kt.3. – **3.** Frucht der Eberesche °Rüg. – **Rotblaum** f., PflN, Kornrade (Agrostemma githago) Pyr/Sh, Sto/Zz. Syn. s. Rådel. – **rotbläuschig** Adj. stark gerötet (im Gesicht) vereinz. *Du sühst jå so rotbläuschig ut, hest du Feewer?* Gwald. Vgl. rotbläusterig, rotbrœsig. – **rotbläusterig** Adj. dass. Gwald, Ank/An, Saa/So, Rum/Pr. – **Rotboort** m. **1.** rotbärtiger Mensch selt. – **2.** TiN, Rotkehlchen Lau/GW. – **Rotbost** f., TiN, Dim. *-bösting*, Rotkehlchen vereinz. – **rotbrœsig** Adj. stark gerötet (im Gesicht) Use/He, Ran/Pe, Pyr/Wa, Gbg/Po. Vgl. rotbläuschig, rotbläusterig. – **Rotbücks** f., auch *-bücksch*, zumeist dienstbarer, manchmal auch böser Hausgeist, der eine rote Hose trägt vereinz., [3]JAHN 106. Vgl. Rotjack. – **rotbunt** Adj. rötlichbraun und weiß gefleckt (von Rindern) vereinz. *rotbunt Veih* Fra/Br. – **Rotduurn** m., PflN, Rotdorn (Crataegus laevigata) vereinz. – Volksgl.: *Rotdorn scha(ll) ma' ni' in de Stuf bringa, dat jifft Unglück* Saa/So.

Rœtel f., *Räutel* verstr. HPom, *Räudel* Nau/Db, *Rödel* Kol/Wa, ungeduldige, wenig umsichtige Frau Ran/Pe, verstr. HPom. *Dei oll Räutel rönnt de ganze Dag in'e Ring un kümmt mit ehre Arbeet do ni tau Stann* Kös/Pt. Auch: Quatschkopf Ran/Pe, selt. HPom. – **rœteln** sw., *räuteln* verstr. MPom ZPom, *rotteln* Uec/Ge, Gbg/Gp, *rotele* Neu/Pn. **1.** rasseln, (geräuschvoll) rütteln Uec/Ge, Ran/Ro,Sr, verstr. HPom. *Dei Wind räutelt mank dei Böm* Kol/Pr. *De rœtelt mit denn Jildbüdel* Nau/Db. *Dei Wåjens rœteln œwern Damm* Uec/Ge. *De Wecker rœtelt* Ran/Pe. Auch: laut und ungeschickt herumwirtschaften Cam/Al,Pr, Kol/Wa. Vgl. rœtern. – **2.** viel reden, quasseln selt. MPom. *He rœtelt un tœtelt in eens weg* Ran/Pe. – **3.** (nach etwas) Verlangen haben vereinz. MPom, °Dra. *Di rœtelt woll grülich, kast' wo' gor nich afwarden* Ran/Pe. – **4.** würfeln selt. MPom ZPom. – **Rœteloorsch** m. unruhiger, nervöser Mensch Ghg/Wt, Neu/Lt,Th, Fla/Ta. *De Rœtelårsch ka' nech stillsitten* Ghg/Wt.

röten sw., *röden* Ghg/Wt, Reg/Kt, HOMWB 159[a], *rēte* Rum/Km [5]TITA 52, Flachs mürbe machen (in einem flachen Teich) vereinz. *De Flass ward röd't* Ghg/Wt. Vgl. Röt, Rötpauhl, rotten.

Rœtermœhl f. Spielzeugmühle, die, auf einem Stock angebracht, im Wind schnarrt selt. VPom. Scherzh. über eine Klatschbase: *Ehr geiht dat Mul as'n Rätermœhl* Rüg/Ae.

rœtern sw. rütteln (mit lautem Geräusch), rasseln verbr. *Dat rœtert dor an'e Dör, måk mal up!* Rüg/Dm. *De Wecker rœdert* Fra/Zi. *De Storm reete(r)t so an'e Finsterlåden* Sto/Gl. Auch: schnell und viel reden selt. VPom. *De Lihrer hadd ergeben tauhürt un wenig antwurdt, wenn sei so raetert un plaetert* [11]BAND 25. Vgl. rœteln.

Lautvar.: *rätern* vereinz. VPom, *rœdern* Fra/Zi, *räutere* Nau/Fg,Rh, *reetre* Sto/Gl,Pf.

Rotgaus f., TiN, Brandgans selt. VPom. – **rotgäuschig** Adj. gerötet (vom Gesicht) selt. VPom. – **Rotgeiter** m., veralt., Rotgießer, Hersteller von Waren aus Rotmessing selt. VPom. – **Rothauf** f., PflN, ‘Rothaube’ Birkenpilz (Boletus scaber) Saa/Zt. – **rothorig** Adj. rothaarig. Subst.: *Rothorige un Rotboortige sünd Düwelsoort* Rüg/Dm.

Rothschild FN. Name einer reichen jüdischen Familie. – Ral.: *De ward no' Rothschild* er wird noch reich Saa/So. *Hüt geiht dat bi uns tau as bi Rothschild* heute lassen wir es uns besonders gut gehen Gbg/Ge. Iron. als Krönung unsäglichen Wohlbefindens: [...] *un denn noch Rothschildn sien Geld* Gri/Ge.

Rotjack m. hilfreicher, mitunter auch böser Hausgeist mit roter Jacke verstr. HPom, sonst selt. Vgl. JAHN/MEY 79, HTKLSCH 1927,64, [6]KAI 142. *He hett 'na Rotjack im Hus* Saa/Le. Auch verhüllend: Teufel selt. Vgl. Rotbücks.

Laut- u. Formvar.: *Rotjackt, -jäckt* vereinz. ZPom, *Rotjäcke(r)t* vereinz. HPom, *Rotjäck* vereinz., *Rotjäckje* Ran/Pe, selt. ZPom.

Rotkählken n., TiN, Rotkehlchen verstr. *Rotkälken zirpt in'n jungen Hau* Ank/An HUMGWD 8,19,4. – Volksgl.: Rotkehlchen gelten als Glücksbringer und Wahrer der Gesundheit BLFPVK 5,31. – **Rotkapp** f., PflN, Bezeichnung verschiedener eßbarer Pilze mit rotbrauner Kappe vereinz. Aber auch: Fliegenpilz Rum/Ru. – **Rotkleewer** m., PflN, Rotklee (Trifolium pratense) selt. – **Rotkohl** m. wie hd. verbr. Vgl. DWA 17, Kt.9. Syn. Rotkrut, -kumst. – **Rotkopp** m. ‘Rotkopf’ rothaariger Mensch selt. *'ne Rotkopp is 'ne Falschkopp* ist unehrlich Lau/GW. – **Rotkrut** n. Rotkraut, Rotkohl vereinz. Wesentlich gebräuchlicher ist Rotkohl. – **Rotkumst** m. dass. verstr. NOPom, °Net. – **Rotlop** m., auch wie hd. *Rotlauf* selt., bakterielle Erkrankung der oberen Hautschichten (bes. bei Schweinen), die mit starker Rötung der infizierten Stellen einhergeht verbr. *Wenn dei Schwien Rotlop hemm', sall man ehr mit Nettel schlån un mit Stroh warm taupacken* Gri/Mi. – **Rotnätten** n. krankhaftes Bluthamen bei Rindern (nach dem Genuß best. Pflanzen auf der Weide) verstr. Vgl. Rotwåter.

Rot-og n., TiN, Rotauge, Plötze. Auch generalisierend: plötzähnlicher, minderwertiger Weißfisch vereinz. *Hüt bieten dei Roddes gaut* Gri/Mi. – Ral.: *In de Not is Rotog ok 'n Fisch* in der Not ist man auch mit wenig zufrieden Ghg/Gr. Vgl. MWB 5,955: *Roddog'*.

Laut- u. Formvar.: *Roddog* verstr., *Rodde* selt. VPom, Cam/Sc, Lau/Vl, *Roddo* Ran/Pe, °Dra, KÜHL 41, *Rorrog* Ank/An. – Pl.: *-ogen* verbr., *Roddes* selt. VPom.

Rot-olm m., vereinz. n., rotbraune Fäulnis im Holz vereinz. VPom. *De Bäuk hett rieklich Rotolm* Gwd/Mö.

Rötpauhl m. Teich zum Mürbemachen des Flachses selt. Vgl. Röt, röten.

Rotriepskrut n., PflN, Sauerampfer (Rumex acetosa) Saa/Ja. → Surblatt.

Rötschel f./m. schwatzhafter Mensch Pyr/Wi, °Saa. – **rötschele** sw. viel reden, quasseln Pyr/Wa,Wi, °Saa. *Rötschel nich so väl!* Pyr/Wi.

rötschen sw. Essen zubereiten, kochen und braten vereinz. *Wat möt ik hüt åbend woll noch alles rötschen?* Gwd/Ze. Auch: Gekochtes warmhalten vereinz.

Rotspon m. ‘Rotspan’ (französischer) Rotwein, der urspr. mit Spänen von Buchen oder Eichen in Fässern geläutert wurde verstr. VPom, sonst selt. *'ne Buddel Rotspon* Gwd/Ba. – Rä.: *De ierst is 'ne Kalür, de tweit gifft fixes Füer, dat ganze is woll düer, doch fählt bi keene Fier = Rotspon* Stral. – Das Grundwort zu mnd. *spôn*. – **Rotstart** m., TiN, Rotschwänzchen selt. – **Rotstein** m. roter Backstein (zur Pflasterung von Küchen und Fluren, gerieben als Putzmittel und Farbe verwendet) verbr. – Ral.: *Dat geiht œwer Kried un Rotstein!* das ist ja unerhört! Fra/Pe, ähnl. vereinz. – Volksmed.: *Rotstein un Bodder kregen de lütten Gössels, wenn sei Pier un Wåg* [Eisenhut] *fräten harn* Dem/De. – **Rotstrump** m., TiN, scherzh., ‘Rotstrumpf’ Storch Uec/Pa, Ghg/Do,Hk, Reg/Sn.

Rott f., *Ratt* verbr. MPom, verstr. HPom, *Råt* Nau/Fi, Pl. *Rotten, Rodden.* **1.** TiN, Ratte. *De Rotten un Müs' hebben dat Brot anfräten* Ghg/Li. *Dei Rotten starben von Gift* Gri/Mi. *Rotte åwerdräge Krankheite up Mensche un up Veih* °Reg. *Dor warn nich eis de Rotten satt* dort herrscht große Armut Gri/Bo. – Ral.: *Rotten up'n Bœn hebben* verrückt sein verbr.; *Rotten in'e Dackrönn hebben* dass. vereinz.; *up'e Rotten passen* sehr genau aufpassen, kontrollieren verbr.; *up'e Rott luren* sehnlichst auf etwas warten vereinz. VPom; *schlåpen as 'ne Rott* sehr fest schlafen verstr.; *supen as 'ne Rott* sehr viel Alkohol trinken vereinz. Wenn sich jmd. unnötig Sorgen macht: *Wat quälst du di üm de Rotten, hest jo keen Kurn up'n Bähn* HUMGWD 5,24,8. Seem. Aberglaube: *Wenn dei*

Rotten von't Schipp gåhn, jeiht't unner Use/Us. Het. Munk[1]. – **2.** Fehlwurf beim Kegeln vereinz. VPom.

rotten sw., *rodde* Reg/Kt, *raute* Gbg/Gz, faulen, verrotten und dabei mürbe werden verstr., HOMWB 159[a]. *De Mess is got rottet* Ran/Pe. *De Äppel fange an to rotten* °Rüg. *Flass rotten* Flachs in einem Teich mürbe machen °Ank. Vgl. röten.

Rottenbieter m. kleiner, bissiger Hund verstr. – **Rottenfänger** m. **1.** Rattenfänger, Kammerjäger verstr. – **2.** Hausierer, der mit Rattenfallen handelt Sch/Ac, Lau/Lg. – **Rottengift** n. Gift gegen Ratten. Übertr.: schlechter Schnaps, Fusel vereinz. Auch: schlecht schmeckendes Medikament vereinz.

rottenkåhl Adv. ratzekahl vereinz. VPom MPom. *Dei Planten sünd rottenkåhl affräten* Gri/Ti. Vgl. ratzikåhl. – Volksetym. umgebildet aus hd. radikal.

Rottenkönig m. **1.** König der Ratten in der Volkssage. Auf Rügen auch mit dem Teufel identifiziert. Vgl. DLP 4,96, BLFPVK 8,173. – **2.** unangenehme Dinge, die eng miteinander verbunden sind vereinz. [...] *un so keem up sone Ort ut eene Anklag en ganzen Rottenkönig von Anklagen tohop* HUMGWD 4,41,7. Vgl. Rottenschwanz. – **Rottenlock** n. **1.** Loch, das zum Unterschlupf einer Ratte führt. – **2.** pejor., kleines, dunkles Zimmer vereinz. – **Rottennest** n. **1.** Nest einer Ratte. – **2.** pejor., kleines, abgelegenes Dorf vereinz. – **Rottenschwanz** m. **1.** Schwanz einer Ratte. – **2.** dünner Haarzopf, bes. von Mädchen. *Låt di dienen Rottenschwanz man afschnieden!* Gri/Mi. – **3.** eng zusammenhängende, unangenehme Dinge vereinz. *Dor kümmt noch 'n ganzen Rottenschwanz achteran* Gwd/Ba. Vgl. Rottenkönig. – **4.** fachspr., kleine Rundfeile vereinz.

Rottgaus f., TiN, Ringelgans selt., DÄHWB 387[b]. – Das Erstglied ahmt den Ruf der Gans nach, vgl. SHWB 4,156.

rottig Adj. verrottet, morsch selt. *De Mess is gaut rottig* Dra/Wi. – **Rottsoll** m. Teich zum Mürbemachen des Flachses Cam/Ca.

Rotvågel m., TiN, Rotschenkel (Watvogel) Hidd. – **Rotvoss** m., TiN, Rotfuchs vereinz. Zumeist scherzh. übertr.: rothaariger Mensch. Spottvers: *Rotvoss, dei Ecke brennt, dei Füerwehr kümmt anrönnt* Gwald. Auch: Pferd mit rötlichbraunem Fell selt. – **Rotwåter** n. Blutharnen der Kühe (nach dem Fressen best. Pflanzen auf der Weide) vereinz. VPom, °Kol. Vgl. Rotnätten. – **Rotwitt** n., *Rodewitt* Sch/Gu, rotweiße Bettwäsche selt. HPom. *De Murrer mutt dorfeue sorje, dat Rodewitt dår is, wenn de Hochtiet wäse scha'* Sch/Gu.

Rotz m., *Rutz* Rum/Ru, Sto/Dö,Pf. **1.** Nasenschleim. *Wisch di bloß erst denn Rutz af!* Rum/Ru. Scherzh. Aufforderung an ein Kind mit schmutziger Nase: *Rotz von dei Backen, süss denkt dei Bur, dat gladdiest!* es bildet sich Glatteis! vereinz. VPom. Im Vergleich: *frech as Rotz* sehr frech verbr. – Ral.: *ein' Rotz up'e Back schmären* jmd. schmeicheln verstr.; *Rotz un Wåter hülen* stark weinen verstr. – **2.** Schnupfen verbr. *Ik heff de Rotz, de Näs löppt* Nau/Dr. → Schnuppen. – **3.** bakterielle Infektionskrankheit (bes. von Pferden) verbr. *Dat Perd hett Rotz, is unheelbår, dat mütt dotschoten warn* Ran/Pe. – **rotzbackig** Adj. frech, dreist Ghg/Li. → dreibastig. – **Rotzblåsen** Pl., scherzh., große Tränen verstr. VPom MPom, selt. SPom. *Kiek, nu kåmen bi ehr all de dicken Rotzblåsen!* Gwald. – **Rotzbrems** f., derb, Schnurrbart selt. Vgl. Rotzfänger. – **Rotzdauk** n./m., derb, Taschentuch vereinz. VPom, Stett. Vgl. Rotzfåhn, -lappen.

Rötzel f., PflN, Knöterich (Polygonum) °Ghg.

rotzen sw. die Nase ausschnauben selt. *Hei rotzt in't Taschendauk* Ank/An. – **Rotzfåhn** f., derb, Taschentuch verbr. *Hål dien Rotzfåhn ut de Tasch un wisch di de Näs!* Ran/Pe. Vgl. Rotzdauk, -lappen. – **Rotzfänger** m. wie Rotzbrems Ran/Sr, Gbg/Gp, Sto/Gl. – **Rotzhåken** m. derbe Bez. für die Nase verstr. Zu einer neugierigen Person: *Du meust uk mit dienem Rotzhauke allewäjen manksitten!* Gbg/Gp. – **rotzig** Adj. **1.** an Rotz3 (Pferdekrankheit) erkrankt vereinz. *Dat Pierd is rotzig* Gri/Mi. – **2.** frech, patzig selt. *Sei räd't so rotzig* Ank/An. – **Rotzkåker** m., derb, (kurze) Tabakspfeife verstr. *Sien Rotzkåker brennt nich* Ran/Sk. – **Rotzkopp** m., Schimpfw., Flegel, Nichtsnutz verbr. – **Rotzköter** m. dass. vereinz. NOPom. – **Rotzläpel** m. **1.** Schimpfw., frecher, dummer Junge verbr. *Wist du uk all miträden, du Rotzläbel?* Gri/Mi. – **2.** Schmutznase selt. HPom. – **Rotzlappen** m., derb, Taschentuch verbr. *Wat hest du för'n Rotzlappen?* Gri/Mi. Vgl. Rotzdauk, -fåhn. – **Rotzlicker** m., Schimpfw., Schmeichler °Gri, Dem/De, Saa/Te. – **Rotzlümmel** m., Schimpfw., Flegel, dummdreister, frecher Junge Gwd/Ba, Ran/Sr, Pyr/Lt. *De Bengel is 'n Rotzlümmel* Ran/Sr. – **Rotznäs** f. Rotznase. **1.** ständig laufende Nase vereinz. *Jung, wisch di dei Rotznäs af!* Dem/Tp. Auch übertr.: Kind, das sich die Nase nicht putzt vereinz. *Dei Rotznäs fåt ik nich an!* Gri/Mi. – **2.** Schimpfw., Flegel verbr. *Du Rotznäs wist mi wat lihren?* Rüg/Ae. → Flaps. – **rotznäsig** Adj. frech, dummdreist selt. VPom. *Dau man nich so rotznäsig!* Dem/Tp. – **Rotzwörtel** f., scherzh., Nase vereinz. *Dien Rotzwörtel jungt jå schon wedder* deine Nase läuft ja schon wieder Saa/Ja.

röwen sw., *rowen* vereinz., *roben* Gri/Mi, Gwd/Ba, Ank/Br, rauben, stehlen verstr. *De hett sik Äppel rooft* Nau/Db. *Dagäwer schleppt hei, nachtens jeht hei rowe* Lau/GW. Vgl. Rof[1]. → klauen.

Röwer m. Räuber. Scherzh. Warnung: *Kumm ok nich unner de Röwer!* Rüg/Pu, ähnl. vereinz. Fangspiel: *Röwer un Schandor* Räuber und Gendarm Ank/An.

Laut- u. Formvar.: *Räuwer* Reg/Me, *Ruiwer* verstr. °Gbg, *Rewe(r)* Sto/Dö,Pf, Lau/GW, JostWb 77, *Rowe* Sto/Wd, wie hd. *Räuber* selt. – Pl. zumeist wie Sg., *-s* verstr., *-sch* JostWb 77.

rœwer Adv. herüber, hinüber. Zumeist als Präfix in verbalen Zss. – Sagw.: *Ma ümmer räwer, sär de Jung', dunn stört' hei äwern Süll* Nau/Na.

Lautvar.: *räwer* vereinz., *räuber* Cam/Br, *räuwer* Nau/Wa, *råiwə* Reg/Kt, *roiwe* LauWb 291[h], *rē̆wər* °But [2]Mis 29, °Lau Stri 20.

rœwerhollen st. darüberhalten vereinz. Scherzh., wenn etwas partout nicht zu finden ist: *Dor hüllt de Düwel denn Schwanz rœwer* Ran/Ro. – **rœwerhuschen** sw. flüchtig über etwas hinwegwischen, nachlässig arbeiten vereinz. *Hüt hest du mit denn Stoffdok uk blot rœwerhuscht* Gwald.

röwerig Adj., *reibrig* Lau/GW, räuberisch, diebisch selt. *Dei Kauh is reibrig* (am Futtertrog) Lau/GW. Auch: unordentlich (wie bei den Räubern) selt. *Dat süht hier noch röwerig ut bi uns* Rüg/Ae.

rœwerkåmen st. rüberkommen. **1.** herüber-, hinüberkommen. *Ik bün nich œwer denn hogen Tun rœwerkåmen* Gwd/Nu. – **2.** mit etwas herausrücken, (Schulden) bezahlen. *Ik heff em all tweemål 'ne Räknung schickt und he is ümmer noch nich rœwerkåmen* Rüg/Zi. → beglieken. – **rœwerkladdern** sw. herüber-, hinüberklettern verstr. *Hei wull œwer dei Mur rœwerkladdern* Gwd/Ba. – **rœwerklaren** sw. flüchtig darüberwischen, oberflächlich reinigen vereinz. Auch: nachlässig streichen selt. *De hett bloß so'n bäten rœwerklart* Ran/Ro. – **rœwerlåten** st. herüber-, hinüberlassen, vorbeiziehen lassen selt. *dat Jewitter rœwerlåten* Ghg/Wt. – **rœwerleggen** sw. etwas auf etwas anderes legen, darüberlegen vereinz. Wenn etwas nicht zu finden ist: *Dat mücht ik weite, wer dor werre wat rœwerlecht hett!* Kol/Sö. – **rœwerlopen** st. herüber-, hinüberlaufen vereinz. *Du ka'st ees nåh'm Nåhwe* [Nachbar] *röwelope* Dra/Dr. – **rœwermåken** sw. sich woanders hinbegeben, auswandern selt. *He is rœwermåkt nåh Amerikå* Gwd/Ze.

röwern sw., *ruiw(e)re* verstr. °Gbg, *rew(e)re* verstr. NOPom, JostWb 76, *row(e)re* Sto/Wd, räubern, stehlen verstr. *Dei jeht all Nacht rewere, bit hei packt ward* Sto/Dö. *Dei Jungs röwern mank dei Stickelbeern* Gwd/Ba.

rœwerrangen sw. herüber-, hinüberklettern selt. *Wenn du ümmer œwer denn Tun rœwerrangst, måkst du em ganz entwei* Rüg/Dm. – **rœwerrese** sw., seem., mit dem Boot über eine Sandbank oder Untiefe setzen Kös/Ns. – Das Grundwort zu riesen[2]. – **rœwerschmieten** st. herüber-, hinüberwerfen. Litspr.: *Ick heww taufällig seihn, dat hei sei Kusshän'n räwersmet* [7]Band 105. – **rœwerschuben** st. herüber-, hinüberschieben selt. *Schuf dat Bauk eis 'n bäten rœwer!* Gwald. – **rœwerschurre** sw. sehr flach pflügen oder eggen Saa/So, verstr. °Sto. – **rœwersetten** sw. **1.** hinübersetzen, an eine andere Stelle setzen. *denn Pott rœwersetten* Dem/Kt. *Sett di man rœwer, dor is noch 'n bäten Platz!* Gwald. – **2.** über ein Gewässer bringen selt. *Dei Fischer meint, hei wull em nah dei Insel räwersetten* DLP 3,58.

Röwerspråk f. 'Räubersprache' kindliche Geheimsprache, bei der Wortsilben spielerisch durch ähnlich klingende, zusätzliche Silben erweitert werden vereinz. VPom, sonst selt.

rœwerspringen st. herüber-, hinüberspringen. Auch: schnell zu jmd. hingehen selt. – **rœwerstiegen** st. herüber-, hinübersteigen. – Sprw.: *Wo de Tun an'n siedsten is, ward rœwerstägen* man nimmt den Weg des geringsten Widerstands Ghg/Gr. – **rœwerstrieken** st. darüberstreichen selt. *Ik heff em œwer de Rüjje rœwersträke* Reg/Db. – **rœwertrecken** sw. **1.** herüber-, hinüberziehen vereinz. Auch: (Kleidung) überziehen. – **2.** leicht mit der Egge bearbeiten Pyr/Wa,Wi, vereinz. HPom. *Up dissen Sand bruckst du bloß eis räwertrecke* Kol/Kr. – **rœwerwarts** Adv. herüber, hinüber °Ghg, Nau/Db. – **rœwerwischen** sw. (nachlässig) abwischen selt. *De hett denn Disch bloß rœwerwischt* Stral.

rowwe s. raugen.

Rubbel f., *Ruwwel* Fra/Bn, *Ruffel* Gri/Mi, °Ghg, wie Rubbelbrett vereinz. *Mien Fru wascht åhn Ruffel* Gri/Mi. – **Rubbelbrett** n. Waschbrett vereinz. – **rubb(e)lig** Adj., *ruww(e)lig* vereinz., *rufflig* Pyr/Wa,Wi, Gbg/Gp, rauh, aufgesprungen verstr. *Dat Hanndauk is so rubblig, giff mi 'n weikes!* Dem/Tp. *Ik heff so ruwwlig Hänn'* Dem/Tp. – **rubbeln** sw., *ruwweln* selt. **1.** kräftig reiben verbr. *De Wäsch möt düchdig rubbelt warn* Stral. *Dei rubbelt sik all wedder, hett hei Flöh?* Gwald. – **2.** holpern selt. – **Rubbelsack** m. Sack aus grobem Zwirn Uec/Ge, Sto/Dö,Pf. – **rubb(e)rig** Adj., *ruww(e)rig* vereinz. VPom. **1.** rauh, uneben, holprig verstr. VPom. *De Stråten sünd bi Küll ruwwerig* Ank/An. – **2.** schäbig, unansehnlich verstr. VPom, [2]Tib 7.

Ruchatsch m. **1.** Schimpfwort für den Hund selt. NOPom. – **2.** Herumtreiber selt. NOPom. – Nach [10]Win 107 Ableitung mit dem Suffix *-ač* zu poln. *ruch* Bewegung.

Ruchel f. schmutzige, liederliche Frau Ank/An, Uec/Ge.

rüch(e)le sw., *rich(e)le* Büt/Bt, Lau/GW, schlecht mähen, indem die Sense auf dem Sensenrücken gleitet selt. HPom. – Zu Rüggen.

rüchtbor Adv. ruchbar, bekannt selt. HPom. *Dat is all rüchtbor wore* Reg/Rg. – **rüchtig** Adj. berüchtigt, verrufen vereinz. Vgl. dörprüchtig, landrüchtig, stadtrüchtig.

Ruck m., *Rucks* verstr., wie hd. *Dat geef mit eis 'n Ruck* Gwd/Ba. *Dei springt mit ei'm Ruck äuwe de Tun* Reg/Me. *Ik geef mi doch 'n Ruck un frög em* Fra/Br. In fester Vbdg.: *up ein' Ruck* plötzlich verstr. *Up'n Ruck brök de Ast* Ran/Sr. *Dat keem mi so ganz up'm Ruck* Ran/Pe; auch: auf einmal verstr. *Up een Ruck kann ik di dat Jild nich weddergäba* Saa/Ja. Warnung, nichts zu übereilen: *Mit'n Ruck schitt dei Bur in dei Arften!* Ank/An, ähnl. verstr. – Sagw.: *Mit'n Ruck, säd dei Schnieder, don smeet hei Flöh œwern Tun* Gri/Ti.

ruckeln sw. rütteln, schütteln vereinz. *De Storm ruckelt an'n Bom* Ran/Pe. *Ruckel ne' so an'n Disch, denn ka' ik ne' schriewe!* Saa/Le.

rucken sw., *rucksen* selt. VPom, eine stoßhafte, schnelle Bewegung machen selt. *Dat ruckte so, as dei Pier antreckten* Gwd/Ba.

rücken sw., *ricke* verbr. NOPom, *rigge* JOSTWB 77. **1.** (durch einen Ruck) von einer Stelle an eine andere bewegen. *Wi mäute de Schrank e' bits rücke, dor ward dat wo' hinner ligge* Saa/Le; *denn Wågen rücken* weiterschieben Pyr/Lt. In fester Fügung: *sik nich rücken un rögen / rühren* sich nicht rühren, still und bewegungslos verharren verbr. – **2.** sich ruckartig irgendwohin bewegen und dort eine neue Position einnehmen verstr. *Rück 'n bäten bisiet!* Gwd/Ba. – Ral.: *ein'n up'n Pelz rücken* jmd. sehr nahe kommen vereinz.

Rückholt m. Rückhalt, Beistand verstr. VPom, Uec/Pa.

Ruckoorsch m., scherzh., Mensch, der unruhig (auf dem Stuhl) hin- und herwackelt selt. – **ruckoorschen** sw., scherzh., ungeduldig hin- und herrücken selt.

Rucks s. Ruck.

Rucksack m. wie hd. vereinz. – **Rucksackbull** m. SpottN für den Besamungstechniker selt. VPom.

rückstännig Adj. rückständig, altmodisch selt. – **Rücktrecker** m. Rückzieher selt. *De måkt duernd 'n Rücktrecker* Stett.

ruckwies Adj. ruckweise, stoßartig (nacheinander) selt. *Du mußt ümme got egol dreja u' ni' so ruckwies!* Dra/Bu.

ruck-zuck Adv. sehr schnell vereinz. *Dat güng mit dei Arbeit ümmer ruck-zuck* Gri/Gm.

Rüd[1] f. Räude, hochansteckende Milbenerkrankung bei Säugetieren verbr. *Dat Pierd sieht åwer schlimm ut, dat hett orntlich de Ried* Sch/Pk.
Lautvar.: *Rür* vereinz. VPom ZPom, *Rüj* Pyr/Lt,Wi, *Räud* Fra/Ln, *Ried* verbr. nordöstl. HPom.

Rüd[2] m. Rüde, männlicher Hund. Auch generalisierend: großer Hund selt.

Rüddeliesen n., müllerspr., *Rüttel-* vereinz., drei- oder vierkantiger Eisenklotz am Mühleisen, durch den der Rüddelschauh in eine gleichmäßig rüttelnde Bewegung versetzt wird vereinz., vgl. [2]REH 44.

rüddeln sw. rütteln, ruckartig schütteln verbr. *Dei Wind rüttelt an de Böm* Cam/Ca. *He schlöppt so fast, ik mutt em so rüddle* Rum/Pr. Spez.: Kartoffeln mit der Maschine sortieren vereinz. – Ral.: *Dor gifft dat nicks an tau rüddeln* daran gibt es nichts auszusetzen vereinz.
Lautvar.: wie hd. *rütteln* vereinz., *ruddele* verstr. HPom, *ruttele* Gbg/Gp, Nau/Fg,Rh, *rittle* Sch/Sd, Sto/Gl, *riddle* Sto/Dö.

Rüddeloorsch m., scherzh., *Ruddel-* selt., 'Rüttelarsch' Kind, das nicht stillsitzen kann vereinz. – **Rüddelschauh** m., müllerspr., *Rüttel-* vereinz., (holzschuhförmiger) Kasten unter dem Einfülltrichter der Mühle, der in rüttelnde Bewegung versetzt wird, um das Korn gleichmäßig den Mahlsteinen zuzuführen verstr., RAS 43f. Vgl. Rüddeliesen.

Rudel[1] n. / m. **1.** wie hd. Auch: Heringsschwarm Fra / Zi, Use / Tr. – **2.** Menge gleichartiger Feldpflanzen HOEFAMSC 388[a]. Vgl. MWB 5,1023.

Rudel[2] n.(?) runde Holzstange zum Staken des Kahns °Uec. Vgl. MWB 5,1023: *rudeln* "eine kreisende Bewegung machen".

Rüdel m. ungezogenes Kind °Gwd. Vgl. BBWB 3,809: *Räudel.*

rudeln s. ruden.

rudelwies Adj., *rudwies* Gri / Go, °Gwd, in kleinen Haufen vereinzelt stehend selt. VPom. *Dat Gras steht so rudwies* Gri / Go.

ruden sw. **1.** mausern (vom Federvieh). *De Höhner willen nich mihr leggen, de ruden woll all* Rüg / Dm. *Wenn de Heiner ruudle, denn dauje sei nich tum Sitten uppe Eier* JOSTWB 80. Zu jmd., der verworrenes Haar hat: *Du rudelst woll?* Sto / Dö. – Ral., scherzh.: *Dei hett all rudelt* ist schon aus der Pubertät heraus Cam / Ni, Gbg / Vi. Syn. rugen. – **2.** refl., ein Sandbad nehmen (vom Federvieh) Sto / Dö,Pf. – **3.** abblättern der Haut vereinz. VPom, sonst selt. Vgl. afruden.
Laut- u. Formvar.: *runen, ruen* verbr. VPom, °Uec, Ran / Pe, *rudeln* selt. VPom MPom, verbr. HPom, *rure* Saa / Le, Reg / Sn,Kw, Kol / Pr, Bel / Si, *rud(e)re* selt. °Kol, östl. ZPom, *rüden* °Ghg, *rüdere* Nau / Db, *reudere* Rum / Km [5]Tita 50.

rüdig Adj., *rürig* Dra / La. **1.** von Räude befallen verstr. *Dat is' ne rüdig Töl* Ran / Sr. – Sprw.: *Ein rüdich Schap vördervet den gantzen Stall* VOCRER 173. – **2.** ungezogen, frech (von Kindern) verstr. → dreibastig.

ruf s. rug.

Rüfel s. Rüffel.

rüfeln sw. **1.** sich lohnen (von gut vorangehender Arbeit) vereinz., BRU 4,13. – **2.** sich vermehren, anhäufen vereinz. *Dat Geld rüfelt* Gri / Ti. *Dat rüfelt man so* es häuft sich viel an vereinz. Auch: etwas auf einen Haufen bringen selt. VPom MPom. – **3.** lose in einem Gefäß liegen Rüg / Zi, °Cam, °Gbg, HOEFAMSC 388[a]. *Wenn't drückt, so rüfelt dat nich* ist zu wenig Platz, liegt die Ware zu dicht gepackt Rüg / Zi. – **4.** Heu wenden Dra / Ga,Vi. Vgl. DWA 14, Kt.2. – **5.** räufeln, etwas Gestricktes auflösen Stral, Dra / Bu.
Lautvar.: *rüpeln* Gri / We, Dem / De,Kt, °Gwd, *rüweln* Ank / Br, *räufele* Pyr / Wa,Wi, *rüffeln* Ran / Ro, Saa / Kl, °Reg, *röfela* Dra / Bu.

Ruff m. schnelle, ruckartige Bewegung. Zumeist in der festen Vbdg. *in / mit einen Ruff* im Nu, schnell; *up'n Ruff* dass. vereinz. VPom. Auch: auf einmal. *Up'n Ruff kann ik di dat Geld nich werrergäben* °Gri; *mit Ruff un Stuff* ganz und gar Gwd / Ba; *nich Ruff orer Stuff* gar nichts selt. VPom. *Dor bleef nich Ruff orrer Stuff von äwrig* °Rüg. Vgl. MWB 5,1026.

Rüffel m., *Riffel* Rum / Tr, Dim. *Rüffling* Kol / Pr, *Röfling* Dra / Bu. **1.** Zurechtweisung, Rüge verstr. VPom, Uec / Pa, Rum / Tr. *He kreeg 'n düchdigen Rüffel* °Gwd. – **2.** vorwiegend *Rüfel*, Makel, Fehler verstr. VPom. Meist in der Vbdg. *Dor is keen / nich een Rüfel an* das ist tadellos, einwandfrei. *Denn Mantel kannst du got noch drägen, dor is jo noch keen Rüfel an* °Gwd.

rüffeln sw. tadeln, schelten vereinz.

ruffig[1] Adj. **1.** raffgierig Gri / Ti, Saa / Kl, Sch / Sd. – **2.** tüchtig, fleißig vereinz., HUMGWD 11,24,4.

ruffig[2] Adj. rauh vereinz. *Ik heff so ruffige Hut* Gri / Mi.

rug Adj., gesprochen *ruuch*, rauh. **1.** rissig, nicht glatt. *Mi sünd de Tähnen so rug* Ank / Kr. *De hett uk eie rug Jesicht* Reg / Rg; *rur Hänn' hewwe* Nau / De. *Dat is rug as a Stachelschwien* Pyr / Wa. – **2.** dicht behaart, struppig. *Dat's de rug Siet* behaarte Fellseite Sto / Wd; *een rug Schåp* rauhwolliges Schaf Pyr / Lt. *Wu sühst du rug üm denn Kopp ut!* Gri / Mi. Im Vergleich: *He is rug as Esau* sehr behaart Stral. – **3.** grob, taktlos. *Hei geiht so rug mit em üm* Dem / De. *Dat's 'n rugen Bengel* Gri / Mi. – Sprw.: *De rugsten Fahlen warden de glattsten Pierd* HUMGWD 8,37,8, ähnl. verbr. Derb: *De nimmt allens, wat rug vör'n Noors is* er nimmt jede Frau verstr. – **4.** heiser, nicht wohlklingend vereinz. *Du hest woll jistern eene howe* [Alkohol getrunken], *dat du hiet so rug rede deest* Lau / GW. Auch: entzündet, schmerzend verstr. *Mi is dat so rug in'n Hals* Gri / Gr. – **5.** naßkalt, regnerisch verbr. *rug Wejer* Pyr / Lt. - Wetterr.: *Up'n rugen Måndag folgt 'ne glatt Woch* Dem / Tp.

Lautvar.: *ru'* Ran / Na, Gbg / Wd, Kol / Zw, *ruj* Pyr / Wa,Wi, Gbg / Gp, *ruf* °Ghg, Nau / Db, Reg / Kt, °Gbg, *ruy* Neu / Aa, °Reg, verstr. NOPom.

Rugbeer f., *Rubeer* vereinz., rauhschalige, behaarte Stachelbeere verbr., HOEFAMSC 389[a]. *Rubeere afkniepe* von Blüte und Stiel befreien Gbg / Gp. Volksetym. umgedeutet zu *Rupbeer* 'Raupenbeere' Saa / Jk, Sch / Sk. Vgl. S t i c k e l b e e r. – **Rugbein** n. Rauhbein, grober Mensch selt. VPom. *Höt di vör denn Kierl, dat is 'n Rugbein!* Ank / An. – **rugbeinig** Adj. rauhbeinig, grob Gri / Ti, Uec / Ue, Gbg / Gp.

rugen sw., *rujen* °Uec, °Ghg, °Pyr, *rungen* Uec / Al,Gr,Uh, *ruken* Uec / Ge,Le,Mn. **1.** mausern (vom Federvieh) VPom, vereinz. MPom, SPom, Sch / Pu. *Wenn dei Häuhner rugen, leggen sei gor nich* Gwd / Ba. Syn. r u d e n. – **2.** abblättern der Haut Fra / Pe. Auch: abblättern von Rüben °Sch.

rügen sw. reuen, leid tun selt. VPom, Uec / Ue, Pyr / Wi, Saa / Ja, HUS 4,39,154. *Dat rüügt mi gor nich* Dem / Tp. Vgl. MWB 5,1024: *rüen.*

Rügen die Insel Rügen. *Nu kümmt de Brodkammer, dat möt Ji wäten, dat is de Insel Rügen förwohr* HUMGWD 5,2,11. Vgl. M u t t l a n d. – Zu sprachl. Besonderheiten s. [8]HER-WIN. – **rügensch** Adj. von Rügen stammend. Im Vgl.: *ehren eegenen Kopp hebben as de rügenschen Gäus* bei einer vorgefassten Meinung verharren HUMGWD 14,1,4.

Rügenwol(d) ON Rügenwalde (°Sch). – Dazu, ral.: *dickköppsch as 'ne Rügenwoolsch Gaus sin* sehr eigensinnig sein vereinz., HTNHZ 1912,3, ROSN 6, ähnl. HUMGWD 75,278f.,3.

Rugfauder n. Rauhfutter (Heu und Stroh) vereinz. – **Rugfrost** m. Rauhreif Sto / Gd,Gm. Vgl. DWA 3, Kt.11.

Rügg m., gesprochen *Rüch*. **1.** Rücken von Mensch oder Tier. *De Rüje deet mi so weih* Saa / Le. *He licht up'm Röjje u' lett sich d' Sonn jäjen de Tähne schiene* Pyr / Wa. – **2.** Rückseite, aber auch Oberseite eines Gegenstandes (von Sense, Messer u. a.) verstr., NDKBL 73,38. *Dat Metz ward œwer'n Rüngen sträken* °Gwd. Spez.: glatte Seite des Mahlsteins Gri / Lo. – **3.** Gartenbeet, Ackerland verbr. *Diss Rüggen is mit Bollen plant'* Ran / Pe. Spez.: erhöhter Bereich zwischen den Furchen auf dem Ackerland verbr., vgl. DWA 8, Kt.6. *Denn Rüng' möößt utpläugen!* Gri / Mi. – **4.** fachspr., Flächeneinheit beim Tabakanbau Ran / Gl,Pl. *De Rüggen hett unjefähr twintig Planten* Ran / Gl. Vgl. BBWB 3,900. – Zss. s. R ü g g -, R ü g g e n -.
Lautvar.: *Rüng(en)* verstr. VPom MPom, Cam / Dv, *Rüggen* verstr. VPom, MPom, *Rööch, Röch* vereinz., *Rö'* Gwd / Ze, Uec / Ue, *Rijje* vereinz. nordöstl. HPom, [2]MIS 15, *Rigge* Ran / Pe, Büt / Wu, Stolp, HTKLGTP 1926,12,45, [4]KNO 22,

Rüjje(n) Ghg / Wt, verbr. HPom, *Röje(n)* vereinz., POP 185, ²TOPP 128, *Röke* Pyr / Me ²SCHMF 107, *Röjje* Pyr / Wa,Wi, Reg / Kw, Sch / Gu, *Rüje* Reg / Db, Saa / Le, *Rüyye* Saa / So, Neu / Lt, *Rick(e)* vereinz. östl. HPom, BLFPVK 9,149, *Rütj* Neu / Th, *Rieje* Sch / Sd, Rum / Km, ⁵TITA 60, *Rieche* Slo / La, *Riəyə* °Rum ²MIS 15, *Riyy(e)* verstr. NOPom.

Phras. zu 1.: Ra.: *sik up'n Rüggen leggen / haugen* faulenzen vereinz.; *einen up'n Rüggen leggen* jmd. überführen °Gwd, Ank / An, auch: jmd. wirtschaftlich ruinieren vereinz. NOPom. *Du warst nich gliek up'm Rüggen fallen* du wirst die unangenehme Nachricht verkraften Ran / Pe u. ä. vereinz. *Mi löppt de Dod œwer'n Rüggn* mich schaudert °Ghg, vgl. BBWB 3,899; *einem denn Rücken stiewen / stütten* jmd. unterstützen vereinz. Von einer hinterlistigen Person: *In'e Ogen leidig, hinnern Rüggen falsch* °Gwd. Zu einem Kleinkind, das über Rückenschmerzen klagt: *Hett dei Mügg uk all 'n Rügg? Dei hett bloß 'n Håken, wur dei Noors inhåkt* vereinz. VPom, sonst selt. Androhung von Prügel: *Di juckt woll de Röje?* Sch / Rg. [*Dei Meigers sünd*] *in'n Rüggen kåmen* mähen flach liegendes Korn in Richtung der liegenden Halme Gri / Bo,We, Dem / Kt. – Im Vgl.: *'ne spitze Rijje as 'ne aflammt Zäg hebben* sehr mager sein (von Tieren und Menschen) Sto / Wd. – Sprw.: *Wat unner denn Rüggen sitt, hüürt uk to'n Minschen* etwas, das man nicht gern mit Namen nennt, sollte man nicht verachten Rüg / Pu. *Wat unnern Rüggen sitt, hört uk to'm Minschen, seggt de oll Scheper* Stral. – Sagw.: *Furtschritt is Trumpf, reep de Buer, don leeg hei up'n Rücken* HUMGWD 9,13,8. – Rä.: *Wem dröcht sien Hus up'm Rüggen?* = die Schnecke Pyr / Lt. *Wem kümmt up'm Rüggen in d' Kirch rin?* = der Täufling, der Tote Gri / Ti, Pyr / Lt.

Phras. zu 2.: Ra.: Wenn das Brot verkehrt herum liegt: *Man verdeint sien Brot nich up'n Rüggen* Fra / Br, Gri / Go u. ä. Ghg / Wt. – Volksgl.: *Lejj dat Brot ni up'a Rügga, dat bringt A(r)je!* °Dra. *Wenn't Brot up'n Rüjjen licht, ward't no' knapp* Ghg / Wt.

Rüggbengel m. **1.** Wirbelsaule Gwald, Gwd / Bo, Saa / Zd. Auch allg. für den Rücken selt. VPom MPom, ²BRE 150. *Mi deet de Rüggbengel weh* Gwald. – Ral.: *sik wat up'm Rüggbengel låden hebben* große Sorgen haben Uec / Pa. – **2.** handbreiter Speckstreifen vom Schweinerücken verbr. VPom, selt. MPom HPom. Auch: Kotelett vom Schwein vereinz. VPom MPom.

Rüggen s. Rügg.

Rügg(en)blaut n. **1.** Blut an der äußeren Haut des Rückenmarks vereinz. – Ral.: *ein' dat Rüggenblaut lösen* jmd. tüchtig verprügeln Fra / Bn, ähnl. vereinz. *Bi em is dat Rijjeblaut los* er stottert Sto / Dö, Büt / Bt. – **2.** Blutansammlung im Mastdarm (Erkrankung bei Rindern) verstr. VPom, Nau / Fg,Rh. – **Rügg(en)bräken** n. Kreuzschmerzen vereinz. *Ik heff hiet doch so'e Riyybräken, mi breckt rein dat Kriez intwee* Sto / Dö. – **Rügg(en)fett** n. **1.** Fett vom Schweinerücken vereinz. – **2.** scherzh., Prügel, Hiebe Uec / Ge, HOEFAMSC 388ª. – **Rügg(en)küssen** n. **1.** polsterndes Kissen unter der Rückenauflage beim Pferdegeschirr Lau / GW. – **2.** Filzdecke, auf der der Sattel aufliegt Sto / Pf. – **Rüggenpierd** n., seem., am Rücken befestigte Leine aus Tauwerk zum besseren Halt der arbeitenden Matrosen Rüg / Sn. Vgl. MWB 5,1032. – **Rüggenplåster** n. Rheumapflaster Büt / Bt, Sto / Dö. – **Rügg(en)stück** n. **1.** aus dem Rücken des Schweins herausgeschnittenes Fleischstück Lau / GW. Auch: Mittelstück vom Hering Ran / Wl. – **2.** über dem Rücken liegender Teil des Pferdegeschirrs Sch / Sd. Vgl. Kammdeckel u. PRWB 4,898: *Rückenstück.* – **Rügg-gråt** n. Wirbelsäule. *sich dat Rüggråt vaknacksa* Saa / Te. – Ral.: *keen Rüggråt hebben* unzuverlässig, wankelmütig sein Fra / Pe, Dem / Tp, Stett. Androhung von Schlägen: *Ik schlå di, dat di d' Röjjgråt platzt!* Pyr / Wa. – **rügglings** Adv. rückwärts, hintenüber verbr. *Hei feil rügglings dei Trepp runne* Nau / De. – **rüggoorsch** Adv. rückwärts vereinz. *He föl rü'oors de Trepp hendål* Rüg / Zi. – **rüggœwer** Adv., *rücksch-* Stett, rückwärts, hintenüber. *He feel rückschœwer von'n Stohl* Stett.

Ruggras n., PflN, 'Rauhgras' Sammelname für alle hohen Gartenwildkräuter Gri / Bo.

Rüggreimen m. Rückenriemen beim Pferdegeschirr verstr. – **Rüggstrang** m. **1.** Wirbelsäule, Rücken des Menschen Gri / Zf, vereinz. HPom. *Mi is de Rijjstrank verschuckt* ich habe Kreuzschmerzen Sto / Pf. Prügelandrohung: *Dat jifft imme langs de Rijjstrank!* Sto / Dö,Wd. – **2.** Rückenstück des geschlachteten Schweins verstr. HPom. – **rüggut** Adv. rücklings Uec / Ge, Ran / Pe,Ro, Ghg / Li. – **rüggwarts** Adv. rückwärts vereinz. – Ral.: *nich röj- un vörwarts kœnen* keinen Rat wissen °Gwd. – Volksgl.: *Een jung Mäken mött* [zu Silvester] *rü'warts ut de Husdör gåhn un up't Dack kieken, dor süht se denn 'n Brutmann* Uec / Ue.

Rugholt n. 'Rauhholz' Strauchwerk selt. VPom. – **rughorig** Adj. rauhhaarig, struppig, zerzaust selt. *'ne rughorig Diern* Gwd / Ba. – **Rugklås** m. rauh vermummte Nikolausgestalt im Heischeumzug am Nikolaustag und zu Weihnachten vereinz. VPom, DÄHWB 389, BOLLW 1937,391, ²BOR 181, KLEIN 146. *Pass up, bald kümmt Rugklås!* Dem / De. Vgl. Bullkåter, Hu-klås, Klingklås, Rumprecht. Auch als Bez. für den Weihnachtsumzug selbst Dem / Me, ³JAHN 274. – **rugmulig** Adj. schwer zu lenken, störrisch (von Pferden) LAUWB 296ª. – **rugmusig** Adj. rauh, ungemütlich (bes. vom Wetter) vereinz. *Dat Werrer süht so rugmusig ut* Gri / Mi. Vgl. rusmusig. – **Rugriep** m. Rauhreif verbr. *Œwer Nacht hett't Ru(g)riep gäben* Dem / De. – Wetterr.: *Up Rugriep folgt Rägen* Net / Hf. Vgl. Riep². – **rugriepen** sw. Rauhreif bilden verstr. *Dat hett rugriept, nu jifft't Räjen* Kol / Go. – **Rugwark** n. Pelzware selt. VPom.

Ruh s. Rauh.

ruhig Adj., *rauhig* selt., wie hd. **1.** still, lautlos. – **2.** unbewegt, reglos. *up ruhigem Woter* Sto / Gl. – **3.** unaufgeregt, gelassen. *Hei bleef ruhig, wenn't uk e' em* *kauke dee* Gbg / Gp. *Du, wess man ganz ruhig!* Pyr / Lt. Auch: unbesorgt. *Dat kannst du ruhig köpen* Gri / Mi. – Spruch: *Ümme ruhig rieden, de (jung) Pier(d) kosten Jeld!* immer langsam voran! °Gwd, Ank / An, Uec / Pa, Dra / Dr. *Ruhig Blaut is för alle Tieden gaut* Fra / Pe. – Sagw.: *Ümmer ruhig, sär dei Håhn to'm Rägenworm, dor freet he em* Gwald.

Ruhm m., *Rauhm* vereinz., wie hd. verstr. – **rühmen** sw., *räühmen* selt., *röhmen* HOEFAMSC 385[b], lobend hervorheben, anpreisen vereinz., HOMWB 157[a]. *De Perfesser ward sihr rühmt* Ank / An. *Dor kann he sik nich mit rühmen* Pyr / Lt. – **ruhmrädig** Adj. prahlerisch, sich selbst mit vielen Worten rühmend verstr. VPom, sonst selt. *Nu räd man nich so ruhmrädig!* Rüg / Ae.

Ruhr[1] n. **1.** PflN, Schilfrohr. *An'n See wasst fienes Ruhr* Gri / Mi; *Rauhr taum Dackdecke* Kol / Pr. *Kumm, wi läje uns in't Rauhe o' flechte uns 'n Helm!* Sto / Dö; *Wusseker Rauer* dünnes, feines Rohr zum Dachdecken aus Wusseken (°Kös) Kös / Sr. – Im Vergleich: *Dat Kuurn steiht as Ruhr* hat kräftige Halme vereinz. – Sprw.: *In't Ruhr is gaud Piepenschnieden* im Überfluß läßt sich gut leben Rüg / Dm, BLFPVK 9,150. Vgl. Reit. – **2.** Leitungs-, Abflußrohr verstr. – **3.** in der Vbdg. *spånsch Ruhr*, Rohrstock selt. VPom, Gbg / Gz, Cam / Rn. Vgl. Ruhrstock. – **4.** in der Vbdg. *russisch Ruhr* (vereinz. auch *russisch Rühr*), enger, mit Ziegelsteinen gemauerter Schornstein verstr. VPom, °Nau, Dra / Dr. *Ik will denn ollen wieden Schostein afrieten un dorför 'n russisch Ruhr trecken låten* Rüg / Ae. Auch: Schornstein mit mehreren Zügen verstr.; Verbindungsrohr zwischen Ofen und Schornstein Gri / Ge,Go.

Lautvar.: wie hd. *Rohr* verstr. MPom HPom, *Rühr* vereinz. VPom, Nau / Fg,Rh, *Rauhr* verbr. HPom, *Röuhe(r)* verbr. °Gbg, selt. °Kol, Sch / Pu, HTKÖS 1929,12,9. In Zss. auch verkürzt zu *Roh'* verbr. SPom KÜHL 40.

Ruhr[2] f., *Räue* Kol / Zw [2]ASM / KNO 198, *Röhr* Ran / Pe,Ro, Erkrankung mit blutigem, schleimigem Durchfall vereinz. Ebenso: *rode Ruhr* selt. VPom, Ran / Pe, Kol / Zw [2]ASM / KNO 198. Übertr.: *Dei Acker hett de Röhr* besteht aus schlechtem Boden, ist nicht fruchtbar Ran / Ro.

Rühr f. / n., Pl. *-en*, Röhre. **1.** Leitungsrohr, Abflußleitung. *'n iesern Rühr* Gwald; *Röhren leggen* Pyr / Lt. – **2.** Hohlraum im Ofen zum Braten, Backen und Warmhalten von Speisen. *Sett dei Kann in't Rühr, dor blifft dei Kaffee gaut heit* Dem / Tp. *Bratäppel duften ut dat Rühr* BRÜGG 105. Zu einem weinenden Kind: *Ween man nich, in't / in'e Rühr ståhn Klüt / steht Kaffe, dat weetst du man nich* vereinz. – **3.** Pl. Ledergamaschen vereinz.

Lautvar.: *Röhr* verbr. MPom HPom, *Räuhe(r)* verstr. ZPom, Sch / Pu, °Sto [6]KNO 122, *Roihr* LAUWB 291[a], *Reie(r)* Sch / NR, °Rum, verstr. NOPom, [2]MIS 24, [3]MIS 62, Slo / La.

Phras. zu 2.: Ral.: *in't / in'e Rühr kieken* leer ausgehen, das Nachsehen haben verbr.; *in'e Röhr danze kœne* kleinwüchsig sein Saa / Ja,Le; *nicks in'e Rühren hebben* kraftlos sein Gwd / Ze u. ä. Gwald. *Mi föllt 'n Appel ut't / ut'e Rühr!* mir geht ein Licht auf! Gwald, Cam / Si.

Rührbessen m. / f., übertr., 'Rührbesen' unruhige Frau Stral.

Ruhrblatt n. Blatt des Schilfrohrs vereinz. *Dei Ruhrblärer hebben so 'ne Stellen, dei utseihen daun, as wenn dor einer dwasslings up bäten hett* Rüg / Ae.

Volksgl.: Die Einkerbungen auf den Blättern erklärt man mit der Legende, Jesus habe in ein Rohrblatt gebissen, als man ihm den Schwamm mit Essig reichte Pyr / Lt,Sa,Wi. Vgl. MWB 5,1041, BBWB 3,875: *Rohr*.

Ruhrboors m., TiN, Rohrbarsch, Flußbarsch vereinz. südl. HPom, KÜHL 40.

Rührbrägen m. unruhiger Mensch (meist auf Kinder bezogen). *Sitt doch eis still! Wat büst du bloß för'n Rührbrägen!* Dem / De. → Wribbel.

Ruhrdack n. Dach aus Schilfrohr verbr. *Dat Ruhrdack höllt am längsten* Gri / Mi. Jünger dringt Reitdack vor. – **Ruhrdackdecker** m. Handwerker, der Schilfrohr auf dem Dach verlegt verstr. *Dei Ruhrdackdecker steiht bi de Arbeit up denn Bomschlag* [langes Rundholz] Fra / Pu.

Ruhrdump f., TiN, *-dumm* vereinz., *-dummel* Gri / Gi,Lo, Ank / Br, Rohrdommel verbr. VPom MPom, Cam / Sc,Si, Sto / KP, POMPBL 1,518. *De Ruhrdump bröllt, dat eenen grugen warden kann* Rüg / Pu. Im Vgl.: *'ne Stimm hebben as 'ne Rohrdumm* eine sehr rauhe, tiefe Stimme haben Uec / Ge.

Rsyn.: *Muross, Muschkauh, Rodump, Wåteross.*

rühren sw. **1.** eine Flüssigkeit oder breiige Masse in kreisende Bewegung versetzen. *Se rührt denn Kokendeeg* Gwald. *Blot ward röhet* DKr / La. – **2.** Körperglieder bewegen. *de Schwanz röhren* mit dem Schwanz wedeln Pyr / Wi. – Ral.: *keinen Finger rühren* faul sein, nichts tun verbr. – Refl.: sich bewegen, regen. *He kann sich ne' röhre* Bel / Zi. *Dei Wäsch rührt sich kum* es geht kaum Wind zum Trocknen Gri / Mi. *Wi will'n uns man noch 'n beten röhren* noch etwas bewegen, tun Stett. *Dat röhrt un röhrt sich nich* das Essen will nicht kochen Ran / Pe, Pyr / Wa,Wi. Verstärkend in der Paarformel *sik nich ricken un rühren kœnen* zu wenig Bewegungsfreiheit haben vereinz. Vgl. ricken[2], rögen. – **3.** von etwas sprechen, zum Ausdruck bringen vereinz. westl. ZPom, selt. SPom. – Ral.: *Dat is je dat, wat ik räuhe* das ist auch meine Meinung Gbg / Gp. – **4.** anrühren, innerlich bewegen. *Dat röhrt mi nich!* das läßt mich kalt Fra / Bn. *All Birren un Draugen künn' mi gor nich rühr'n* alles Bitten und Drohen konnte mich nicht erweichen Gri / Go. *Wat räuhet di dat?* was geht dich das an? Gbg / Gp. – **5.** Heu umwenden Uec / Pa, Ran / Pe, Pyr / Dö, Neu / Th, vgl. DWA 14, Kt.2. *Dat Heu mütt röhrt warn, wenn't got warn sall* Uec / Pa. Vgl. BBWB 3,910.

Lautvar.: *röhren* verbr. MPom HPom, *räuh(r)e* verbr. ZPom, Saa / Mu, Fla / Wo, °Slo, *roih(r)e* °Ghg, vereinz. ZPom, SPom, LAUWB 291, *ruire* verstr. °Gbg, *råire* Gbg / De PRI / TEU 248, *reih(r)e* Lau / GW.

Phras.: zu 2.: Ral.: *mit wat to rühren hebben* große Schwierigkeiten mit etwas haben Gri / Mi. – Sagw.: *Rühr di, säd de Bur, un haut sien Ollsch mit d' Pann vör d' Kutt* Ran / Ro u. ä. vereinz. – Rä.: *Dor röhrt sich wat in'e Eck, geht Dag un Nacht, kümmt ni vom Fleck* = die Uhr Kol / De,Sö.

Ruhrgras n., PflN, Riedgras vereinz. HPom. – **Ruhrhalm** m. Halm des Schilfrohrs vereinz.

rührig Adj., *röhrig* verbr. MPom, vereinz. HPom. **1.** rege, flink, lebhaft verstr. *Do hett man jo sien wåhr Freud dran, wenn dat Kind so röhrig is* Uec / Ge. Auch: arbeitsam, fleißig verstr. *He is röhrig un bringt düchtig (Geld) nåh Hus* Uec / Pa; rüstig (von älteren Menschen) verstr. *Dei Oll is noch recht rührig* Dem / Tp; kräftig Ran / Pe, Neu / We. – **2.** besorgt, fürsorglich vereinz. *Sei is so rührig üm de Kinner her* °Ghg.

Ruhrkamp m. mit Schilfrohr bewachsene Wasserfläche verstr. VPom, °Ghg, Gbg / Wo. Vgl. Ruhrplagg. – **Ruhrkarpen** m., TiN, Aland Saa / Zg. Vgl. MWB 5,1042, PRWB 4,867: *Rohrkarpfen.*

Rührkauken m. Kuchen aus Rührteig verbr. Vgl. Pulwerkauken. – **Rührkell** f. Kelle zum Rühren von Mus u. ä. vereinz. Vgl. Rögkell.

Ruhrklöpper m. zylinderförmiger Blütenstand des Rohrkolbens °Rüg. *Dat gifft dünne un dicke Ruhrklöppers* Rüg / Ae.

Rührknüppel m. dicker Stab zum Musrühren Gri / Mi. Müllerspr.: senkrecht stehender Holzstock im Mühlsteinloch, der verhindert, daß sich Mahlgut absetzt Dem / Bs. Vgl. Gränstock, Rührstock. – **Rührles** n. Zusammengerührtes (von Speisen) Rüg / Gr, Cam / Gl NDKBL 53,13.

Ruhrmatt f. Matte aus Schilfrohr, bes. als Windschutz Fra / Br. Vgl. MWB 5,1043.

Rühr-mi-nich-an n., PflN, Schöllkraut Stral, SUNDTR 1,84. – **Rührnoors** m. unruhiges, zappliges Kind Nau / Fg,Rh, Reg / Rg, Kol / Pr, HOEFAMSC 389[b]. Vgl. MWB 5,1043. – **Rühroorsch** m. dass. verstr. *Dat is doch ein richtig Röhrarsch, dei sitt nich ein Ogeblick still* Nau / De.

Ruhrpiep f., fachspr., als Spule dienendes Schilfrohrstück im Webeschiffchen vereinz. *Ik müsst as Jong' de Rohrpiepa bewickla* Saa / Ja. Vgl. Ruhrspaul. – **Ruhrplagg** f. / m., Pl. *-plågen*, mit Schilfrohr bewachsene Fläche (am Ufer, aber auch inselförmig im Wasser) verstr. VPom, sonst selt. *Dei Ruhrplågen warden in'n Winter meigt* Ank / An. Vgl. Ruhrkamp u. MWB 5,1044. – **Ruhrplån** m. dass. verbr. VPom, Ran / Pe, Nau / Fg,Rh, JOSTWB 75. *Ik heff an'n See 'n schönen Ruhrplån* Gri / Mi.

Rührsack m. unruhiges, lebhaftes Kind verstr. → Wribbel.

Ruhrschnieder m. **1.** Person, die Schilfrohr mäht Gri / Zf. – **2.** wie Ruhrschuffel vereinz. VPom, Ghg / Li, Pyr / Wa. – **Ruhrschof** n. Schilfrohrbündel zum Dachdecken vereinz. Vgl. MWB 5,1044. – **Ruhrschuffel** f. schaufelförmiges Gerät mit gegabeltem Stiel und scharfer Schneide (zum Rohrschneiden im Winter) Rüg / Ae, °Ghg, Dra / Ga, BALTST AF 29,18, HTPYR 1928,1,2. Vgl. BBWB 3,879: *Rohrschuffel.* – **Ruhrschüwer** m. dass. Fra / Pu, Rüg / Ae. Vgl. Ruhrschnieder, Ruhrschuffel. Abb. s. MWB 5,1045. – **Ruhrseiss** f. breite Sense mit langem Stiel zum Rohrmähen Reg / Me.

Ruhrsparling m. **1.** TiN für versch. Vogelarten. **1.1.** Rohrspatz, Rohrammer verstr. VPom, Uec / He, Dra / Dr. Vgl. MWB 5,1044. – **1.2.** Drosselrohrsänger vereinz., BLFPVK 1,71. Auch: Teichrohrsänger Stral, °Rüg. – **1.3.** Rohrdommel Saa / Le, Kol / Sö, Sto / Dö,Wd. – **1.4.** Elster Gbg / Gp, vereinz. NOPom. – **2.** übertr., dünner, magerer Mensch verstr. *Hei is un blifft so'n Ruhrsparling, dorbi ett hei as'n Schündöscher* Rüg / Ae.

Phras. zu 1.: In zahlreichen Vgl., die zumeist auf die Bed. 1.1. und 1.2. bezogen sind: *schimpen as'n Ruhrsparling* wild schimpfen verbr.; *zaustern as'n Ruhrsparling* dauernd reden Gwald, Ank / An, Nau / Fg,Rh; *larmen as'n Ruhrsparling* großen Krach machen Stral; *hüppen as'n Ruhrsparling* schnell hüpfen Ran / Ro, Cam / Si, Gbg / Gp.

Ruhrspatz m., TiN. **1.** Rohrammer verstr. VPom MPom. Vgl. MWB 5,1046. – **2.** Drosselrohrsänger Ank / An. – Der ral. Gebrauch entspricht dem von Ruhrsparling.

Ruhrspaul f., fachspr., Schilfrohrstück als Spule im Webeschiffchen vereinz. HPom. Vgl. Ruhrpiep.

Rührståken m. längere Stange zum Anfachen des Feuers im Backofen Nau / Fg,Rh, Gbg / Gz,Gp. – **Rührstang'** f. dass. vereinz. Vgl. Rögstang'. – **rührstarte** sw. lebhaft mit dem Schwanz wedeln (bes. von Hunden) vereinz. HPom.

Ruhrstauhl m. Stuhl mit rohrgeflochtener Sitzfläche verstr. *De Ruhrstauhl ward nieg flecht'* Gri / Mi. Scherzh.: *Wenn du u'm Rohrstohl sitta deest, laut keena Furz, de wett de ju ni', dö(r)ch weck Löche dat he aftrecka scha'!* Dra / Dr. – **Ruhrstock** m. **1.** Rohrstock. Damit er schneller brach, wurde der Rohrstock des Lehrers früher von den Schülern mit Zwiebeln eingerieben:

Rieft doch demm Köste de Rauestock mit Polle in! Cam / He. – Ral.: *De Ruhrstock mutt danze* es muß Prügel geben Ran / Pe, ähnl. vereinz. – **2.** Schraubstock zum Festklemmen von Rohren Fra / Br.

Rührstock m., müllerspr., senkrecht stehender Holzstock im Mühlsteinloch, der ein Festsetzen des Mahlguts verhindert vereinz. Vgl. Gränstock, Rührknüppel.

Ruhrtang' f. Rohrzange vereinz.

Rührüm m. **1.** unruhiges, lebhaftes Kind verstr. → Wribbel. – **2.** Aufhebens, Gewese °Fra, Gwald, Ghg / Li. *Du måkst uk wedder 'n groten Rührüm von de Såk* Gwald. – **3.** zusammengekochtes Essen °Fra, Uec / Ge, Ghg / Li. – **4.** scherzh., Grog selt. VPom.

Ruhrwieh f., TiN, Rohrweihe vereinz. *Blots de Ruurwieh is eer* [den Enten] *gefährlich, wenn se lisen över den See henstrieken deit* ^{5}TRI 99.

ruike s. räuken.

Rük f., m. Rüg / Ae, Gwd / Ba, Ghg / Li. **1.** Nase vereinz. HPom. *Dei hett ne grot Rütsch* Slo / Ld. Vgl. Rüker. Auch: Geruchssinn vereinz. Meist in fester Vbdg.: *'ne fien / gaut / nipp Rük hebben* gut riechen können vereinz. – **2.** Aroma, Duft vereinz., HOEFAMSC 386^a. *Üm ehr is ümmer so'n Rük von Rausen* [Rosen] Rüg / Ae. – **3.** Blumenstrauß vereinz., DÄHWB 388^a, ^{5}SEG 39. Spez.: Strauß, der den Hochzeitsgästen am Rock angenäht wurde verstr. °Rüg, Mönchg., ADL 191, BALTST NF 33,1,155.

Lautvar.: *Rück* verstr., *Rök* Rüg / Dm, Fra / Zi, Ank / Br, ^{2}ADAM 79, ^{2}VOG 74, *Riek* selt. ZPom, SPom, verstr. NOPom, HOMWB 157^b, *Rick* °Sch, Stolp, Lau / GW, *Richsch* Slo / He, *Rütch* Neu / Lt, *Rütsch* Slo / Ld.

Phras. zu 1.: Ra.: *'ne fien / gaut / schön Rük hebben* etwas vorausahnen, alles bemerken vereinz. MPom HPom; *'ne anner Rük hebben* mehr Ansehen als ein anderer haben Saa / Ja; *ein' up de Rök sin* hinter jmd. her sein, jmd. verfolgen Ank / Br; *nich de Rük wert sin* wertlos sein Pyr / Sh.

Volksbr. zu 3.: Starb ein unverheirateter Mann, bekam der Tote eine *Rük* [Strauß aus Kunstblumen] angesteckt Mönchg., ADL 181.

Rükarft f., PflN, Platterbse (mit wohlriechender Blüte), Spanische Wicke (Lathyrus L.) verbr. VPom, selt. MPom HPom, ^{4}HOEFE 48, SUNDTR 1,84. – **Rükblatt** n., PflN. **1.** Salbei (Salvia L.) vereinz., HTKÖS 1929,12,9, KÜHL 39. – **2.** Balsamkraut, Marienblatt (Tanacetum balsamita) vereinz. HPom, HTKÖS 1928,19,7 u. 1929,12,9. Die wohlriechenden Blätter wurden früher oft ins Gesangbuch gelegt. – **Rükelblatt** n. Salbeiblatt Gbg / Gp,Wa, Kol / Go. – **Rükelbusch** m. Blumenstrauß vereinz. VPom. Zu einer stark parfümierten Frau: *Du büst dei wohrste Rükelbusch* Fra / Pe. – **Rükelken** n., PflN, *Ri(e)chelke* vereinz. ZPom, selt. SPom, *Riekelken* Nau / Wa, Schlüsselblume (Primula veris) Use / Sw, verstr. ZPom, selt. SPom. Vgl. DWA 1, Kt.36. – **Rükels** n., *Rükles, Rüklis* Rüg / Br, Mönchg. **1.** Parfüm verbr. Auch: etwas Wohlriechendes vereinz. VPom. Spez.: Blumenstrauß. – Ral.: *einem Rükels vör de Näs hollen* jmd. eine Narkose geben Stral, EEKB 1907,209. – **2.** PflN, Zitronenmelisse (Melissa officinalis) Fra / Zi, Mönchg. ADL 98, NDKBL 53,13, SIPHT 38,5.

rüken st., vereinz. sw., *rükeln* Dem / Tp, °Gwd, HUMGWD 74,108f.,1, *rieke* selt. ZPom, verbr. NOPom, JOSTWB 76, LAUWB 288^b, riechen. **1.** Geruch verströmen, duften. *Dei Seep riekt recht fein* Sto / Gl. Spez.: unangenehm riechen, stinken. *He rüükt ut'm Hals* Pyr / Lt. *Dat Fleisch rückt all* Gri / Mi. – **2.** Geruch wahrnehmen. *Kiek mål, wat för schöne Rosen, dor rükel mål an!* Dem / Tp.

Flex: Präs.Sg.1.: *rük* verbr., *riek* LAUWB 288^b. – 3.: *rüükt, rückt* verbr., *riekt* Gbg / Gp, selt. NOPom, *rütjt* Neu / Lt. – Prät.Sg.1.u.3.: *rök* vereinz. VPom, selt. SPom, WAR 39, *rok* Rüg / Ae, Pyr / Bt, Stolp, LAUWB 288^b, *roik* Kol / Pr, Sch / Sd. – Part.Prät.: *råken* verstr., *rake* JOSTWB 77, *roken* verstr., *rauke* Gbg / Gp, Dra / Bu, *rüükt* selt. MPom, vereinz. SPom, Reg / Me.

Phras. zu 1.: Ra.: Wenn jmd. einen Darmwind gelassen hat: *Dat rükt hier so nåh Minschen* vereinz. *Riek mål, wie et riekt* dass. Rum / Tr. *Dat rükt nåh arme Lüd* es riecht muffig °Gwd. *Dat rükt ut alle Pötte* duftet nach gutem Essen Nau / Sr. Scherzh.: *Hier rückt't nåh Brandenburg* es riecht angebrannt Sch / Ac. *Dor rükt de Kaffe ümmer ut dei Dör* da geht es hoch her °Gwd, Ank / An. Androhung von Schlägen: *Dat rükt nå Krankenhus!* Uec / Pa. *Dat rükt nåh Knåken(fleesch)* dass. Pyr / Wa; *ut't Mul rüken as'n penschonierten Schandarm ut'n Noors* nach Alkohol riechen Gri / Gi u. ä. Gwd / Ba, vgl. MWB 5,1048. – Sagw.: *All wat gaut rükt, kümmt von mi, säd de Apteiker, denn härr hei (sik) in de Bücks schäten* Cam / Bn, ähnl. °Sch, ^{1}HOEFE 7. – Rä.: *Wat rükt tauierst / am besten, wenn du in'e Apteik kümmst?* = die Nase selt., HUMGWD 11,50,12.

Phras. zu 2.: Ral.: *Dor rük an!* das laß dir eine Lehre sein! verbr., auch: nimm dir daran ein Beispiel! verbr. *Dor rük an'n Proppen!* das ist sehr wenig! Dem / De; *Müs' rüken* Verdacht schöpfen, misstrauisch werden Gri / Zf, Cam / Bn, Reg / Me; *denn Bråden rüken* die wahre Absicht erkennen allg., auch scherzh. erweitert: *den Braden rüken, ihre dat Kalw schlacht' is* HUMGWD 12,50,11, vgl. MWB 5,1049. *Kattenschiet in'n Düüstern rüken kœnen* sich schlau geben, oberschlau sein verbr.; *jeden Furz / Dreck (im Düüstern) rüken* alle Neuigkeiten wissen verbr. *Du krist noch frischen Dreck tau rüken* heißt es, wenn jmd. die Nase juckt (d. h. man erfährt noch etwas Neues) vereinz. Entschuldigend gesagt, wenn jmd. bezichtigt wird, getrunken zu haben: *De hett blot an'n Proppen / in d' Buddel råken* vereinz.; *an wat nich rüken kœnen* an etwas qualitativ nicht heranreichen, nicht mitreden können °Rüg, ähnl. vereinz., ^{2}TRI 82. – Sagw.: *Dor rük an, seggt Loßmann un stött mit de Näs an de Teerbütt* HUS 1901,41,164. *Dor rük an, säd Klas, dunn slog hei Jürgen up de Snut* ^{2}SEG 139. *Dor rük dran, säd de Bur, donn schlaug hei sien Fru up'e Näs* °Sch, ähnl. HTKLUEC 1925,51. *Dor rük dran, sär Michel, dunn schlaug hei sienem Fründ mit de Fuust up de Näs* Cam / Bn.

Rüker m., *Rügger* Fra / Bn. **1.** Nase des Menschen verbr. VPom, verstr. MPom, °Sch. *Dei hett 'n schönen Rügger in't Gesicht sitten* Fra / Bn. Aufforderung, sich aus etwas herauszuhalten: *Stäk dienen Rüker nich œwerall rin!* Fra / Pe. – **2.** sicheres Gespür für etwas. Meist in der Vbdg. *'n fienen / gauden / nippen Rüker hebben* alles gleich merken, schlau sein. – **3.** Blumenstrauß, der bei Hochzeiten getragen wird Mönchg. Vgl. MWB 5,1050. – **4.** scherzh., Äther, Chloroform Ank / An. – **Rükhåken** m., scherzh., Nase Lau / Lg, Büt / Bt. – **Rükkolben** m. dass. vereinz. – **Rükkrütken** n. 'Riechkräutchen' wohlriechender Blumenstrauß vereinz. NOPom, HOMWB 157b. – **rük-rük** Adv. sehr wenig verstr. *Giff em bloß rük-rük!* °Rüg. – **Rükwåter** n. Parfüm Ghg / Wt, Lau / GW, HOMWB 157b. Vgl. BBWB 3,912.

Rull f., *Roll* selt. VPom, verbr. MPom, vereinz. HPom, STRI 36. **1.** Rolle, walzenförmiger Körper. – Ral.: *Du kannst mi mål d' Roll drägen!* du kannst mir sonst was! Uec / Pa. – **1.1.** Wäscherolle, Mangel verstr. *Dei Wäsch up dei Rull wickeln* Gri / Mi. Vgl. Mangel[1]. – **1.2.** Rolle am hinteren Ende des Erntewagens, an der der Bindebaum festgeschnürt wurde Gwd / Ba. – **2.** Zusammengerolltes. – **2.1.** Garn-, Zwirnrolle vereinz. – **2.2.** Maßeinheit für Stoffe (entspricht 16 Ellen) Saa / Kl, Kol / Kö. *Twei Rulle Liwent* [Leinwand] Saa / Kl. Auch: Maßeinheit für Segeltuch Rüg / Sn, °Gwd. Vgl. Bolten[1]. Hist. auch als Maßeinheit für Stockfisch (180 Stück) DÄHWB 390a, BRÜG 1,CCLVIIII. – **2.3.** lange Heureihe auf der Wiese selt. VPom, westl. ZPom, Dra / Bu. – **3.** Teil eines zersägten Baumstammes Gri / Bo, Uec / Ri. – **4.** Part in einem Theaterstück. – Ral.: *de ierste Rull spälen willen* eingebildet sein, über seine Verhältnisse leben Ank / An; *keene Rull spälen* unwichtig sein vereinz.; *ut de Rull fallen* ausfallend werden Stett. – **5.** Manschette LAUWB 293b.

Phras.: Rä.: *Tauwielen ward sei spääl, tauwielen ward sei dreigt, un wenn dor is wat up, denn ward dor uk von neigt* = die Rolle Stral.

Rullål m. kaltes Aalgericht Use / Wl, POMHTB 1956,61. – **Rullback** f. mit Mus oder Marmelade gefüllter (Hefe-)Kuchen selt. MPom, Cam / Fr, Sto / Dö,Pf,Wd. Auch: Kuchen vom Brotteig, mit Sirup oder Zuckerwasser bestrichen Ran / Ro. – **Rulldauk** n. / m. leinenes Tuch an der Wäscherolle, auf das die Wäsche beim Glätten gelegt und beim Drehen eingerollt wird verbr. – **rullen** sw. rollen. **1.** sich am Boden durch Drehung um sich selbst fortbewegen vereinz. *Dei Twiernsrull is von' Disch rullt* Dem / De. Seem. bei starkem Wellengang: *de See rullt* Rüg / Gl. *Dat Schipp rullt* schlingert stark Rüg / Sn. – Ral. über jmd., der leichtsinnig ist: *Bi em rullt dat Geld* °Gwd, Ank / An. – **2.** veralt., Wäsche mit einer (hölzernen) Wäscherolle glätten verstr. *Wi kinne noch gaut vör'm Eten dat bitzke Wäsch rulle* Sto / Gl. – **3.** etwas zusammenrollen vereinz. *Hai* [Heu] *rulle* Lau / GW. – **4.** Teig ausrollen selt. – **5.** donnern, grollen vereinz., HTKÖS 1923,8,9. *Wi ware wo' e' Unwädder krieje, datt rullt all ewerm Busch* Sto / Gl. – **6.** brünstig sein Saa / Zg: *De Sög rullt.* – **Ruller** m. Kinderroller (Fortbewegungsmittel) selt. VPom. – **rullern** sw. gurgelnde, kehlige Laute ausstoßen vereinz. *De Puthåhn fängt an to rullern* Ghg / Li. Vgl. kullern[2]. – **Rullert** m., TiN, Zaunkönig (wegen seines trillernden und 'rollenden' Gesangs) Hidd. – **Rullgeld** n. Trinkgeld für den Transport von Frachtgut °Fra, °Gwd, Ank / An. Auch: Gebühr für diese Dienstleistung LAUWB 293b. – **Rullhanddauk** n. / m. an den Enden zusammengenähtes Handtuch, das über eine Rolle läuft verstr. – **Rullholt** n. **1.** Holzwalze, auf die Wäsche zum Glätten gelegt wird selt., HOMWB 161a. Vgl. Rullknüppel. – **2.** Nudelholz zum Teigausrollen Gwd / Ba, Pyr / Lt, Lau / Ke. Androhung von Prügel: *Ek lot dat Rollholt dånze!* Lau / Ke. – **3.** zumeist Pl., Rundhölzer zum Transportieren von Baumstämmen oder An-Land-Ziehen von Booten verbr. °Rüg. – **4.** fachspr., drehbarer Balken am Webstuhl, auf den das fertige Gewebe aufgerollt wird Cam / Ni, Gbg / Vo. Vgl. Liwwandsbom. – **Rullkåmer** f. Zimmer, in dem die Wäscherolle steht Pyr / Lt, Kol / Pr, GEB 16. Vgl. BBWB 3,881, PRWB 4,872: *Rollkammer.* – **Rullkauken** m. gerollter, runder Kuchen mit Füllung Sto / Dö,Pf,Wd. Vgl. PRWB 4,872: *Rollkuchen.* – **Rullkind** n., scherzh., zweitgeborenes Kind (für das die Säuglingswäsche nur noch gerollt wird) Fra / Pr, Pyr / Lt, Sch / Rg. Vgl. Plättkind. – **Rullknüppel** m. **1.** wie Rullholt Gri / Tr, Gwd / Ba. Vgl. MWB 5,1053. – **2.** Rundholz zum Unterlegen für den Transport von Baumstämmen Ran / Pe, °Reg. – **Rullkutscher** m. Kutscher, der den Rullwågen fährt selt. VPom. Vgl. PRWB 4,872: *Rollkutscher.* – Ral. im Kartenspiel: *So 'ne Koort spääl jeder Rullkutscher* mit so einem guten Blatt kann jeder spielen °Gwd, Ank / An. – **Rullpåhl** m. runder Pfahl zum Transport von Baumstämmen selt. MPom, Nau / Fg,Rh, Sto / Dö. – **Rullschicht** f., fachspr., Schicht hochkant gelagerter Steine auf dem Fundament selt. VPom, Uec / Ue, Nau / Fi,Sr. Vgl. PRWB 4,872: *Rollschicht.*

Rullwågen m. **1.** großer, schwerer Wagen mit kleinen Rädern, auf dem Frachtstücke befördert werden verstr. - **2.** Handwagen mit Scheibenrädern aus Holz vereinz. HPom.

Phras. zu 1.: Ra.: *Kåm nich unner'n Rullwågen!* paß auf, daß dir nichts passiert! vereinz. *Sien / ehr Hart føhrt up'm Rullwågen* er / sie freut sich sehr verstr. HPom. Scherzh.: *unner de Rollwåge kaume sin* schwanger sein Pyr / Wa. *Petrus föhrt mit'n Rullwågen* es donnert Sto / Sö.

Rülps m., *Rölps* vereinz. VPom, Ran / Sr, Dra / Bu,Dr, *Rilps* Sto / Dö,KP, Lau / Lt. **1.** hörbares Aufstoßen verstr. – **2.** rüpelhafter Kerl verstr. HPom, sonst vereinz. – **rülpsen** sw. laut aufstoßen verbr. *Nåh jedet Äten rülpst he mächtig* Ank / An. Wenn jmd. laut aufstößt: *Rülpst daue nech äwen e'*

Oss? Gbg / Gp. Im Vergl.: *rülpsen as 'ne Garwertöl* [Gerberhund] stark aufstoßen Fra / Pe; *rülpsen as'n Schwien* dass. °Gwd, Ank / An. – Spruch: *Wer got rülpst un wer got forzt, spoort den Apteeker un denn Årzt* Rüg / Pu. – **Rülpswåter** n., scherzh., Selterswasser Dra / Bu,Kr.

rum Adj., mit langen Stammvokal, *raum* vereinz. VPom. **1.** räumlich weit, geräumig vereinz. *up dem widen, rumen Felde* ARN 45. Spez.: *Dei Seiss steiht nich rum nauch* die Sense steht zu weit nach innen Gwald. Dazu auch: *Dei Seiss steiht em to rum* die Sense greift zu weit in das Getreide Gwald u. ä. Fra / Bn. Seem.: *rum Wind* günstiger Wind von achtern vereinz.; *rum sägeln* flott segeln Fra / Pu. Vgl. rumen. – **2.** zeitlich ausgedehnt, geraum verstr. Fast ausschließlich in der Vbdg. *rume Tiet* verstr. *Wi hemm' rume Tiet nichts von em hüürt* Gri / Mi. – **3.** reichlich vereinz. VPom, Nau / Db, SIPHT 1937,15. *rum meten* HOEFAMSC 390[a]. Meist in der Ra.: *Is't uk nich rum, so is't doch kum!* es ist nicht viel, aber es reicht aus! Fra / Br, ähnl. vereinz. – Mnd. *rûm*.

Phras. zu 3.: Aus einem Heischevers: *Schnied' rum, schnied' juch ne in'n Dum, schnied' schnipp schnapp, schnied' 'n got Stück Speck af* vereinz., BLFPVK 7,90, SIPHT 1937,15.

Rum[1] m., bes. seem. auch n., mit langem Stammvokal, Pl. *Rüm*, Raum. **1.** zur Verfügung stehender Raum, freier Platz verbr. VPom, vereinz. MPom HPom. *Grode Vorleiw funn dit Gebäck äwers nich, denn de meisten wull'n den Rum für den späderen Braden nich beengen* [9]WORM 13. – Ra.: *De söökt erst Rum in't Reden* hält beim Erzählen ein, um über das Weitere nachzudenken Ghg / Li, Lau / GW. – **2.** durch Wände begrenzter Raum. – **2.1.** seem., Laderaum des Schiffes. Fischerspr.: Raum mit durchlöchertem Boden zur Aufbewahrung lebender Fische Rüg / Lb, Gri / St, Dem / De. Auch: Raum im Boot, in dem die Netze aufbewahrt werden Use / Ah. – **2.2.** abgetrennter Platz für die Pferde im Stall Rüg / Ae, Pyr / Lt, POMMBL 50,12,224, [1]TIB 215.

Phras. zu 1.: Ra.: *tau Rum kåmen* erscheinen, ankommen verbr. VPom, Uec / Pa, HUMGWD 5,2,11, [1]TRI 33, HTKLRAN 1930,85, auch: sich beruhigen verbr. VPom, °Ghg, Saa / Ja,So; *(mit wat) tau Rum kåmen* etwas zur Sprache bringen verbr. VPom, [7]BAND 44, HECK 58, [1]TIB 102; *wat tau Rum bringen* etwas ans Licht bringen Rüg / Dm, Ank / An, auch: etwas noch aus dem Gedächtnis wissen Ran / Pz, Nau / Fg, HTKÖS 1928,4,4.

Rum[2] m. aus Übersee importierter Branntwein aus Zuckerrohrsaft. *Geet mi 'n Happen Rum mang denn Tee!* Ank / An. *Wårer mit Rum* Getränk für die Erntearbeiter Fra / Br. – Ral.: *Rum in'e Buddel un sup man tau!* sagt der Seemann, wenn er sich wohlfühlt Rüg / Sn, Gwald. – Volksmed. zum Lindern von Zahnschmerzen: *Rum up Watt geiten un dat in'n hollen Tähn stoppen* vereinz. VPom.

rüm Adv. herum. **1.** eine kreisförmige Bewegung um einen Mittelpunkt bezeichnend. Auch: einen Umkreis bezeichnend. *Allst wat üm uns rüm wohnt* Uec / Ue. – **2.** eine Richtungsänderung angebend. Oft als Zuruf an das Vieh. – **3.** ungefähr, circa (meist für Zeitangaben). *Dat was so üm Pingsten rüm* Pyr / Lt. – **4.** vergangen, vorbei vereinz. *De Tiet is rüm, nu is't bald to Enn'* Stett. *Sien Tiet is rüm* er liegt im Sterben Dem / Tp. *De Tiet is rüm, de Hast is ut* sagen alte Leute, wenn sie an das Sterben denken Pyr / Sh. Auch: fertig, vollendet. *Ik bün rüm mit mien Arbeit* Uec / Ue.

Laut- u. Formvar.: *rümme(r)* verstr., *rim, rimmer* Ran / Sr, verbr. nordöstl. HPom, BLFPVK 10,58, [2]MIS 15, [5]KNO 11, [5]TITA 47, *rum* vereinz., *rummer* Neu / We, vereinz. NOPom, [2]MIS 15,29, STRI 69, *rom* °Büt [2]MIS 15, Lau / Ke,Li, STRI 68, *herüm* selt.

rümackern sw. sich bei einer Arbeit quälen selt. MPom HPom. – **rümalk(s)en** sw. **1.** in feuchten Dingen wühlen, rühren °Fra, Gwd / Bo,Ze. *Wat alkst all wedder mank dat Äten rüm?* Gwd / Bo. – **2.** herumtoben, -albern °Fra, Nau / Fg, Gbg / Wo, Dra / Bu. – **rümåpen** sw. neugierig gaffen vereinz., HUMGWD 13,43,1, [2]NERE 46. *Dat is öwer nich schön, wenn bi 'ne Beierdigung soväl frömd Lü' un Kinner dorbi rümmeråpen* Dem / De. – **rümargern** sw., refl., viel Ärger mit jmd. haben verstr. – **rümåsen** sw. **1.** herumtoben, sich schnell umherbewegen verstr. *Dei verdammlige Bälg ose up'n Hoff wat rüm* Sto / Gl. – **2.** etwas vergeuden vereinz. *He åst dormit rüm, as wenn't kein Geld kost't hett* Gwd / Ba. – **rümasten** sw. tüchtig arbeiten Stett. Vgl. BBWB 2,612: *rumasten*. – **rümäten** st. sich reihum verköstigen lassen Fra / Br. – **rümausten** sw. herumwirtschaften [1]KAL 54. Vgl. MWB 5,1057. – **rümbachern** sw. umherrennen, herumtoben vereinz. MPom. – **rümbåkern** sw. **1.** auf jmd. oder etwas herumschlagen, einschlagen selt. VPom, verstr. HPom. – **2.** sich herumtreiben verstr. – Ral.: *Em båkert dat im Kopp rümme* etwas beschäftigt ihn gedanklich Cam / Kw. – **3.** herumtoben Dem / Tp, Uec / Ge, °Ghg. – **rümbammeln** sw. herumhängen, umherbaumeln vereinz., HUMGWD 1,33,1. – Ral.: *ein' vör'n Noors rümbammeln* dauerhaft um jmd. herum sein, anhänglich sein Fra / Br, Gwd / Ze, Gwald. – **rümbåsen** sw. wild umherlaufen Gri / Bo, Ank / An. Auch: wild herumhantieren [1]KAL 57. – **rümbieren** sw. **1.** herumtoben vereinz. ZPom, NOPom, Slo / GP. – **2.** sich herumtreiben (von liederlichen Frauen) Gri / Mi, vereinz. HPom, BLFPVK 10,9. – **3.** herumwühlen, -suchen Gri / Mi, selt. ZPom, vereinz. NOPom, Slo / La. – **rümbiestern** sw. umherirren vereinz., [1]WEN 129. – **rümbimsen** sw. sinnlos umherlaufen, sich herumtreiben Dem / Tp, Gbg / Gp, Kol / Go. – **rümbissen** sw. wild umherrennen verstr. – **rümbœdeln** sw. herumtollen, wild umherlaufen, wild tanzen verstr. Auch: sich herumtreiben selt. Litspr.: *Nahdenken dauh ik eigentlich nich, ik lat man de Gedanken* *in minen Kopp rümmerbädeln, wurans sei Luft hebben* [2]Vog 8. – **rümbollwarken** sw. **1.** herumwirtschaften, sehr betriebsam sein vereinz. VPom MPom, Fla / Ta. Vgl. MWb 5,1058. – **2.** herumtoben, lärmen vereinz. Spez.: wild tanzen Dem / De. – **3.** Geld verschwenden Gri / Go, °Ghg.

Rumbom m., *Rüm-* Ghg / Wt, *Rumm-* Rüg / Zi, Pyr / Wi, Saa / Ja, Stange im Pferdestall zum Abgrenzen der einzelnen Standplätze verstr. *Dei Hingst hett denn Rumbom intweischlån* Rüg / Ae. Auch: Schlagbaum Ank / An, Reg / Me. *Då kåm wi ni' dörch, då is eie Rumbom väue* Reg / Me. – Das Erstglied zu Rum [1].

rümbösten sw. wild umherlaufen, betriebsam Erledigungen machen verstr. – **rümbottern**[1] sw. in dicker Flüssigkeit herumrühren, sudeln Stral, Rüg / Wi, Ank / Br, [4]Win 190. – **rümbottern**[2] sw. **1.** (mit den Füßen) stoßen Reg / Kw. Auch: an etwas rütteln Dra / Dr: *Ik heww ümmeto a' dem ulla Schlott rümmebottet, owe ik heww d' Dör do ni' upkreja.* – **2.** herumschimpfen, nörgeln selt. MPom ZPom, vereinz. NOPom, [4]Win 186. – **rümbrasseln** sw. viel reden, schwatzen Ran / Pe. – **rümbrå(t)schen** sw., herumtratschen, viel erzählen Ran / Pe, Reg / Rg, Slo / Pa. – **rümbringen** unr. **1.** etwas vorbeibringen, in die Nachbarschaft tragen vereinz. *Ik bring denn Korf werrer rüm* Pyr / Lt. Vgl. BBWb 2,613: *rumbringen.* – **2.** etwas herumtratschen, weitererzählen vereinz. *einen rümbringen* über jmd. schlecht reden, jmd. verleumden vereinz. VPom, Uec / Pa. Vgl. MWb 5,1058. – **rümbrummeln** sw. herumnörgeln Gri / Mi, Reg / Kw, Neu / Th. Vgl. BBWb 2,613: *rumbrummeln.* – **rümbruten** sw. 'herumbrauten' mit verschiedenen Mädchen verkehren verbr. *Wenn hei noch lang so rümmerbruten will, hett hei œwer bi mien Dochder verspäält* Dem / De.

Rumbsk(e) ON Rumbske (°Sto). Im Ortsspott über sehr große Kälte: *Dat's 'ne Küll as in Rumbsk, dor fros de Katt in'e Reie(r)* [Backröhre] *dot* verstr. °Sto, ähnl. [6]Kno 162.

rümbuchten sw. **1.** herumwühlen, kramen Ghg / Bo,Wt. Vgl. BBWb 2,613. – **2.** etwas sorgfältig aufbewahren selt. MPom, verstr. südwestl. HPom. – **3.** das Vieh umherziehend hüten Reg / Rg, Kol / Pr, Slo / La.

Rumbuddel f. Rumflasche. – Ral. in Schifferkreisen, wenn etwas schief gegangen ist: *Ja, Rumbuddel! Hett sich wat tau rumbuddeln, wenn s' äwer Buurd is* Rüg / Ae. Vgl. BBWb 3,913, PrWb 4,907.

rümbuddeln sw. herumwühlen vereinz. – **rümbüdeln** sw. sich herumquälen (bes. mit Kleinkindern) selt. MPom, SPom, Nau / De. – **rümbuffen** sw. herumstoßen Gwd / Ba. Vgl. MWb 5,1058. – **rümbullern** sw. **1.** herumpoltern vereinz. – **2.** herumschimpfen vereinz. – **rümbummeln** sw. faul herumschlendern, sich vor der Arbeit drücken Fra / Br, Pyr / Lt, Saa / Le. – **rümburren** sw. **1.** umhersurren von Insekten vereinz., [1]Band 4,53. *Hier burrt ümme an ull Fleej rümme* Dra / Dr. In Vergleichen: *rümburren as 'n Brümmer in dei Lamp / in'n Zilinder* eilig hin und herlaufen Ank / An, ähnl. vereinz., HuMGwd 76,228f.,2; *rümburren as 'ne (ull) Hummel* dass. Ghg / Wt, HuMGwd 10,51,7. – **2.** sich herumtreiben selt. VPom, °Dra. – **Rumbusch** m., *Rüm-* selt., wildes, ausgelassenes Kind verstr. *Dei Rumbusch von Jung' ritt alls intwei* Gwd / Ba. → Wribbel. – **rümbutten** sw. mit kleinen Kindern spielen selt. Auch: kleine Kinder huckepack tragen selt.; jmd. (übermäßig) betreuen Dra / Bu, Kol / Pr. – **rümdaddeln** sw. herumalbern verstr. Auch: herumspielen selt. – **rümdåke(r)n** sw. umhertoben, herumspielen selt. VPom, HuMGwd 14,25,12. – **rümdallern** sw. **1.** herumalbern, -spielen verbr. VPom, sonst vereinz. *Dei dallert ümmer up dei Stråt rüm* Gri / Ti. *Hei dallert mit dei Dierns rüm, all denn ganzen Åbend* Gwd / Ba. – **2.** nichts tun, faul sein vereinz. VPom, Pyr / Wi, Dra / Bu, Lau / GW. Auch: (planlos) umherschlendern Dem / Tp, °Gwd, Ank / An. – **rümdalwern** sw. **1.** herumalbern, -spielen vereinz. – **2.** umhertoben Fla / Wo, Sch / Pk, Lau / GW. – **rümdammeln** sw. **1.** sich herumtreiben vereinz. VPom, sonst selt., HuMGwd 75,15f.,1. – **2.** herumalbern Ran / Sr, Gbg / Gp, Sch / Zt. – **rümdanzen** sw. herumtanzen, sich ständig bewegen vereinz. *Kast du denn går nich still ståhn, mußt du denn immer rümdanze?* Cam / Rn. – Ral.: *up ein' rümdanze* jmd. schikanieren Dra / Bu. – **rümdeikern** sw. (fürsorglich) mit Kleinkindern spielen, schäkern vereinz. Auch: umheralbern Rüg / Pu, Gri / Ti, Gwd / Wo, Saa / Ja. *Ji deikern rümmer as de Kinner* Rüg / Pu. – **rümdoktern** sw. sich mit Krankheiten plagen und diese ohne Erfolg zu kurieren versuchen vereinz. *Hei doktert so väl rüm, nu bäter ward't nich* Gri / Ge. – **rümdœmeln** sw. **1.** ohne Ziel umherlaufen vereinz. Auch: sich herumtreiben vereinz. westl. HPom, [5]Kno 11. – **2.** herumalbern Bel / Gy. Auch: schäkern, flirten [14]Band 64. – **rümdœsen** sw. geistesabwesend, ohne Ziel herumlaufen verbr. *Wat dœst du hier rümmer? Kumm leewer mit in'n Krog!* Rüg / Dm. – **rümdråben** sw. umherlaufen, sich herumtreiben vereinz. *Ik mœt (mi) denn ganzen Dag in'e Wirtschaft rümdråwen* Gri / Mi. – **rümdrägen** st. **1.** etwas vorbeibringen, in die Nachbarschaft tragen vereinz. – **2.** tratschen, etwas weitererzählen vereinz. – **3.** schlecht über jmd. reden vereinz. *Dat Wief hett mi im janzen Dö(r)p rümmedroocht* Kol / Pr. – **Rümdräger** m., *-drägert* Dem / Ga, hausierender Händler Rüg / Vt, Nau / Fg, Gbg / Gp. *Dei Hosedräjes deuje nech väl, dei heff ik eis vom Rümmedräje köfft* Gbg / Gp. Vgl. MWb 5,1059. – **Rümdrägersch** f. Klatschweib Sto / Dö,Pf. → Quos. – **rümdrawalgen** sw. **1.** sich herumtreiben, die Zeit vertrödeln verstr. Auch: geschäftig umherlaufen Fra / Br, Dra / Dr. – **2.** umhertoben Saa / Kl, °Dra. Vgl. BBWb 2,622: *rumtrawalljen*, PrWb 2,881: *herumdrawalgen*. – **rümdreigen** sw. herumdrehen. **1.** (sich) umdrehen. *Dreh di mål eis rum, ik will eis seihne, wie di dat von hiner lett* Sto / Dö. Drohung: *Di dreij ik noch dat Gnick rüm, dat du dienen Oorsch besühst!* °Gwd. – **2.** im Kreis drehen vereinz. *Ik wa(r) s'* [die Kaffeemühle] *uk a pår Mål öfte rümmedräja* stärkeren Kaffee kochen Dra / Bu. In der Fügung *einen rümdreigen* eine Runde tanzen Rüg / Zi, Gwd / Ba. – **rümdremmeln** sw. sich unruhig verhalten Use / Us, Ran / Sr. Auch: jmd. in lästiger Weise bedrängen, anhaltend bitten Ran / Pe, Stett. – **rümdrieben** st. **1.** refl., sich herumtreiben. *Ik mücht weiten, wo de sich werre rümdrifft!* Gri / Mi. – Ral.: *sik in'e Welt rümdrieben (un Åpen lusen / jågen)* ein nutzloses Leben führen, selten von sich hören lassen verstr. – **2.** das Vieh von Weide zu Weide treiben vereinz. *Wi willen dei Käuh rümdrieben* Gwd / Ba. – **3.** im Wasser treiben, schwimmen vereinz. – **Rümdriewer** m. **1.** Müßiggänger, Nichtsnutz verbr. *Dat is 'n Rümdriewer, de nüscht Lust to don hett* Ran / Pe. – **2.** Person, die viel unterwegs ist, herumreist vereinz. Auch: Landstreicher, Vagabund Gwd / Ba, Ank / An, Ran / Pe, DlP 2,278; fahrender Händler Gri / Ra,Ti, Saa / Ja. – **3.** scherzh., Böttcher (weil er die Reifen um das Faß herumtreibt) vereinz. VPom, Nau / Db, Sch / Wu, Rum / Ru, HuMGwd 12,43,7, [1]Find 32. – **Rümdriewersch** f. Herumtreiberin verbr. *Dei Rümdriewersch hus* [beherberge] *ik nich* Gri / Mi. – **rümdrinken** st. reihum trinken Pyr / Lt, Kol / Kr. Vgl. MWb 5,1059. – **rümdrözen** sw. verträumt herumsitzen Reg / Ls, Kol / Kr. Auch: träge sein, herumkränkeln Nau / Wa, Dra / Bu. – **rümdrücken** sw., refl., faul herumstehen, sich vor der Arbeit drücken Uec / Pa, Ran / Pe, Pyr / Lt. – **rümdrusen** sw., nur in der Vbdg. *mit wat rümdrusen* mit der Sprache nicht herausrücken, zögern selt. VPom MPom, Lau / GW. – **rümduddeln** sw. gedankenlos umhergehen °Gwd, Ank / An, Ghg / Wt, Reg / Rg. Auch: mit der Arbeit nicht vorwärtskommen selt. *Mit demm bitzge Daun duddelt hei all dåglang rum* Sto / Pf. – **rümdullen** sw. umhertollen, toben vereinz., [7]Band 135. – **rümdüsen** sw. ziellos umherlaufen (von Kindern) vereinz. – **rümdusseln** sw. (gedankenlos) umherlaufen °Dem, Ran / Sr, Sto / Dö,KP. – **rümdwätern** sw. umherschlendern, planlos umhergehen vereinz., DlP 5,157. *Se dwäterten den ganzen Dag* [*in den groten Gorn*] *rüm* HuMGwd 4,14,7. – **rüm-eien** sw. intensiv streicheln, liebkosen vereinz. *He eid lang an sien Mudding rümmer, ire dat he in denn Wagen insteeg* [2]Tri 50. Vgl. BBWb 2,614: *rumeien*.

rumen sw., seem., Raum gewinnen (vom Wind) Rüg / Ae,Sn, °Gwd. Vgl. MWb 5,1060: *rümen*, PrWb 4,754: *raumen*.

rümen sw., *rieme* NOPom, räumen. **1.** Platz schaffen verstr. Spez.: *Dat Feld is rüümt* abgeerntet Saa / Le; *denn Schlach rümen* den Kahlschlag abbrennen °Ghg [10]RosF 154. Auch: etwas aufgeben, verlassen vereinz., HomWb 161[a]. *dat Hus rüme* ausziehen Gbg / Gz. Scherzh.: *Oh, oh, ik mœt man ierst mien Tasch rümen!* ich muß erst alles (Gestohlene) herausnehmen (sagt der entlarvte Taschendieb) °Gwd. – **2.** aufräumen, in Ordnung bringen vereinz. *denn Gråben rümen* den Graben von Unkraut befreien Fra / Pe. Scherzh., zu jmd., der mit dem Finger in der Nase bohrt: *Rüümst du de Näs?* Stral. – **3.** kramen (und dadurch Unordnung machen) vereinz. *Wat rüümst du dor all in de Kommod?* Ran / Pe.

rumenieren s. rung(e)nieren.

rümfägen sw. **1.** eilig herumlaufen vereinz. – **2.** flott tanzen Gri / Go,Mi, Ran / Pe, Dra / La. Vgl. MWb 5,1060. – **rümfåseln** sw. Unsinn reden verstr. VPom. *Fåsel nich ümmerto rümmer, do leewer wat!* Gwald. – **rümfäuhlen** sw. umhertasten vereinz. Übertr.: unmerklich Erkundigungen einziehen. *Hei hett all öwerall so'n bäten rümmerfäuhlt un wett all Bescheid* Gwd / Ba.

Rumfiel f., fachspr., sehr kleine Feile (zur Schlüsselbearbeitung) Gwald, Cam / Ca, Saa / Te. Vgl. MWb 5,1060. Syn. Schlœtelfiel. – Zu rum.

rümfilentern sw. **1.** herumtändeln, sich herumtreiben selt. MPom ZPom. – **2.** herumschwatzen Uec / Ue, Reg / Me. – **rümfingerieren** sw. an etwas herumtasten, (vergeblich) an etwas herumtüfteln vereinz., Nib 85. *Du warst no' solang a' dem Ding rümmefingrera, bet't intwee is!* Dra / Bu. – **rümfinzeln** sw. (ungeschickt) an etwas herumschneiden, kleine Stücke abschneiden vereinz. *Wat finzelst du a' dem Schinka rümma?* Dra / Dr. – **rümfitzeln** sw. dass. *Wat fitzelst du dor an dat Stück Holt rüm?* Stral. – **rümfladdern** sw. **1.** unruhig umherfliegen (von Vögeln) vereinz. *De jung Vægel kœn' all rümmflarrern* Ran / Pe. – **2.** sich herumtreiben, müßiggehen verstr. – **rümflåken** sw. beim Tanz umherwirbeln, den Partner tüchtig herumschwenken vereinz., BlfPVk 10,58. – **rümflankieren** sw. **1.** spazierengehen, umherbummeln vereinz. Auch: viel (und unnötig) umherlaufen. *Ik bü' hüt all wat in'e Stadt rümmeflankeert* Dra / Bu. – **2.** leichtsinnig sein, herumfaulenzen, ein unsolides Leben führen vereinz. *Uns Mäten, wat süss 'ne gode Diern is, föngt nu an rümtoflankieren* Rüg / Pu. – **rümflannern** sw. sich ziellos herumtreiben, unterwegs sein verstr. Auch: sich viel amüsieren, nichts arbeiten vereinz. – **rümfleddern** sw. sich herumtreiben, herumscharwenzeln vereinz. – **rümfleigen** st. umherfliegen. – Im Vgl.: *rümfleigen as su 'ne Imm* sehr eifrig und geschäftig sein Reg / Me. Übertr.: viel (grundlos) unterwegs sein, sich herumtreiben, nichts tun vereinz. *Blos rümfleije, auwe nist döue!* Gpg / Gp. – **rümflicken** sw. Kleidung ausbessern verstr. *Wat willst du an demm oll' Kittel noch rümflicken?* Dem / De. Auch: leichte Ausbesserungsarbeiten in Haus und Hof verrichten Dra / Bu,La. – **rümfliegen** sw. herumkramen, herumsuchen vereinz. *Wat fliegst du dor in de Schuf rüm?* Gri / Ge. Vgl. MWB 5,1060: *rümflien.* – **rümflirren** sw. sich herumtreiben, flatterhaft sein verstr. – **rümflöckern** sw. **1.** sich herumtreiben, ohne Ziel umherspazieren verstr. – **2.** dauernd die Richtung wechseln (vom Wind) Gri / Bo: *dei Wind flöckert rüm.* – **rümflüchten** sw. (heimatlos) umherirren, umherlaufen vereinz. *Wat sünd sei woll rümmerflüchtet, bet sei 'ne Städ finnen, wo s' blieben künnen* Gwd / Ba. Vgl. MWB 5,1060. – **rümfluddern** sw. **1.** umherfliegen, -flattern vereinz. VPom. *In sinen Kopp is dat woll wedder so dull un wild, as wenn dor de Fledermüs' in rümfluddern* [7]BAND 12. – **2.** sich herumtreiben, flatterhaft sein Gri / Mi, Dem / Tp, Reg / Za. Vgl. MWB 5,1060. – **rümflurten** sw. sich vergnügen, herumtreiben vereinz. – **rümflusen** sw. herumfaulenzen, sich herumtreiben vereinz. Vgl. MWB 5,1060. – **rümfösten** sw. herumtoben, (wild) umherlaufen verstr. Auch: sich herumtreiben, umherstrolchen vereinz. – **rümfuchteln** sw. herumfuchteln vereinz. *Nu fuchtel ni so väl rümme, vetell venünftig!* Pyr / Wa. *Hei fuchtelt blos mit de Fork rümme, schaffe deet hei nischt* Nau / De. – **rümfucken** sw. umherlaufen, dauernd unterwegs sein Gri / Go, Gwald, Pyr / Wa,Wi. – **rümfuhrwarken** sw. herumfuhrwerken verstr. *Wat fuhrwarkst du allwedder in dei Kœk rüm?* Gwd / Wi. *Wenn hei in'n Goor(d)en so rümfuhrwarkt, denn liggen dei halwen Blaumen up'e Siet* Gwald. *Mit dei Hänn' rümfuhrwarken* (beim Erzählen) mit den Händen gestikulieren °Gri, Rüg / Wi, Ghg / Wt. – **rümfulen** sw. herumfaulenzen Gwald, Pyr / Lt. Vgl. MWB 5,1061. – **rümfummeln** sw. herumfummeln, (ungeschickt) an etwas herumhantieren verstr., HUMGWD 2,40,12. *He fummelt an dat Schlott rümmer un kriggt't doch nich up* Gwd / Ba. *Fummel mi ni' mit de Zeitung ve de Oje rümme!* Pyr / Wi. *Hei fummelt in sien Tasch rüm, kann denn Dåler œwer nich finnen* Dem / Tp. – **rümfuschern** sw. herumhantieren, unordentlich arbeiten vereinz. Auch: herumkramen. *Hei fuschert so'n bäten in'e Tasch rüm un keem mit'n Dåler tau Platz* Rüg / Ae. Vgl. MWB 5,1061. – **rümfutern** sw. herumschimpfen, -nörgeln vereinz. VPom. Vgl. schimpen. – **rümgåhn** st. **1.** um etwas herumgehen. *Dat Jewitte is rümmejauhe* ist vorbeigezogen Gbg / Gp. – Ral.: *rümjåhn as de Katt üm 'n heeten Brie* um eine Sache herumreden, Ausflüchte suchen Uec / Pa, ähnl. vereinz. – **2.** umhergehen, (suchend) herumlaufen. *bi / nåh ein' rümgåhn* jmd. besuchen gehen Gri / Ge. – Ral.: *rümgåhn as in'n Düs* zerstreut herumirren Gwd / Ba; *rümjåha, as we man de näjte Dag* [den neunten Tag] *in'e Wäk söökt* suchend umherlaufen Dra / Bu. – **3.** etwas der Reihe nach umhergehen lassen verstr. Bei der Hochzeit: *De Teller gåhe rüm* Sammelteller werden herumgereicht Sch / Pk. – **4.** vorübergehen, vergehen. *Dei Tiet geiht fix rüm* Gwald. – **rümgnägeln** sw. herumnörgeln, murren vereinz. Auch: kümmerlich leben °Fra. – **rümgnar(r)en** sw. unzufrieden sein, murren, herumnörgeln Dem / Kt, Sch / Pu. Vgl. MWB 5,1061. – **rümgnatzen** sw. **1.** herumschimpfen, -streiten [1]KAL 62. – **2.** mürrisch sein vereinz. Auch: viel weinen (von Kindern) Sch / Pk. – **rümgnautschen** sw. herumnörgeln, mürrisch sein verstr. – **rümgnötern** sw. herumnörgeln, unzufrieden sein vereinz. Auch: immerzu weinen °Reg, Kol / Pr. – **rümgnurren** sw. fortwährend nörgeln vereinz. HPom. – **rümhacken** sw. auf jmd. herumhacken, jmd. schikanieren verstr. *Hei hackt ümmer up mi rüm* Dem / Tp. – **rümhålen** sw. **1.** heranholen, aus der Nähe herbeischaffen vereinz. *Hål mål en Brot rüm!* Pyr / Lt. – **2.** wenden, in die entgegengesetzte Richtung bewegen vereinz. *Denn Plaug rümhålen* Gwd / Ba. *De Wind hålt üm'e Ecken rüm* Gwd / Da. – **3.** das Vieh zurücktreiben, zusammentreiben vereinz. HPom. *Köj rümmehåla* Pyr / Wa. Zuruf an den Hütehund: *Hål rüm!* °Ghg. Vgl. MWB 5,1061. – **4.** weit ausschwenken, ausschwingen (von der Sense) vereinz. *Dei Seiss mœt richtig rümhålt warn* Ank / An. – **5.** herumschwenken (beim Tanzen) verbr. Aufforderung zum Tanz: *Di war ik rümhålen, dat de Röck' so fleigen* verstr. – Ral.: *einen bi denn Moors rümhålen* schlecht über jmd. sprechen Fra / Br. Angesichts eines Problems: *Dat is ni' so licht mit de Mamsell tu danza, de wi' uk rümmehålt sin* Pyr / Wi. – **rümhäuden** sw. auf etwas sehr aufpassen, etwas sicher aufbewahren vereinz. *Hei hött dår so lang mit rüm, bet dat nich mihr tau bruken is* Fra / Pe. *Ik mœt denn ganzen Dag mit ehre Kinner rümhöden* Rüg / Zi. – **rümhäweln** sw. scherzen, herumalbern vereinz. VPom. *Ick [...] häwelt mit dei Lüd' rüm, as wenn nix nich los wier'* [3]SAN 87. – **rümhicken** sw. jmd. schikanieren, an jmd. herummäkeln verstr. *Alle hicka up dem Junga rümme* Dra / Dr. Vgl. MWB 5,1061. – **rümhocken** sw. untätig, kränklich herumsitzen vereinz. *Wettst woll nich, wat du to don hest, dat du so rümmehockst* Ank / An. Vgl. rümhuken. – **rümhorken** sw. herumhorchen, etwas in Erfahrung bringen wollen vereinz. *Dei ho(r)kt öwerall so rümme, vo demm mußt di voseihe* Nau / De. – **rümhottern** sw. **1.** langsam, trödelnd umherfahren vereinz. Auch: faulenzen, die Zeit vertrödeln Gri / Bo, Rüg / Zi. Vgl. BBWB 2,616: *rumhottern.* – **2.** auf jmd. aufpassen, etwas sorgfältig aufbewahren Gri / Ti. Vgl. MWB 5,1061. – **rümhuken** sw. wie rümhocken verstr. – **rümhumpeln** sw. humpelnd umhergehen verstr. – **rümhüppen** sw. herumhüpfen, -tanzen vereinz. *Hei hüppt rüm as 'n Hääster* tanzt ungeschickt Gwd / Ba. – **rümhüren** sw. etwas auskundschaften vereinz. – **rümhurriken** sw. **1.** herumhocken selt. VPom, HUMGWD 3,5,4. Vgl. MWB 5,1062. – **2.** herumhüten, auf etwas oder jmd. intensiv aufpassen vereinz. VPom. *Nu* *kann ik hier mit dat Bok rümmerhorriken* Gwald; *mit dei Wäsch rümhorriken* mit der Wäsche (bei Regenwetter) umherziehen Gri / Ti.

rümig Adj. geräumig vereinz. *He hett 'ne rümige Stuf* Dem / Tp.

rümjachern sw. umhertoben, herumjagen verstr. VPom, sonst selt., [18]BAND 85, [4]HOEFE 83. *Kiek eis, wur dei Hunn' up denn Hoff rümjachern* Dem / Tp. – **rümjachten** sw. **1.** eilig umherlaufen, herumtoben verstr. *Bi diesem Schmerwerrer kän' ji doch nich rumjachte* Lau / Lt. – **2.** herumschimpfen, -zanken vereinz. *Du muttst nich ümmer mit em rümmerjachte* Kös / Dr. – **rümjackeln** sw. **1.** herumtollen, umhertoben Nau / Fg,Rh, Bel / Ei. – **2.** herumreisen, umherfahren vereinz. – **rümjågen** sw. / unr. **1.** (Vieh) unnötig umhertreiben vereinz. *mit'm Veih rümmejåge* Reg / Rg. *He jågt denn janzen Dag mit mi rüm* scheucht mich herum Stett. – **2.** schnell herumlaufen, umherfahren vereinz. – **rümjanken** sw. dass. verstr. *Wat machst du wo' rümmejanke, lejj di in't Nest* [Bett], *wenn di ni got is!* Pyr / Wa. – **rümjappen** sw. nach Luft ringen, schwer atmen vereinz. *He jappt blos noch so rüm* er ist schwer krank und dem Tode nahe Ran / Ro. – **rümjökeln** sw. herumalbern, spaßen vereinz. – **rümjuckeln** sw. viel umherfahren, unterwegs sein vereinz. – **rümjunkerieren** sw. untätig sein vereinz. *He deed nicks wierer as rümjunkerieren* Gwald. Vgl. MWB 5,1062. – **rümjuuchheien** sw. sich herumtreiben, viel amüsieren vereinz. Vgl. MWB 5,1062. – **rümjuxen** sw. **1.** spaßen, herumalbern vereinz. – **2.** umhertoben Uec / Pa, Pyr / Sh, Kol / Go. – **rümkalfaktern** sw. **1.** herumwirtschaften, geschäftig umherlaufen verstr., [5]BAND 38. *Hei kalfaktert i' Hus u' Hoff rümma* Reg / Rg. – **2.** sich herumtreiben, müßiggehen vereinz. – **3.** herumerzählen, -klatschen vereinz., [5]KNO 1,21. – **rümkalwern** sw. herumalbern verbr. Auch: umhertoben, sich balgen vereinz. *Dei beid' kalwern in'e Stuf rümmer, de janz' Baud bäwert* Sto / Gl. – **rümkåmen** st. **1.** um etwas herumkommen verstr. *üm wat rümkåmen* von etwas Unangenehmen verschont bleiben vereinz. – **2.** zu Besuch kommen, vorbeikommen verbr. *Kannst du nich ees rümmerkåmen, ik möt di ees wat wiesen* °Gwd. Auch: viel herumkommen, weit reisen verbr. – **3.** die Arbeit schaffen vereinz. südöstl. HPom, Fla / Ta. *Hei hett mi so uphulle vo de Arbeid, nu ka' ik går ne rümmerkomme* Saa / Le. Vgl. BBWB 2,617: *rumkommen.* – **4.** mit etwas auskommen, hinreichen vereinz. *Mit demm Jill* [Geld] *kaum ik nech wiet rüm* Gbg / Gp. – Ral.: *So kümmt't rüm, secht Kotelmann!* so ist es richtig! Ghg / Wt. – **rümkarjolen** sw. schnell umherfahren, -laufen verbr. *Du karjoolst uk so väl rüm mit dat Rad* Saa / Le. Auch: viel unterwegs sein, unnötig umherfahren vereinz. – **rümkeesen** sw. **1.** mäkelig auswählen vereinz., [11]BAND 82. *Kees nich so lang rüm, nimm, wat vör di licht!* Gwald. – **2.** wählerisch im Essen herumstochern verbr. VPom, sonst vereinz. *Hier ward nich in'e Schöttel rümmerkeest!* Gri / Gm. – **rümkessern** sw. **1.** (Tiere) unnötig herumhetzen vereinz. *Kesse nech so väl mit'n Veih rümme!* Gbg / Gp. – **2.** sich mit jmd. herumstreiten vereinz. *Se kescherd ierst ees mit ehr Mudder rüm* [3]TRI 97. – **rümkieken** st. **1.** umhersehen, nach etwas Ausschau halten vereinz. – **2.** jmd. besuchen vereinz. *Ik war noch eis (bi di) rümkieken* Stral. – **rümklabastern** sw. **1.** lärmend umhertoben verstr. – **2.** viel herumlaufen verstr. *Dei ganze Dag bin ik in dei Stadt rumklabostert* Lau / GW. Auch: sich herumtreiben vereinz. HPom; herumklettern, -turnen verbr. VPom, sonst selt. *Ji möten œwerall rümklabastern, ji bräken juuch noch denn Hals* Ank / An. – **rümklaren** sw. **1.** herummanschen, im Schmutz wühlen verstr. *Dei Gören klaren in dei Schiet rüm* Gri / Bo. *De Fleeje klare so in'e Melk rümme* Pyr / Wi. Auch: in etwas herumrühren verstr. *Wat klaarst in dei Schöttel rüm?* Gri / Ti. – **2.** wiederholt anfassen, herumfummeln vereinz. *Du sast nich ümmer an mi rümmeklaren, ik mag dat nich!* Dem / Tp. – **3.** oberflächlich Wäsche waschen vereinz. – **4.** langsam, nachlässig arbeiten verstr. Im Vergleich: *rümklaren as de Fleeg im Dreck / mank de Bottermelk* sehr langsam arbeiten, sich nur langsam bewegen Ghg / Li,Wt, °Saa. – **rümklautschen** sw. herumtrampeln, auf etwas treten verbr. VPom, vereinz. MPom ZPom. *Klautsch mi nich up dei Bein'n rüm!* Dem / Kt. – **rümklei(g)en** sw. herumrühren, -wühlen vereinz. *Hei kleigt in'n Mess rüm* Gwd / Ba. – **rümklœnen** sw. Tratsch verbreiten verbr. *De ward in'e Nåhweschaft rümmeklœna* Dra / Dr. – **rümklœtern** sw. dass. verstr. – **rümklucken** sw. (untätig) herumsitzen vereinz. Auch: sehr lange an einem Ort verweilen, sich festsitzen vereinz. – **rümknäden** sw. **1.** gründlich massieren, durchkneten verbr. *De hett mi an'e Schulle schön rümmeknäd't* Dra / Dr. – **2.** herumstapfen, -waten vereinz., [1]BRE 87,96. *Du sast ne' ümmer mit de Föt im Morre rümknäjen!* Ghg / Wt. *Knä' mi doch nich ümme up'e Fäute rüm!* Nau / Rh. – **rümknäweln** sw. schwerfällig umhertrampeln, stapfen vereinz. HPom. *Wu sühst du um d' Föt ut, du hest wo wedde in'e Modde rümmeknœwet!* Dra / Bu. Vom Pferd, das viel umhertrampelt: *Dat knäwelt so väl rümme, dat ward doch nich Kolik krieje?* Nau / Rh. – **rümkniewen** sw. (ungeschickt) herumschneiden vereinz. – **rümknœseln** sw. herumhantieren, -murksen vereinz. VPom. *Wat knœselst du ümmer an dien Uhrkäd rümme?* Rüg / Dm. – **rümknœweln** sw. mit den Fingern an etwas herumfummeln, mit den Fingerknöcheln bearbeiten vereinz., [5]BAND 177. *"Mäß leiwer de Schwinstall ut!" schreg sien jung Fru, de mit Gewalt im Backtrog rumknäwelt* OPOMHT 1931,2,11. – **rümknuffen** sw. jmd. herumstoßen, schikanieren °Gwd, Ank / An. Vgl. MWB 5,1063. – **rümkoren** sw. herum-, umherkarren verstr. – Ral.: *(mit) einen rümkoren* über jmd. schlecht sprechen vereinz. – **rümkrabbeln** sw. herumkrabbeln verbr. *Låt dei Lütten dor an'n Sandhümpel man rümkrawweln, dor deit ehr keiner wat* Dem / De. Auch: sich mühsam, schwerfällig bewegen Gwd / Ba, Gri / Gr. – **rümkrakeelen** sw. lärmen, Krach machen verstr. – **rümkråmen** sw. **1.** in etwas herumwühlen, -kramen verbr. VPom, sonst vereinz. *Du hest doch all werre e' miene Schatoll rümkraumt!* Gbg / Gp. – **2.** herumwirtschaften vereinz. *Hei kråmt up'm Hoff rüm* Gri / Mi. Auch: kleinere Arbeiten verrichten Dem / Tp, Gwd / Ba, Reg / Za. – **3.** intimen Verkehr haben Pyr / Lt, Dra / Dr, Reg / Rg. *He kråmt all lang mit dat Mäke rüm* Pyr / Lt. Vgl. BBWb 2,617: *rumkramen.* – **rümkräumeln** sw. herumkrümeln, Krümel fallen lassen verbr. – **rümkriegen** st., selt. sw. **1.** herumdrehen, wenden vereinz. *Hei kann denn Bom nich allein rümkriegen* Gwd / Ba; *denn Schlach rümkriegen* das Ackerstück umpflügen Pyr / Lt. – **2.** jmd. herumkriegen, überreden verbr. *Ik heff em mit por Kuurn rümkrägen* Gri / Mi. – **rümkrœpeln** sw. sich mühsam fortbewegen, herumkriechen verbr. VPom, sonst verstr. – **rümkruden** sw. ringsumher Kraut pflücken Nau / Fg,Rh. Übertr.: herumkramen, herumwirtschaften vereinz. – **rümkrupen** st. umherkriechen verbr. *De Kinner krupen in d' Stuf rüm* Ran / Sr. Auch: sich herumtreiben verbr. *Wat krup ji no rümme? Måkt, dat j' in't Bedd kåma!* Dra / Dr. – **rümkrüseln** sw. sich im Kreis drehen, herumwirbeln verbr. *Ik war di ma ees rümkrüseln, dat di düüsch* [schwindlig] *ward* Ran / Ro. *Dat krüset mi im Kopp rümme* lässt mich gedanklich nicht los Dra / Bi. Vgl. rümküseln. – **rümkrutschen** sw. **1.** ziellos herumgehen selt. MPom, Dra / La, Sto / Gl. *Wat hest du de janze Vörmiddag a'richt, bist doch wedder blos im Derp rümkrutscht* Sto / Gl. Auch: bis spät arbeiten vereinz. *Wat krutscht du noch so vel rüm, lech di leewer in't Bedd!* Ran / Ro. – **2.** kränkeln Gbg / Gp. Vgl. PrWb 2,891: *herumkrutzen.* – **rümkullern**[1] sw. herumrollen, auf die andere Seite drehen vereinz. *Torf rümkullere* Torfstücke zum Trocknen umdrehen Kol / Kr. – Sprw.: *De Stein, wecke ma oft rümkullert, bemoost nich* wer stets fleißig ist, wird nicht verkümmern Pyr / Dö. – **rümkullern**[2] sw. **1.** gurgelnde, kehlige Laute ausstoßen verstr. – **2.** herumtoben, umheralbern vereinz. HPom. – **rümkuranzen** sw. **1.** beim Tanz herumschwenken, -wirbeln vereinz. VPom, Uec / Ge, Nib 197. *De heff ik schön in'n Sål rümmerkuranzt* Rüg / Dm. Auch: jmd. herumhetzen, umherjagen Gri / Bo, Uec / Ue. – **2.** herumschimpfen verbr. VPom, sonst selt. – **rümkurren** sw. (unnütz) umherfahren vereinz. MPom, sonst selt. – **rümküseln** sw. sich im Kreis drehen, herumwirbeln verbr. VPom, sonst verstr. *Mi is so schwindlig, Koorl hett mi rümküselt* Ank / An. *Dei Wind küselt dei Blärrer rüm* Gwd / Ba. Vgl. rümkrüseln. – **rümkütern** sw. **1.** mit etwas herumspielen vereinz. *Du sasst nich mit de Katt so väl rümkütern* Sto / Gl. – **2.** herummanschen, im Matsch wühlen vereinz. *Dei Jeure* [Gören] *meute doch ümme in'e Morr rümküütre* Gbg / Gp. Auch: mißmutig im Essen herumstochern Gri / Mi, Stral, Reg / Me, Sto / Gl. – **3.** sich mit etwas herumquälen vereinz. *Wat mutt ma sich mit su'm kleena Balg doch rümmeküütre* Pyr / Wi. – **rümkutschieren** sw. viel umherfahren vereinz. – **rümlaatschen** sw. **1.** (in alten, ausgetretenen Schuhen) herumschlurfen verbr. – **2.** ziellos umhergehen, -schlendern verstr. *Ik bün bäten in't Dörp rümlaatscht* Gri / Mi. – **rümlangen** sw. herum-, herüberreichen verstr. *Langst du mi nåhsten eis dei Zeitung rüm?* Gwd / Ba.

rumleggig Adj. von Hühnern, die bald Eier legen Cam / Kn, Net / Hf. Vgl. MWb 5,1064.

rümlich Adj. geräumig selt. VPom. Vgl. rümig und MWb 5,1064.

rümliggen st. herumliegen. Über große Unordnung: *Do licht so väl rümme, do finnt ma ni' mank dööch!* Dra / Bu. Auch: herumfaulenzen Ran / Sr, Pyr / Lt. – **rümloddern** sw. sich herumtreiben, untätig umherlaufen verstr. *Wisst du noch lang so rümmerloddern, denn bruk ik di nich mihr* Dem / De. – **rümlœkern** sw. ziellos umherstreifen, sich herumtreiben vereinz. VPom.

rümlopen st. **1.** umherlaufen. *De Lied vom Gaut sind rümmerlope un hebbe dat kleie Starkske seikt* Sto / Gl. Von jmd., der schlecht gekleidet ist: *Wur löppt dei rüm?* Gwd / Ba. – **2.** um die Ecke, in die Nachbarschaft laufen vereinz. *Dei Lütt kann fix nåh'm Bäcker rümlopen* Gwd / Ba.

Phras.: zu 1.: In zahlreichen Vergleichen: *rümlopen as so'n schietend Köter* planlos herumlaufen Ghg / Li, Reg / Kw, Dra / Bu,Dr; [...] *as'n begåten Pudel* trübsinnig, niedergeschlagen herumlaufen verbr.; [...] *as'n Hund åhn' Schwanz* sinnlos herumrennen °Gwd; [...] *as'n Hohn, weckern de Kopp afschlågen is* wild herumlaufen Rüg / Dm u. ä. Dem / De.

rümludern sw. sich herumtreiben, herumlungern vereinz. HPom, sonst selt. *De ganze Dag kannst du wieder nüscht as rümluudre* Lau / GW. – **rümluern** sw. herumspionieren, neugierig herumhorchen verbr. – **rümlümmeln** sw., refl., sich unmanierlich hinsetzen oder hinlegen vereinz. – **rümlungern** sw. sich herumtreiben, untätig herumstehen. *Lunger nich so rümmer, måk leewer diene Scholupgåben!* Gwald. – **rümluuschen** sw. herumfaulenzen, untätig umhergehen vereinz. – **rümmaddern** sw. **1.** mit Tieren (ungeschickt) herumspielen, quälen verbr. *Du schast ni' ümme mit dem kleena Hunn' rümmemaddra!* Dra / Dr. Auch: mit etwas lang und ungeschickt herumhantieren vereinz., HuMGwd 11,49,9. *Wat madderscht du a demm Schlott rümmer?* Sto / Gl. – **2.** herumwühlen, -kneten selt. *Sei maddelt mank denn Deig rüm* Gwd / Ba. – **rümmäkeln** sw. herummäkeln verbr. – **rümmalkern** sw. Tiere durch ständiges Anfassen quälen verstr. VPom MPom. *Wat malkerst du mit de Fisch rüm?* Uec / Pa. – **rümmallen** sw. **1.** herumalbern, ausgelassen sein verbr. VPom, sonst selt. *De deet denn janze Dag mit dat Mäke rümmermalle* Uec / Ge. *Dei Wind mallt so rüm* wechselt ständig die Richtung Gri / Ti. – **2.** planlos umherlaufen vereinz. VPom. *Dei is besåpen, nu mallt hei rüm* Ank / An. – **rümmarachen** sw. **1.** tüchtig herumwirtschaften, angestrengt arbeiten verbr. – **2.** herumtoben verbr. VPom, sonst selt. *Dei Gören marachen eis tau dull im Hus rüm* Gri / Gm. – **rümmären** sw. **1.** herumtrödeln selt. *Denn ganzen Dag määrt sei rümme un bringt nicks tau Gang* Dem / Tp. – **2.** herumschwatzen, -klatschen vereinz. VPom. – **rümmausen** sw. ohne Appetit im Essen herumrühren verbr. *Du mööst nich so väl in't Aten rümmausen!* Fra / Br. – **rümmäusern** sw. dass. vereinz.

Rummel[1] m., *Rommel* Saa / Ja. **1.** Lärm, Radau, Gewese verbr. Auf den Beginn eines turbulenten Ereignisses aufmerksam machend: *Nu geiht dei Rummel los!* Ank / An u.ä Pyr / Lt. – **2.** Jahrmarkt, Volksfest verbr. *up'n Rummel gåhn* Dem / Tp. *Dat hett hei up'n Rummel köfft* Gwd / Ba. – **3.** Gerümpel, ungeordneter Haufen vereinz., DÄHWB 390[a]. *Smiet denn Rummel man wech!* Rüg / Ae. – **4.** Angelegenheit, Geschäft. Nur ral.: *denn Rummel verståhn / kennen* gewieft sein, Bescheid wissen Gwd / Ba, Dem / Tp, Rüg / Pu,Zi, Pyr / Lt. Vgl. BBWB 3,914, PRWB 4,907. – **5.** Tanz für vier Paare °Rüg BLFPVK 6,98.

Rummel[2] f. **1.** handbetriebene Getreidereinigungsmaschine verbr. *Du kasst eis de Rummel drehe* Cam / Kw. Auch: Kartoffelsortiermaschine verstr. VPom, Dra / Dr,Wi, Sch / Ac. *Dei Tüffel äwer dei Rummel lopen låten* Rüg / Ae. Scherzh.: Nähmaschine Ghg / Ke. Abb. s. MWB 5,1065. Syn. Klapper, Putzmœhl, Stöfmœhl, Windfäg. – **2.** Kartoffelmaß (zumeist 80–100 Pfund) Dra / Wi, Sch / Ac, Rum / Tr. – **3.** Murmel Sch / Sd, Rum / Tr, verstr. NOPom. *Rummel späle* Rum / Tr. Zumeist im Dim. *Rummelke*: Wurfspiel mit Murmeln oder Steinen vereinz. NOPom. Vgl. Rummeldibuff.

Rümmel m. Nur in Paarformeln mit *Stümmel*: *mit Rümmel un Stümmel* ganz und gar Dem / Tp. *Dor bleef nich Rümmel urrer Stümmel* es wurde restlos alle Gri / Go. Vgl. MWB 5,1066 u. BBWB 3,913: [2]*Rummel*. – **Rummelbotter** f. in einem Drehbutterfaß hergestellte Butter Lau / GW, [4]WIN 172. – **Rummeldau(t)sch** f. Ständchen, das man sich vorspielen läßt Gbg / Vi, Gbg / Gz UP 9,54. – **Rummeldibuff** n., *Rummelzibuff* vereinz. HPom, Wurfspiel mit Murmeln, Steinen oder Knöcheln vereinz., BLFPVK 3,92, HTKLGTP 1935,27. Vgl. Rummel[2]. – **Rummelie** f. **1.** Lärm, Getöse vereinz., [1]WEN 69. *Up'n Bœn dår is su 'ne Rummelie, dår späle wo' de Kinner* Saa / Le. Auch: viel Aufhebens Rüg / Ae, Ghg / Wt. *Måkt doch ne so 'ne grot Rummelie ve' de Hochtiet* Ghg / Wt. – **2.** Chaos, Unordnung verstr. *Du hest jo so 'ne Rummelie in dien Hus* Ghg / Li. – **3.** große Menge, großer Haufen vereinz. *Dårup lêt hei lôs, un dei ganze Rummelî von Kîrls* [...] *schoeten unna dâl* [3]JAHN 511. Beim Kegeln: *(Ganze) Rummelie!* alle Neune! vereinz. VPom. Vgl. MWB 5,1071. – **4.** Plunder, Krempel Gwd / Ba: *Dei ganz Rummelie kost' blos 'n Dåler.* – **rumm(e)lig** Adj. unwohl, übel Cam / Rn, Sto / Dö,KP, Lau / GW. *Dat is mi so rummlig im Buk* Sto / KP. – **Rummelkor** f. altes, klappriges Gerät (etwa Ackerwagen, Windmühle) vereinz. Vgl. Rumpelkor. – **Rummelmann** m., scherzh., Wecker Lau / Vl, HUMGWD 14,15,11.

rummeln sw. **1.** dröhnen, lärmen, poltern verbr. *Up de Stråt rummelt de Wågen mächtig* Ank / An. Auch: grummeln, grollen. *Dat fängt all an tau rummeln, dat gifft Gewidder* Sch / Pu. *Hest wo Bottemelk drunke, dat't di im Buk so rummelt!* Dra / La. – **2.** Korn reinigen (mit der Rummel[2]) verbr. *Dat Kuurn möt noch rummelt warn* Ank / An. Auch: Kartoffeln maschinell sortieren verbr. VPom, Dra / Wi, Sch / Ac. *Dei Såttüffel möten wi rummeln* Gri / Mi; Kartoffeln im Akkord sammeln Nau / De, Reg / Me, Sto / Dö. *Dat rummelt* ist sehr ertragreich vereinz. NOPom. Vgl. klappern[1]. – **3.** Butter in einem Drehbutterfaß herstellen Gbg / Gz, [4]WIN 154. – **4.** ein Wurfspiel spielen (mit Murmeln, Steinen oder Knöcheln) Gbg / Wo, Sch / Rg,Sd. Vgl. MWB 5,1067f.

Phras. zu 1.: Ral.: Über einen Verrückten: *Bi denn rummelt dat woll* Uec / Ge u. ä. vereinz. Androhung von Prügel: *Dat rummelt gliek!* Rum / Ru. – In Vergleichen: *Dat rummelt in'n Buk as in'e holle Tunn es* rumort sehr im Magen Gwald, Slo / La; ... *as wiern dor jung'n Hunn' in* dass. Dem / Tp u. ä. Lau / GW.

Rummelplatz m. öffentlicher Platz für Jahrmärkte und Volksfeste verbr. – **Rummelpott** m., *Rummels-* °Gbg, selbstgemachtes Lärmgerät, meist aus einem Topf mit übergezogener Schweineblase gefertigt Fra / Br, Rüg / Dm, °Gbg KLEIN 182, [2]BIEL 142. Vgl. Brummpott. – **Rummeltasch** f. Klatschweib Fra / Ri, [1]BAND 2,63. Rsyn. s. Quos.

rümmoddern sw. (im Matsch) herumwühlen, spielen verstr. *in'n Rönnstein rümmorrern* Gwd / Ba. – **rümmölen** sw. **1.** herumkramen, durchwühlen verbr. VPom, sonst vereinz. *Ik heff denn ganzen Vö(r)meddag up'n Bœn rümmemöölt* Gri / Mi. – **2.** sehr langsam, unproduktiv arbeiten vereinz. – **rümmückern** sw. kränkeln verstr. *Hei mückert no' rümma, janz jesund is he no' nich* Reg / Rg. – **rümmurcheln** sw. **1.** in der Erde herumwühlen vereinz. HPom. *Wat murchelst dår im Sand rümme?* Slo / La. – **2.** nachlässig arbeiten, herummurksen vereinz. MPom HPom. – **rümmurksen** sw. **1.** unordentlich, trödelig arbeiten verbr. *Du murkst all 'n janzen Dag dorbi rüm un krichst 't nich torecht* Ghg / Gr. – **2.** leichte, nebensächliche Arbeiten verrichten verbr. *Mīə Vote is all so schwack, hei ka' bloß noch so rümmemurkse* Nau / De. – **3.** umherwühlen vereinz. – **rümmuschen** sw. **1.** schludrig, trödelig arbeiten verstr. *A' o(r)ntlich Stück Abeet heff ik va' em no' ni' seha, he muscht so rümme* Dra / Bu. Auch: kleinere Arbeiten verrichten Cam / Ca, Reg / Za, DKr / La, Lau / GW. – **2.** herumsuchen, -kramen verstr. – **rümmusen** sw. **1.** herumwühlen, nachsuchen vereinz. Auch: im Essen stochern, sich die besten Stücke heraussuchen vereinz. *Wat muust du werre in't Äten rümme?* Ank / An. – **2.** untreu sein (vom Mann), zu anderen Frauen gehen vereinz. – **rümmütern** sw. sich übermäßig kümmern vereinz. *Du müterst mit demm Kind tauväl rümma, dat kricht jo kein Ruh!* Reg / Rg. – **rümnœlen** sw. trödelig arbeiten verbr. *De ganze Dag deist du all so rumnäle o' kimmst nich von'e Stell* Lau / GW. – **rümnörgeln** sw. herummeckern, murren verstr. – **rümnörricken** sw. herumnörgeln verstr. VPom, HuMGwd 77,197,3. – **rümnottern** sw. herummeckern, nörgeln selt. MPom, verstr. HPom. – **rümnuddeln** sw. **1.** herumtrödeln (bei der Arbeit) verbr. – **2.** mit einem Gegenstand herumwerkeln vereinz. *mit denn Stauhl rümnuddeln* Gri / Go. – **rümnuscheln** sw. **1.** herumkramen, -wühlen verstr. – **2.** langsam arbeiten vereinz. – **3.** umherschleichen, sinnlos umhergehen verstr. *Wat nüscht du hier rümmer un måkst diene Arbeit nich!* Rüg / Pu. – **rümnusseln** sw. **1.** umherschlendern, herumfaulenzen Ank / An, Gwald, Gwd / Ba, Sch / SB, [5]Band 225. – **2.** herumtaumeln, -torkeln verstr. *Dat lütt Kalf nusselt noch so rüm* Fra / Fr. – **3.** undeutlich sprechen verbr. – **rümnussen** sw. matt herumsitzen, umherhocken selt., Pal 73. – **rümnusteln** sw. langsam und wenig effektiv arbeiten Ran / Pe, Nau / Db, Reg / Me, Sch / Sk.

Rumor m., *Romur* selt. VPom, Lärm, Tumult. *Dor wier ein mächtigen Rumor in'n Hus* °Rüg. *Ik wi' keene Rumor dåva måke* kein Aufsehen erregen Pyr / Wa. Litspr.: *Kiek, wur dei Aanten sick bargen in't Ruhr! Giwwt hüt noch unnen un baben Romur* es gibt ein Unwetter HuMGwd 14,35,10.

rumoren sw. **1.** lärmen, poltern. Spez.: lärmend herumwirtschaften vereinz. – **2.** Grummeln im Magen haben, unwohl sein vereinz. *Mi remort dat im Måje* Lau / GW. – **3.** schimpfen, herumnörgeln Dem / De, °Ghg / Gr, Nau / Db, Kol / Ma.

Lautvar.: *romuren* selt. VPom, *romore* Uec / Ge, Nau / Db, Saa / Ja, *remore* Kol / Ma, Lau / GW, *remuren* Fra / Bn, *ramoren* Ran / Pe, Ghg / Jg, Reg / Me, *ramuren* Dem / De, HuMGwd 14,18,4.

Rump m., Pl. *Rümp*. **1.** Rumpf (von Mensch und Tier). *Son Duuw* [Holztaube zum Pfingstfest] *bestünn ut'n Rump, Flüchten, Schwanz un zwee Klauen* [3]Bro 85. – **2.** veralt., Baumstumpf vereinz. Noch bewahrt in der Vbdg. *mit Rump un Stump* ganz und gar Gri / Bo, Ank / An; *nich Rump un Stump* gar nichts Dem / Tp u. ä. °Rüg. *Nich Rump un Steel* dass. °Saa. Vgl. Rupp. – **3.** fachspr. – **3.1.** Korntrichter über dem Mahlstein verstr., [2]Reh 38. *Ik ka' nich upschürre, dei Rump is vull!* Reg / Rg. – **3.2.** Bienenstock (aus Stroh geflochten) vereinz., DähWb 390a, [6]Kno 174, PomPblN 1,177. *Wek Immen hebben dat so an sick, dat sei bi de annern Rümp röwern gahn un den Honnig utlicken* [3]Nere 1,96. Vgl. Immenrump.

rümpaddeln[1] sw. ziellos mit dem Paddelboot umherfahren selt. – **rümpaddeln**[2] sw. **1.** wacklig umherlaufen vereinz. – **2.** herumplanschen vereinz. *Na, he' ji nooch im Waute rummepaddelt?* Dra / Rt. – **rümpanschen** sw. im Matsch herummanschen vereinz. *in'n Morre rümmepanschen* Ran / Pe. Auch: im Wasser herumplanschen vereinz. – **rümpedden** sw. (unvorsichtig) herumtrampeln. *in'e Morr rümperren* Dem / De. – Ral.: *up einen rümpedden* jmd. schikanieren, an jmd. dauernd herumnörgeln verbr. *Wenn de Paster man nich tau vel mit geistliche Vermahnungen up mi rümpeddt, mag't jo woll all gahn!* [3]Band 13.

Rumpel f. lautm. Bez. für die Wiege vereinz. Vgl. Rumpumpel. – **Rumpelie** f., *Rümpelie* Ran / Pe,Sr, Gerümpel, alter, unnützer Kram vereinz. MPom. *Up'n Bœn is väl Rümpelie* Ran / Sr. Vgl. BBWb 3,915. – **rump(e)lig** Adj. uneben, holperig vereinz. Auch: runzlig, verschrumpelt Nau / Db, Gbg / Gp. – **Rumpelkåmer** f. Abstellraum für alte, unbrauchbare Sachen verbr. *De Stauhl is entweej, denn stell ma in'e Rumpelkåmer!* Saa / Le. – **Rumpelkor** f. schlecht fahrender, ruckelnder Wagen verstr. *Wenn Joochen di mit sien Rumpelkor hålt, holl di gaut wiss, süss kannst' runnerfallen* Dem / De. Vgl. Rummelkor. – **rumpeln** sw. dumpf dröhnen, poltern. *Dei Wågen rumpelt œwer denn Knüppeldamm* Gwd / Ba. Verstärkt in Vbdg. mit *pumpeln*: *Dat rumpelt un pumpelt* °Use.

rümpesen sw. schnell herumlaufen, -toben verbr. *Dat sach ut, wie hei rumpäse dee o' dunn lang henflog!* Sto / Dö.

rumpig Adj. massig im Rumpf, wohlgenährt (von Mensch und Tier) vereinz. MPom HPom. *De Koh is recht rumpig* Ghg / Wt. → dick.

rümplågen sw., refl., sich mit etwas herumquälen verbr. *Ik plåg mi dår all lang mit rüm* Uec / Ue. – **rümplanschen** sw. **1.** Flüssigkeit verschütten, überschwappen lassen vereinz. *Sei plantscht in'e Kœk rüm* Gwd / Ba. – **2.** im Wasser spielen vereinz. – **rümpläugen** sw. umpflügen vereinz. *Ik plög noch ees rüm* ziehe noch eine Furche Pyr / Lt. Auch: durch feuchten Boden stapfen. *Du büst wedder got in'e Schiet rümpläugt* Gwald. –

rümpœkeln sw. **1.** in etwas herumstochern, -bohren verstr. *Dei peukelt werre im Äten rümme* Reg / Me; *im Füer rümpœkle* Cam / He; *in'e Näs rumpœkele* Nau / Eb. – **2.** kleinere Arbeiten verrichten °Cam, Gbg / Gp, Sch / Sk. *Hei peukelt u'm Hoff rüm* Gbg / Gp. – **rümpol(l)acken** sw. unverständlich sprechen, kauderwelsch reden verstr. *Dat Lütt pollackt all denn ganzen Dag bi ein'n rüm* Gri / Mi. – **rümpœseln** sw. leichte Arbeit verrichten vereinz. VPom. *Dei oll Vadder pœselt noch ümmer 'n bäten in'e Wirtschaft rüm* Dem / Tp. – **rümpösern** sw. **1.** herumstochern vereinz. *in't Füer rümpesern* Uec / Pa. – **2.** aufstäuben, hochwirbeln vereinz. HPom. *We pöse(r)t do up'e Stråt rümme?* Dra / La. – **rümpöttern**[1] sw. langsam arbeiten, an etwas mühselig herumhantieren verstr. *Hei pöddert all de janze Dag an'e Maschin rümme u' kricht s' nich t'recht* Cam / Kw. Auch: kleine, nebensächliche Arbeiten verrichten verstr. *Dei Oll pöttert so'n bät'n rüm* Dem / Kt. – **rümpöttern**[2] sw. in etwas herumstochern verbr. *Wenn du noch lang in't Füer rümpötterst, geht dat ut!* Rüg / Pu. *Hei pöttert in'n Mess rüm* Gwd / Ba.

Rumprecht m., *Ruprecht* Fra / Bn, °Use, °Kol BlfPVk 4,138, Büt / Wu [5]Kno 26, vermummte Gestalt beim Weihnachtsumzug selt. VPom, HoefAMsc 390[a]. Vgl. Bullkåter, Hu-klås, Klingklås, Rugklås u. MWb 5,1071f. – **ru(m)prechten** sw. zu Weihnachten vermummt durchs Dorf ziehen und Gaben erheischen Stral, HuMGwd 3,1,2, Sun 1832,15. Vgl. bullkåtern. – **Rumprechtsknecht** m. eine der Schabernack treibenden Gestalten beim Umzug am Weihnachtsabend HoefAMsc 390[a], HuMGwd 3,1,2, Sun 1832,2,15.

rumprecken sw., refl., sich recken, den Körper strecken vereinz. *Mit de Fo(r)k abeert't sich lichte, de bruukst di nich so väl rumprecka!* Reg / Rg. Vgl. MWb 5,1072. – Mnd. *rumprecken* körperlich mißhandeln, hin- und herzerren. – **Rumprecker** m., *Rumpräker* vereinz. °Rüg, *Rumpregger* Rüg / Ae, eine der vermummten Gestalten, die zu Weihnachten oder Silvester um Gaben betteln vereinz. VPom, [1]Haas 77, HuMGwd 13,1,2, [3]Mis 14, BollW 8,12,391. *Sünd dei Rümpreckers all bi juch wäst?* Dem / De. Auch: Knecht Ruprecht Mönchg., Adl 170, DähWb 390, HuMGwd 13,52,1. *Wäs orig, süss hålt di dei Rumpregger* Rüg / Ae. Vgl. MWb 5,1072. – **Rumpreckeråbend** m., veralt., Weihnachtsabend Mönchg., Adl 170, PZ 9,52,4.

rümprœseln sw. **1.** trödelig arbeiten vereinz. HPom. *Hei prœselt dauemit all 'ne half Stun rüm* Gbg / Wo. Auch: umständlich herumhantieren vereinz. MPom HPom. *Dei prœselt ümme mit de ulle Piep rümme* Reg / Me. – **2.** im Feuer herumstochern verstr. MPom HPom. – **rümprünen** sw. an einem Kleidungsstück herumflicken vereinz. *Denn ganzen Dag prüünt sei nu all an denn Rock rüm* Dem / Tp. – **rümprusseln** sw. sich mit kleinen Arbeiten beschäftigen verstr.

Rumptüg n., müllerspr., zusammenfassende Bez. für die getreidezuführenden Geräte in der Mühle (u. a. Korntrichter, Rüttelschuh) vereinz., [2]Reh 42.

rümpuddeln sw. kleinere Arbeiten verrichten vereinz. – **rümpuken** sw. in etwas herumstochern, bohren verbr. VPom, sonst vereinz. *Puck nich ümmer in de Näs rüm!* Uec / Ue. – **rümpulen** sw. **1.** in etwas herumstochern verbr. *im Füer rümpule* Rum / Pr. *De puult so rüm in sien Äten* Ran / Pe. – **2.** kleine, nebensächliche Arbeiten verrichten Sch / Sd, Sto / Gl. Auch: trödelig arbeiten, herummurksen Ran / Pe, Sto / Gl. Vgl. PrWb 2,894: *herumpulen*. – **rümpultern** sw. **1.** sich laut und polternd bewegen verstr. *Wat pulterst du doə werre rümme, nimm doch dien Quanten hoch!* Cam / Kw. – **2.** herumschimpfen, schelten vereinz.

Rumpumpel f. lautm. Bez. für die (hölzerne) Kinderwiege °Dem, Rüg / Dm, Ank, Ran / Ro. Vgl. Rumpel. – **rumpumpeln** sw., lautm. **1.** rütteln, schütteln Gwd / Ze, Ran / Pe. Auch: in der Wiege schaukeln Gwd / Ze. Vgl. MWb 5,1073. – **2.** rumoren, lärmen HoefAMsc 390[b].

rümpurcheln sw. sich mit leichten Arbeiten beschäftigen vereinz. SPom ZPom, DKr / La. *De hett de ganze Dag rümmepurchat u' nüscht daue* DKr / La. – **rümpurksen** sw. nachlässig, trödelig arbeiten verstr. VPom, sonst selt. *Hei murkst un purkst all denn ganzen Morgen bi dei Maschin rüm* Gri / Go. Auch: kleinere, nebensächliche Arbeiten verrichten vereinz. *Hei kann nich still sitten, hei purkst denn ganzen Dag rüm* Dem / Tp. – **rümpusseln** sw. sich mit kleinen Arbeiten beschäftigen verbr. *Dei Oll pusselt denn ganzen Dag up'n Hoff rüm* Use / Sw. *Dei Lütten pusseln bi ehr in'e Stuf rüm* Gwd / Ba. Auch: langsam (und nachlässig) arbeiten selt. VPom MPom, Kol / Go. – Ral.: *einem hinne(r)n Noors rümpusseln* immer um jmd. herum sein, besorgt um jmd. sein Cam / Kw. – **rümquaddern** sw. im Wasser herumplanschen verbr. *So in't Wåter in rümmerquarrern, dat mœgen de Kinner* Ran / Pe. Auch: mit etwas Breiigem herummanschen verstr. – **rümquäken** sw. unaufhörlich weinen, jammern verstr. *Wat quääkt dat lütt Worm rüm?* Gwald. – **rümquälen** sw., refl., sich herumplagen verbr. *Wat quäälst di rümme, krank Lüd höra i't Bedd!* Dra / Dr. – **rümquarren** sw., weinen, herumjammern verbr. – **rümquasseln** sw. viel und dümmlich umherschwatzen verbr. – **rümquatschen** sw. **1.** dass. verbr. – **2.** ein klatschendes Geräusch machen (von nassen Gegenständen) vereinz. *Dat lang'n Grås is üm de Been rümquatscht* Uec / Pa. – **rümquengeln** sw. **1.** (weinerlich) herumnörgeln verbr. – **2.** um etwas aufdringlich bitten verbr. – **rümquesen** sw. **1.** herumnörgeln verbr. VPom, sonst vereinz. – **2.** kränkeln vereinz. – **rümquesten** sw. geschäftig umherlaufen verstr. *Se is in de ganze Stadt rümquest'* Rüg / Pu. Auch: sich herumtreiben Rüg / Zi, Gbg / Gp. *Denn ganzen Dag quest he in't Dörp rümme un kümmt to nicks* Rüg / Zi. – **rümquienen** sw. fortwährend krank sein, nicht recht gedeihen verbr. *Ein Johr lang quiemt sei nu all so rümme, sei geiht œwer nåh' keinen Dokter* Dem / Tp. – **rümquiere** sw. kränkeln Büt / Bt, Sto / Dö,Pf, Neu / Rt [10]TEU 245. *Wenn du blos immer so rumquiere wist, denn gåh leiwer noh Hus* Büt / Bt. – **rümquinkeln** sw. Ausflüchte, Winkelzüge machen vereinz. – **rümquosen** sw. dauernd dummes Zeug reden verstr. – **rümrabastern** sw. **1.** unruhig herumwirtschaften vereinz. *Œwer Middag schast du do ni' rümmerabastla!* Dra / Bu. – **2.** herumlaufen vereinz. *De Gäus' wir'n ut de Bucht herutklabastert un wir'n in'n Keller rümrabastert* [1]WEN 27. – **rümrabietschen** sw. **1.** hart arbeiten vereinz. MPom HPom. *De möte immer rümmerabietsche, de hebben keine Rauh nich* Saa / Bu. – **2.** herumtoben Ran / Pe, Nau / Db, Gbg / Gp. – **rümracken** sw. **1.** schwer arbeiten verbr. *Sei günnt sik kein Rauh, sei rackt denn ganzen Dag in'n Hus rümmer* Dem / Tp. – **2.** umhertoben, herumtollen verstr. VPom, Neu / Aa,Gc, Lau / GW. – **rümräden** sw. herumreden. *Du räädst üm de Såk rüm* weichst dem Thema aus Ank / An. – **rümrajolen** sw. herumtoben, lärmen vereinz. *De mutt uk nachts ümme rümmerejole* Nau / Rh. – **rümrammeln** sw. ungestüm herumtoben vereinz. *Dat ji mi ni' up dem jemaukta Bedd rümmerammla!* Dra / Dr. – **rümrangeln** sw. sich unruhig bewegen verstr. – **rümrangen** sw. herumtollen verstr. *Wat rangst du up dat Sofa rüm?* Gri / Bo. – **rümranzen** sw. **1.** ausgelassen tanzen verstr. Auch: herumtoben Uec / Ge, Ghg / Li,Wt, Lau / GW. – **2.** die Zeit vertrödeln, sich herumtreiben vereinz. *Ji möta ni' ümme rümmeransche, do is soväl Arbeet!* Kol / Pr. Vgl. BBWB 2,620: *rumranzen*. – **rümråsen** sw. ohne Ziel wild umherfahren, -laufen vereinz. *De Bingel råst up dem Rad wat rümme!* Dra / Bu. – **rümreisen** sw. umherfahren, viel unterwegs sein verstr. *Ik bün all väl in'e Welt rümmereest* Nau / De. – **rümrieten** st. **1.** umpflügen Pyr / Lt: *Ik riet denn Weiten rüm.* Vgl. MWB 5,1074. – **2.** jmd. überreden, zu einer anderen Meinung bringen Stral. – **rümrönnen** sw. umherlaufen, -toben. *Dat Quod* [Kleinkind] *rönnt uk all rüm* Ran / Pe. – **rümrüken** st. herumschnuppern vereinz. – Ral.: *hinner einem rümrüken* jmd. neugierig verfolgen, hinter jmd. her sein Dra / La; *woannes rümrüken* fremdgehen Kol / Go. – **rümrumoren** sw. **1.** lärmen, lärmend herumwirtschaften verstr. – Ral.: *Dat rumoort mi im Kopp rüm* lässt mich gedanklich nicht los Ran / Pe, Reg / Rg. – **rümrunksen** sw. **1.** laut herumarbeiten, umherwühlen verstr. *Mit de Wäsch heff ik soväl tom Rümmerrunkse* viele Umstände Pyr / Sa. – **2.** sich im Bett herumwälzen vereinz., HUMGWD 9,47,12. – **3.** refl., nachlässig sitzen, herumflegeln Gri / Bo, Dem / De: *Statt wat to daun, runkst sei up denn Sofa rüm.* Vgl. MWB 5,1074. – **rümrussen** sw. herumtoben, umhertollen verbr. VPom, sonst selt. *Låt dei Kinner bi dat schäun Wäder rümmerrussen, sei hebbe lang nooch in de Stof hucke müsst* Saa / Ja. – **rümrutschen** sw. sich unruhig hin- und herbewegen verstr. *Wat rutscht' ümmetau up'm Stauhl rüm? Sitt still!* Gri / Mi.

rums Interj. für ein plötzliches, dumpf dröhnendes Geräusch. *Rums, sprung dei Dör up* Gwd / Ba. – **Rums** m., lautm., Stoß, Schlag, dumpfer Knall vereinz. *Dat geef 'n origen Rums* Gwd / Ba. *Dat jeef een' Rums un se leech in'e Brööch* Uec / Pa.

rümsalken sw. herumschmieren, in etwas Feuchtem herumwühlen verstr. VPom. *Salk nich so mit de Bodder rüm!* Gwald. Auch: mit etwas unnötig herumhantieren vereinz. VPom. *Wat salkst du ümmertau mit dei Wust rüm?* Gri / Mi. – **rümsäuken** sw. herumsuchen, herumkramen. *I' alle Ecke hett d' Schandor(m) rümmesöökt* Dra / Dr. – **rümschäffre** sw. herumwirtschaften vereinz. östl. HPom, NDKBL 13,85. *Hei kann nich ande(r)sch, hei mutt imme rumschäffre* Sto / Pf. – **rümscharwenzeln** sw. sich einschmeicheln, herumtändeln verbr. *He scharwenzelt ümmer üm ehr rüm* Stett. Auch: sich ziellos herumtreiben vereinz. *Sei deit wierer nicks as rümscharwenzeln in'n Dörp* Dem / Tp. – **rümschechten** sw. viel umherlaufen verstr. – **rümschekern** sw. mit jmd. scherzend flirten.

rumschen sw., lautm., toben, tollen Dem / Tp, Ran / Pe. Vgl. MWB 5,1075.

rümschesen sw. herumrennen, -laufen vereinz. – **rümschimpen** sw. (fortwährend) herumschimpfen vereinz. – **rümschladdern** sw. **1.** herumtratschen, -klatschen vereinz. – **2.** sich herumtreiben, müßiggehen Ran / Pe, Lau / Ke,Vl. – **rümschlågen** st. einen Stoff (mehrmals) um etwas wickeln, umschlagen Ghg / Wt, Pyr / Lt. *Dat Tüüch, dat schleit alles üm de Lienj rüm* die Wäsche schlägt sich bei starkem Wind um die Leine Ghg / Wt. – **rümschlieken** sw. herumschleichen vereinz. – **rümschlömern** sw. herumschwänzen, nichts tun vereinz. – **rümschludern**[1] sw. **1.** herumschleudern vereinz. Zur Tanzpartnerin: *Ik war di ma' ees rümschlurern* Ran / Pe. – **2.** (Geld) verschwenden Gwald, Ank / An, °Ghg, Nau / Db. – **rümschludern**[2] sw. untätig umherlaufen verstr. – **rümschlunzen** sw. herumfaulenzen, ziellos umherspazieren vereinz. – **rümschlusen** sw. **1.** müßiggehen, untätig sein verstr. *Dei schluust uk ümme so rümme un stählt unsern Herrgott 'n Dag af* Fra / Br. – **2.** sich langsam und kraftlos fortbewegen, umherschleichen verstr. – **rümschmieten** st. **1.** (sich) herumdrehen, -wenden vereinz. *He schmitt sik wat in't Bedd rüm* wälzt sich schlaflos hin und her Pyr / Lt. *De*

Wind hett sich nåh'm Nora [nach Norden] *rümmeschmieta* Dra / Dr. *De Eerd ward rümschmäten* umgegraben, umgepflügt Ran / Pl. Fischerspr.: Fanggeräte vom Boot ins Wasser werfen Hidd., [1]PEE 125. *'n Tog* [Zugleinen und Netz] *ward rümsmäten* Rüg / Vt. – **2.** verschwenderisch sein (mit Geld) vereinz. *He schmitt mit dat Geld rüm* Ank / An. – **rümschmoren** sw. sich viel in Lokalen herumtreiben Gwald, Ghg / Hi: *Wer väl rümmeschmoort, kann wenig arbeden.* Vgl. MWB 5,1077: *rümsmoren.* – **rümschmüüstern** sw. jmd. umschmeicheln Gri / Ti. Vgl. MWB 5,1077: *rümsmüüstern.* – **rümschnacken** sw. herumerzählen, -plaudern verbr. *Dat harr sik allmählich rümsnackt* °Rüg. – **rümschnippeln** sw. an etwas herumschneiden, -schnitzen vereinz. *Wat schnippelst du a' dem Stock rümme?* Dra / Dr. – **rümschnökern** sw. heimlich herumsuchen Ank / An, Uec / Pa. *Du schnökerst jå all wedder in'e Spieskåmer rüm* Ank / An. Vgl. BBWB 2,621: *rumschnökern.* – **rümschnuben** sw. dass. verbr. *Du hest nist e' miene Tasche rümtuschnuwe!* Gbg / Gp. – **rümschnückern** sw. herumriechen, -suchen verstr. *Dat Veih schnücket daue a' rimme, frett auwe nich* Gbg / Wo; *an'n Kåkpott rümschnückern* nachsehen, ob es etwas Gutes zu essen gibt Ran / Pe. *Wat snückerst du dor mank mien Såken rüm?* Gri / Ge. – Im Sagw.: *All' Gesöff äwerees, säd dei Gaus, don har sei in säben Pütten rümschnuckert* HUMGWD 12,42,8. – **rümschnüffeln** sw. herumspionieren, auskundschaften verbr. *Wat schnüffelst du œweall rümme?* Nau / De. – **rümschörwarken** sw. leichte Arbeit verrichten vereinz. VPom. *Nu bin ik olt un kann bloß noch en beten rümschorwarken* Ghg / Li. *De Tierarzt schickt Handwarkslüd, dat sei in sin nig Wahnung rümschörwarkten* [1]BAND 4,53. – **rümschüchern** sw. Menschen oder Tiere umherjagen, herumhetzen vereinz., [4]HOEFE 270. *mit dei Häuhner rümschüchern* Gwd / Ba. – **rümschwabbeln** sw. unbeholfen schwimmen, sich über Wasser halten Stett, Cam / Ca. Vgl. MWB 5,1079: *rümswabbeln.* – **rümschwänzel(iere)n** sw. **1.** herumschwänzeln, sich bei jmd. beliebt machen verbr. *Dei schwänzeliert werrer orig üm em rüm* Dem / De. – **2.** untätig umhergehen, die Zeit vertrödeln vereinz. *Arbeede mag hei ni', åwe rümmeschwänzliere* Reg / Me. – **rümschwäpen** sw. umherschweifen, sich herumtreiben verstr. *Dei Bengel schwääpt dei ganze Åwend rüm* Bel / Lz. *Seih di ma ver, dei Oll schwääpt hier rum!* spioniert herum Lau / Lt. – **rümschwarmen** sw. dass. vereinz. *Dei schwarmt d' janza Nacht rümma!* Dra / Dr. – **rümschwenken** sw. jmd. (besonders die Tanzpartnerin) beim Tanz herumwirbeln verbr. *Hüt bi'm Danza wi' w' d' Mäkas ees düchtig rümmeschwinka* Dra / Dr. Auch: viel und schnell tanzen vereinz. VPom, Pyr / Lt. – **rümschwieren** sw. sich (zechend) herumtreiben vereinz. VPom. – **rümschwuchten** sw. herumschwärmen, sich herumtreiben Uec / Ue, Ran / Sr, Stett. Vgl. BBWB 2,621. – **rümsellen** sw. mit etwas ständig herumhantieren Gri / Ge,Ti, Gwald.

rumsen sw., lautm., *rumpsen* vereinz. **1.** poltern, knallen, dröhnen. *Hür mål, wur dat rumst hett, up'e Däl möt wat ümfollen sin* Dem / Tp. *De Kanonen rumsen* Ank / An. *Mit ees rumste dat an d' Stubendör* Uec / Pa. Scherzh.: Darmwinde lassen Gwd / Ba, Ank / An. *De Såg rumst* ist stumpf verstr. Androhung von Prügel: *Nu rumst' gliek!* Stral u. ä. vereinz. – **2.** zu Weihnachten oder Fastnacht lärmend in Verkleidung von Haus zu Haus ziehen Gwd / Gt, °Dem, KLEIN 146. – **3.** derb, Geschlechtsverkehr haben Gwd / Ba, Kol / Kr,Ma, vereinz. NOPom. → füter n.

rumsig Adj., *rumpsig* vereinz. VPom MPom, Neu / Aa, *rumslig* Gwald, massig, gewichtig, wohlgenährt vereinz. Vgl. MWB 5,1076.

rümsitten st. herumsitzen, herumfaulenzen vereinz. *Dat Rümmersitten bekümmt mi nich* Fra / Bn.

Rumskopp m. großer Kopf vereinz. Übertr.: Trotzkopf Pyr / Sh, Reg / Nt. Aufforderung, nicht so sturköpfig zu sein: *Sett bloß diene Rumskopp af!* Reg / Nt. Vgl. Bumskopp. – **Rumskrüsel** m. Brummkreisel Cam / Si, nach DWA 12, Kt.5. Rsyn. s. Küsel[1].

rümsocken sw. viel umherlaufen, herumrennen Ran / Sr, verstr. HPom. *Ik heff nåh dissem Stück Tüüch schön rümmasocka müsst* Saa / So. – **rümsœlen** sw. im Dreck wühlen vereinz. *Dei Schwien sœlen sich rümmer* Gwd / Ba. – **rümspaddeln** sw. sich unbeholfen im Wasser fortbewegen, bes. von kleinen Kindern vereinz. VPom. *Dei Gören spaddeln in'n Diek rüm* Gwd / Ba. Vgl. MWB 5,1077. – **rümspälen** sw. herumspielen, keine ernste Arbeit verrichten verstr. *De spälen so rüm un kåmen to nischt* Pyr / Lt. – **rümspäuken** sw. **1.** umherspuken, gespenstern vereinz. – **2.** ziellos umhergehen, sich herumtreiben vereinz. Auch: herumspionieren, -schnüffeln vereinz. – **rümspelunken** sw. sich herumtreiben, (in best. Absicht) umherlaufen verbr. VPom, sonst vereinz. *Ik möcht blos weite, wer bi os auwens unnre Feestre rümspelonke deet* Gbg / Gp. Auch: umhertoben verstr. *De Gören spelunken noch bi nachtschlåpen Tiet up'e Strat rümmer* Gwald. – **rümspijöken** sw. herumspaßen, Unsinn machen vereinz. Auch: sich (lärmend) herumtreiben Rüg / Pu, Ank / An, Reg / Me, Lau / GW. – **rümspinkelieren** sw. herumschnüffeln, -spionieren verbr. *Dei spingleirt rümme, vo' demm nimm di in Acht!* Kol / Pr. – **rümspräken** st., refl., sich herumsprechen vereinz. – **rümspringen** st. umherspringen, herumtollen. Oft in Vergleichen: *rümspringen as dei Fåhlen* wild umherspringen Gwd / Ba; *rümspringen as ea jung Düwa(l)* sehr flink sein DKr / La. – **rümståhn** st. (untätig oder nutzlos) herumstehen. *Wat ståhn sei dor* *rümmer? Sei hebben woll nicks tau daun* Dem / De. *I' de Stuf steht so väl rümme, dat ma' nich mehr mankdörch perra ka'!* Reg / Rg. – **rümståken** sw. **1.** mit langen Schritten umhergehen, herumstelzen vereinz. *in'n Maratz rümståken* Ank / An. – **2.** (intensiv) herumsuchen Dem / Kt, Pyr / Lt, Gbg / Gp, Dra / Dr. *Ik möt doch eis dornåh rümmeståken, ob ik dat Passliche nich dortau finnen dau* Dem / Kt. – **rümstangeln** sw. mit den Beinen herumzappeln vereinz., HUMGWD 9,47,12. *Dei Lütt hett œwer Nacht so väl rümmerstangelt* Gwd / Ba. – **rümstänkern** sw. (dauernd) seinen Unmut zum Ausdruck bringen verstr. – **rümstäweln** sw. 'herumstiefeln' ohne Ziel und Zweck umherspazieren verstr. – **rümstœkern** sw. **1.** in etwas herumstochern, herumsuchen verbr. *Wat stökerst du i' dem Äten rümme, dat schmeckt di wo' ni'?* Dra / Dr; *in't Füer rümstökern* Uec / Pa. – Ral.: *hinner einem rümstœkern* jmd. reizen, ärgern verstr. – **2.** stelzend umhergehen Dem / Tp. Vgl. MWB 5,1078. – **rümstöten** st. / sw. jmd. herumstoßen, schlecht behandeln verstr. Oft in der Vbdg. *mit einem rümstöten. Sei stett dull mit ehrem Ulle rum* Büt / Bt. *Wenn man sich so rümmerstöten låten möt, is dat Läben schwer* Dem / De. – **rümstöwern** sw. herumstöbern, etwas erkunden vereinz. [...] *un allens was dor so vull vun reinste Natur un grote Geheimnisse, vun Friheit un Rümmerstöwern* HUMGWD 9,33,1. – **rümstrieden** st. herumstreiten, –zanken vereinz. *Dei stritt sich då mit de Lüde rüm* Nau / Lt. – **rümströmern** sw. ziellos umherstreifen vereinz. – **rümströpen** sw. dass. verbr. *De strööpt denn ganz'n Dag in d' Stadt rüm* Ghg / Li. – **Rümströper** m. Herumtreiber verbr. *Kümmst du Rümmerströper uk noch nåh Hus?* Gwd / Ba. – **Rümströpersch** f. Herumtreiberin Ran / Pe, °Cam, Gbg / Gp. – **rümtåsen** sw. herumziehen, mit etwas herumschleppen vereinz. Auch: herumtoben, -lärmen Fra / Zi, Dem / Tp, Gbg / Wo. – **rümtäutfägen** sw. jmd. umherjagen, -hetzen Gwald. Vgl. MWB 5,1079. – **rümtoben** sw. herumtollen verbr. *Dei Jungens toben rüm as dei Wille Jagd* Dem / Tp. – **rümtodde(r)n** st. **1.** herummeckern, -zetern verbr. – **2.** mit jmd. / etwas umherziehen verstr. *Wat todd'st du mit denn Lütten rüm?* Uec / Ue. Übertr.: *Hei torrt mit ehr rüm* nimmt die Beziehung mit ihr nicht ernst Dem / Tp. – **rümtrampeln** sw. herumtrampeln, (geräuschvoll) herumtreten vereinz. In der Vbdg. *up einen rümtrampeln* jmd. ärgern, quälen vereinz. – **rümtråtschen** sw. herumtratschen, Klatsch verbreiten vereinz. *Dei tråtscht alles im Dörp rüm* Gbg / Ge. – **rümtrecken** st. umherziehen verstr. *Wat dei rümmertreckt sünd, all Näs lang wåhnten s' wuranners* Gwd / Ba. – **rümtrödeln** sw. langsam arbeiten verstr. *Trödel nich so väl rüm, dei Tiet vergeiht un dån ward nicks* Ank / An. – **rümtuddeln** sw. bei der Arbeit Zeit verstreichen lassen verstr. *Nu hest all denn ganzen Dag bi dat Holt rümtuttelt un nüscht towääch bröcht* Uec / Pa. – **rümtüdern** sw. herumbinden Fra / Ln, Gwd / Ba, Ran / Pe. Vgl. MWB 5,1080. *De Wäsch türert sich üm de Lienj rüm* Ran / Pe. – **rümtüffeln** sw. ziellos umherlaufen verstr. *Ach, dei Lütt tüffelt jo uk all rüm* kann schon laufen Gwd / Ba. – **rümvijolen** sw. sich (bis spät) her-umtreiben verstr. *Wur hest du dei Nacht rümvijoolt?* Gri / Mi. – **rümwarken** sw. tüchtig arbeiten vereinz. – **rümwäuhlen** sw. herumwühlen, -kramen verbr. *Ik hebb hiet miesst so väl rümmerweihle un kinn dat doch nich finne* Rum / Ru. *Dei willen Swien wäuhlen up denn Tüffelfellen rüm* Gri / Mi. Auch: herumwirtschaften, eifrig arbeiten vereinz. *Wi hewwa de janza Dag rümmewäuhlt, åwe schafft hewwa dat ni'!* Kol / Pr; sich schlaflos hin- und herwälzen vereinz. *Ik heff dei ganze Nacht in't Berr* [Bett] *rümwäuhlt* Gri / Mi.

Rumwinder m. Schiff, das bei starkem Wind mit vollen Segeln unterwegs ist Gwald. Vgl. MWB 5,1080: *rumwinds*. – Zu rum.

rümwirtschaften sw. **1.** herumhantieren vereinz. – **2.** herumtoben Ran / Gn,Sr. – **rümwöltern** sw. herumwälzen verbr. *Wi will'n denn Sack mål rummewültern* Ghg / Wt. – **rümwörgen** sw. schuften, sich mit einer Arbeit quälen Rüg / Ae, °Gbg, °Sto. – **rümwrackeln** sw. etwas hin- und herbewegen vereinz. *Wrackelst du all wedde a' de Tähn' rümme?* Dra / Dr. – **rümwråken** sw. sich unruhig hin- und herbewegen vereinz. *Müsst du mit denn Stohl ümma rümwråken!* Uec / Ge. Vgl. MWB 5,1080. – **rümwrangen** sw. **1.** hart an etwas arbeiten Gri / Ti, Gwald, Ank / An. Auch refl.: sich mit etwas abplagen, -quälen Gwald, Pyr / Py. *sich mit Französch* [...] *rumwrangen* [7]BAND 15. – **2.** sich balgen, herumtollen Fra / Pr, Dem / Tp. – **rümwrautschen** sw. ungeschickt herumtreten °Fra, Gwd / Ze. *Wer wrautscht so mank de Wruken rüm?* Gwd / Ze. – **rümwrœgeln** sw. lang und erfolglos an etwas herumhantieren vereinz. *Hei wrœgelt bi de Maschin all denn ganzen Morgen rüm un kricht sei nich farig* Dem / De. – **rümwunnern** sw. herumjammern, -nörgeln vereinz. – **rümwurachen** sw. **1.** emsig arbeiten verstr. – **2.** herumtoben vereinz. Auch: sich unruhig (im Bett) hin- und herbewegen Gwald, Ran / Pe, Ghg / Li, Nau / De, herumlärmen, -rumoren Dem / Tp, Uec / Ue, Ran / Pe, Nau / De. *He hett de Nacht wat rümwuracht un een Radau dorbi mookt* Ran / Pe.

runn s. runner.

rund *ruund* vereinz. HPom, LAUWB 296[a]. **1.** Adj. wie hd. Flektiert meist *runne(r)* oder verkürzt *runn'* Ghg / Ke,Li, Dra / Fa. *'n runner Disch* °Cam; *runne Ier(d)tüffel* Gwd / Da; *'n runn' Hot* Melone Dra / Fa. Bei Vollmond: *Dei Mond is rund* Sto / Dö. *Sei is all recht rund* ist schwanger Ank / Br, Pyr / Lt. *Nu bün ik schön rund* sattgegessen Nau / Db. *Rund is dei Welt, rund is dat Geld!* Geld gibt sich leicht aus! Gwd / Ba. Scherzh. Gutenachtgruß: *Schlåp (di) rund, dat du nich eckig warst!* vereinz. – In Zss. gelegentlich *Runn-*. – **2.** Adv. ringsherum. *rund üm'n Disch sitten* Gwd / Ba; *rund üm dei Klock* sehr lange, ständig verstr.; *De is (im Dörp) rund* berüchtigt Reg / Kt, Slo / La. Auch als Dim. *runding* vereinz. VPom. *Hei* [...] *fot sin Fru rundting üm un gung mit ehr in't Hus* [1]MASS 7. *Sei* [*hadd*] *Korl'n runding ümfat't un dunn roartens Beid* PÄCH 73. Vgl. MWB 5,1082.

Phras. zu 1.: Sagw.: *Rund un fix, seggt de Buer, don leep em 'ne Mus œwer't* Gesicht Stral, ähnl. SUNDTR 2,93, HUMGWD 10,45,5. – Rä.: *Ik schmiet wat Rundes up't Dack, dat kümmt lang werrer dål* = Wollknäuel Gri / Ti, ähnl. vereinz. *Ik schmitt wat Runnes in'n Sod, datt känen vier Pierd nich werre ruttrecken* = Wollknäuel Hidd. HUMGWD 4,44,12, ähnl. °Rüg BLFPVK 3,133. *Liggt wat Runnes up't Brett un hett 'n Büschel Hor in'n Noors* = Zwiebel Gri / Mi.

Phras. zu 2.: Rä.: *Dat geht rund üm't Hus un kiekt in alle Löcher* = Sonne Rüg / Pu. *Wat geiht rund üm'n Bom un kann nich rinkåmen?* = Schatten selt. VPom, GAUSS 48.

Rundäg f. Rundegge, leichtere Egge zum Einebnen des Saatguts Gwd / Ba, Saa / Te. Abb. s. MWB 1,222. – **rundbackig** Adj. pausbackig °Rüg, °Gwd, Uec / Ge, Kol / Pr, LAUWB 296[a]. – **Rundbrot** n. rundes Weizenbrot Gri / Mi: *Bring tom Sunndag 'n Rundbrot mit.* – **rundeg(g)en** sw. den Acker kreisförmig eggen verbr. Abb. s. MWB 1,229. – **Rundfiel** f. Feile mit rundem Querschnitt Gwald, Cam / Ca. – **rundfräten** st., refl. sich vollessen Sto / Dö, Büt / Bt, LAUWB 296[a]. Vgl. MWB 5,1083: *Rundfräter* dicker Mensch. – **rundgåhn** st. **1.** um etwas herumgehen vereinz. *Wi will'n dei Nåwerschaft rundgåhn* Gwd / Ba. *Dei Nachtwächter geiht rund* macht seine Runde Gwd / Ba. – **2.** umgehen, sich ausbreiten selt., LAUWB 296[b]. *De Krankheit geht rund* Pyr / Lt. – **Rundgatt** n., seem., abgerundetes Schiffsheck Rüg / Ra,Sn, Gwald, [1]PEE 254. – **Rundgattschipp** n. Schiff mit rundem Heck Gwald. Vgl. MWB 5,1083. – **rundhalsen** sw., seem., vor dem Wind wenden [1]SEG 247. Vgl. MWB 5,1083. – **Rundholt** n. Holz mit rundem Querschnitt vereinz. – Scherzh.: *'n bäten Rundholt hebben* übergewichtig sein Gri / Ti, [3]GOD 69. – **Rundiesen** n. **1.** Stabeisen Rüg / Sn, Gwald. – **2.** Hufeisen für Pferde mit gespaltenem Huf Gwd / Da. Vgl. PRWB 4,910. – **rundkåmen** st. mit etwas auskommen, hinreichen vereinz. *Mit dat Geld, dat du mi gäben hest, kann ik nich rundkåmen* Rüg / Dm. – **Rundkoppspieker** m. großer Nagel mit rundem Kopf Rüg / Sn, Gwald. Vgl. MWB 5,1083: *Rundkopp*. – **Rundlien** f., fischerspr., Tau, das ringsum die Pfähle einer Reusenkammer verbindet Rüg / Ba [1]PEE 203. – **rundmeigen** sw. (mit der Sense) den Rand um das Kornfeld abmähen vereinz. Vgl. a n m e i g e n.

Rundor m., veralt., Endsilbe betont, quadrilleähnlicher, zweitouriger Erntetanz auf Rügen Rüg / Dm,Zi, Mönchg., BLFPVK 6,99, [2]GRÜ 2,82. – Zu frz. *rondeau.*

Rundreis' f. Rundreise selt. Scherzh. auf neugieriges Fragen nach dem Tun: *Ik måk 'ne Rundreis!* Gri / Mi. Vgl. MWB 5,1084. – **rundriwwig** Adj. kräftig, robust vereinz. *He is 'n rundriwwigen Kierl* Dem / Kt. – **Rundschlåg** m. Kreisform beim Eggen vereinz. *De Rundschlåg mäut måndlich* [wie der zunehmende Mond] *utseihe* Nau / Wa.

Ründsel n., müllerspr., Windmühlengetriebe °Gri [2]REH 111. Syn. D r e i h l i n g.

Rundstück n. rundes Brötchen Dem / Tp, Gwd / Ba. Vgl. MWB 5,1084. – **Rundtang'** f. Rundzange des Schmiedes Gwald, Cam / Ca, LAUWB 296[b]. – **Rundtörn** m., seem., ein mit einfacher Windung um einen Gegenstand herumgelegtes Seil als Ausgangslage für verschiedene Knoten Use / Wl. – **rundüm** Adv., *rundrüm* vereinz. **1.** lok., rundum, ringsherum. *Dei Dörper rundüm sünn afbrennt* Gri / Mi. *In de Gå(r)de so rundrümme sin de Müs ganz dull* Pyr / Wa. *Du räädst ümmer rundrümmer wie de Katt üm heeten Brie* redest um etwas herum Uec / Pa. Zu einem Verrückten: *Du bist woll el(b)m mål rundüm!* Gri / Mi u. ä. Ghg / Li. – **2.** mod., völlig, ganz vereinz. *Un dann wier ik grad so rundüm satt* so richtig satt Stett; *rundüm äten* völlig aufessen Rüg / Nd. – **rundümgåhn** st. sich im Kreis herum bewegen. *Dat güng ümme rundüm, ümme dülle, ümme dülle as so'n Brummkrüsel* [1]NERE 14. Bei Schwindelgefühl: *Mi geiht alls rundüm* Gwd / Ba; *dat Rundümgåhn kriegen* schwindlig werden Ank / Km.

Rung' f., *Rong'* Reg / Kt, wie hd. *Runge* vereinz., Pl. *-en*, Runge, Außenstütze für die Seitenwände (bzw. -leitern) des Erntewagens. *Dei Rungen möten dei Flåken von'n Wågen fasthollen* Cam / Ca. – Ral.: *wat up'e Rung' schläpen låten* eine Arbeit lange aufschieben, hinauszögern Uec / Ue, vereinz. HPom, Net / Hf; *führen, dat Rung' un Rad bäwert* sehr schnell fahren Gri / Mi. Von einem Starken: *Demm kann man uk 'ne Rung' in'n Oorsch afbräken* verstr. *De is vull bet œwer de Rung'* stark betrunken Gwd / Wo. Prügelandrohung: *Du krichst gliek eis mit dei Rung' vör'n Dœz!* Gri / Mi. – Sprw.: *Wat sick in'n Kopp fastsett hett, kann'n nich mit ne Rung' ruutschlaan* HUMGWD 74,261f.,2. – **rungenful** Adj. über alle Maßen faul (da die Runge ein relativ fester, bewegungsloser Teil des Wagens ist, vgl. DWB 14,1520: *rungenfaul*) verbr. *Hei is so rungeful, dat hei nich de Kiewe* [Kiefer] *tom Kaugen utnanner kriecht* Büt / Bt.

rung(e)nieren sw. ruinieren, kaputt machen. *Ik heff mi dat ganze Kleed rungniert* Gri / Mi. *Dat Land würd plündert un rungniert* [1]BAND 2,62. Refl.: *Du rongeiest di ganz o gaue, we' du daue nech mit uphöest* Gbg / Gp. Von einer unehelich Schwangeren: *Dei is tietläbens rungniert* °Pyr. – Spruch: *Pasters un Zägen, dei rungenieren allerwägens* Gri / Ti,Zf.

Lautvar.: *rungneren* vereinz. MPom, *rungneire* vereinz. westl. HPom, *runieren* °Pyr, Reg / Kw, MAH 82, *rumenieren* Gri / Ge, Nau / Db, *rumneire* vereinz. westl. HPom, *rugenieren* Fra / Ln, Ran / Ro, *ruginieren* Stral, *runginieren* Stral, Gwald, *rug(e)neren* Dra / Dr, Net / Hf, °Kös, Rum / Pr, *rongneire* Reg / Kt, Gbg / Gp.

Rungenschämel m. Querbrett über der Wagenachse, auf dem die Rungen befestigt sind Fra / Ln, Gwd / Ba, Sto / Dö. – **Rungenstütt** f. an der Außenseite des Wagens angebrachte Stütze für die Runge Gwd / Ba,Da, Kol / Pr. – **Rungenwågen** m. Ackerwagen mit Rungen, aber ohne Seitenbretter Gwd / Da, Pyr / Lt.

Runk m. großes Stück Lau / Gr BLFPVK 9,100. Vgl. Runks u. MWB 5,1086.

Runkel f., PflN, *Ronk(e)l* Reg / Kt, Runkelrübe, Futterrübe vereinz. *We' ma Runkle plante wi', treckt ma Rille* Saa / Le. Syn. s. Runkelräuf. – **Runkelbier** n. bierähnliches Getränk aus Runkelrübensaft Nau / Fg,Rh. Vgl. MWB 5,1085. – **Runkelblatt** n. Blatt der Runkelrübe vereinz. – Volksmed.: *tom Tohoptrecken von Jeschwüren Runkelblärer upleggen* Uec / Pa. – **Runkelfork** f. mehrzinkige Forke zum Aufladen von Rüben Ghg / Wt. – **Runkelkohl** m. Runkelrübenblätter vereinz. westl. HPom, Net / Sl. – **Runkelmiet** f. Erdgrube zur Lagerung der Futterrüben im Winter Gwd / Da, Pyr / Lt. – **Runkelräuf** f., PflN, Runkelrübe, Futterrübe. – Volksgl.: weiße Blätter an der Runkelrübe deuten auf einen baldigen Todesfall hin Fra / Gn, Kös / My, Sch / Dr. Syn. Räuf, Runkel. – **Runkelsåt** f. Samen der Runkelrübe Gwd / Da, Pyr / Lt, Reg / Kt.

Runks f., urspr. großes, derbes Stück (vom Brot). Vgl. Runk u. DWB 14,1521. **1.** großer, von zwei Mann zu bedienender Hobel für Fußbodenbretter Gwd / Ba. – **2.** ungezogener Bursche Saa / Ja, DÄHWB 391[b]. Vgl. MWB 5,1088, BBWB 3,920: *Runks(en)*. – **runksen** sw. **1.** herumwirtschaften vereinz. HPom. Auch: im Schlaf herumwühlen vereinz. *Runks ni' soväl i' dem Bedd!* Dra / Dr; poltern, lärmen mf. °Pyr, Net / Hf: *Dat runkst, as wenn eene äuwro Knüppadamm föhrt*; schnarchen, aufstoßen vereinz. – **2.** refl., sich räkeln, sich bequem ausstrecken verbr. VPom, Uec / Pa, [19]BAND 47. *He runkst sik up'n Sofa* Fra / Zi. – **3.** mit der Runks hobeln Gwd / Ba, Ank / An. – **runksig** Adj. ungehobelt, rüpelhaft Ghg / Li. Vgl. BBWB 3,920.

Runkunkel f. Schimpfw. für eine alte Frau Fra / Br, Dem / De, Rüg / Dm, SUN 1844,36. Vgl. Kunkel, Rakunkel[1].

Runn' f., Pl. *-en*, Runde. **1.** Rundung, rund Geformtes. *in'e Rund ejje* in Kreisform eggen Reg / Kt. *Dat licht hier in'e Rund* im Umkreis Sch / Rg. Spez.: Brotscheibe Fra / Br: *Ik schnie' noch 'n por Runnen af.* Vgl. PRWB 4,910: *Runde*. – **2.** Tischgesellschaft, kleine Personengruppe. *Dei ganze Runn' lachte los* Gwd / Ba. – **3.** Lokalrunde. *Ik geef 'ne Runn' Schnaps* Dem / Tp.

Lautvar.: *Rünn'* vereinz. VPom, *Rund* vereinz., *Ruund* Sto / KP, *Rung* Sto / Dö.

Runn'deil n., Endsilbe betont, rundes Zierbeet vereinz. *Up't Runn'deil vör'n Hus wassen Blaumen* Gwd / Ba. Auch: kreisförmige Anordnung Saa / Te: *Torf in'n Runn'deil upsetta.* – Zu frz. *rondelle*, früh entlehnt, bereits mnd. *rundêl*.

rünneln sw., *runnele* Nau / Fg,Rh, *rüünle* Gbg / Gz, °Kol, *ründele* Reg / Kw, rollen verstr. *Dat Fatt is von'n Wågen rünnelt* Ghg / Li. *Arfte rüünle* Erbsen über eine Schräge rollen lassen, um sie u. a. von Unkrautsamen zu trennen Kol / Go. *Ik bün so satt, mi kœnen ji rünneln* Fra / Br. Vgl. trünneln.

runner Adv., zumeist verkürzt zu *runn*, herunter, hinab. **1.** lok. *Dat Lof is runn von'e Böm* Gri / Ge; *rundre Barg* den Berg hinunter Lau / Gr BLFPVK 9,52. Aufforderung, offen auszusprechen, was einen bewegt: *Ümmer runner von de Läwer!* verstr. *Ik möt ees runner* auf den Abort (der früher immer in der unteren Etage war) Gwald. Scherzh.: *Runne vom Disch, Mutte kaukt Fisch!* Gbg / Gp. Vgl. dål. – **2.** übertr., heruntergekommen, in schlechtem Zustand Rum / Tr: *Dat Veih is runn.*

Lautvar.: *runn, runne* verstr., *rune(r)* vereinz. HPom, KÜHL 52, vgl. PRI / TEU 222, *runde(r)* verbr. NOPom, *rung* Sto / Dö,KP, Lau / Lt, *runge(r)* Kol / Kr, °Rum [2]MIS 29, mf. °Sto, MAH 29, [5]TITA 55, *rünne(r)* vereinz., [4]WIN 161.

runnerbammeln sw. lose herunterhängen vereinz. *Bammelt dor ni' a Droht runne?* Dra / La. – **runnerbören** sw. (eine Last) herunternehmen, absetzen vereinz. *De hett denn Sack runnerböört van' Wogen* Ran / Pe. – **runnerbrennen** unr. herunterbrennen vereinz. – **runnerbringen** unr. etwas nach unten schaffen verstr. – **runnerdelschen** sw. niedertreten vereinz. *Ji möten bi'm Kirschenplücken dat Gras ne' so runnedelsche!* Ghg / Wt. – **runnerdrüppen** sw. heruntertropfen vereinz. *Dat Blaut, dat druppt so runne* Cam / Kw. – **runnerfallen** st. herunterfallen. *He föl d' Trepp runn, plaudauz, leech he unn'* Uec / Pa. Scherzh. zu jmd., der vom Haareschneiden kommt: *Bist woll de Trepp runnerfollen?* Gwd / Ba, ähnl. verstr. Zu jmd., der sich sehr freut: *Freu di, dat du up'e Welt büst un nich runnerföllst!* verstr. – Rä.: *Liggt wat up'n Bän; dat föllt runner, seggt tripptrapp* = die Erbse Ran / Fr [2]BRUNK 46. – **runnerfieren** sw., seem., herunterziehen vereinz. VPom Küste. *Dat Sägel runnerfieren* Rüg / Sc. – **runnerfleigen** st. herunterfliegen vereinz. *Em flög dei Haut runner* Gwd / Ba. – **runnergåhn** st. **1.** hinuntergehen verstr. *de Stråt runnergåhn* °Rüg. *Dat geiht flach rune* fällt leicht nach unten ab (vom Gewässergrund) Sch / Ve. *Dat geiht glatt runner!* das schmeckt sehr gut! vereinz. – **2.** sinken, abnehmen verstr. *Dei Eier sünd runngåhn* im Preis gefallen Fra / Br. *Dat Gör geht ümme mehr rune* verliert durch Krankheit an Gewicht Pyr / Wa. – **runnerglieden** st. heruntergleiten vereinz. *Dat is em glatt runnegläden* hat ihm gut geschmeckt Dem / Tp. – **runnerhålen** sw. **1.** herunterholen vereinz. *Denn Speck ut'n Wiemen run(ner)hålen* Gwd / Ba. *De Wind hålt wat runner* es gibt Regen Ran / Ro u. ä. °Saa. – **2.** Geld abheben Fra / Bn, Gri / Mi, Dem / De: *Wi hålen ümmer runner von'e Kass.* – **runnerhängen** st. herabhängen, herunterbaumeln vereinz. Vom reifen Getreide: *De Åhra hinga so runne* Dra / Ka. – **runnerhanneln** sw. den Preis herunterhandeln Gwd / Ba, Pyr / Lt. *Dei Hälft hett hei runnerhannelt* Gwd / Ba. – **runnerhaspeln** sw. (einen Text) unbetont und zu schnell aufsagen vereinz. *Haspel dat schön Gedicht ni' so runne!* Dra / Dr. – **runnerhaugen** sw. **1.** in der Fügung: *ein' n' por / weck runnerhaugen,* jmd. schlagen, ohrfeigen verbr. *Ik haug di 'n por runner, dat di dei Tähnen ut'n Hinnelsten fleigen!* Dem / Tp u. ä. vereinz. *Di haug ik 'n por runner, dat du denn Himmel vör'n Dudelsack ankiekst!* Fra / Bn. – **2.** (mit der Sense) abmähen Gri / Sv, Ran / Pe. *Dat Korn runnerhaun* Ran / Pe. Vgl. dålhaugen. – **runnerhuken** sw. sich hinhocken, niederbeugen vereinz. – **runnerkåmen** st. **1.** herunterkommen verbr. *Sei keem von'n Bœn runner* Gwd / Ba. *De is uk no(ch) ni' väl vom Mess runnkåmen* ist noch nicht weit von zu Hause fort gewesen °Nau. – **2.** niederkommen, gebären Cam / Ds: *Sei kümmt bald runner.* Vgl. dålkåmen. – **runnerkieken** st. hinuntersehen verstr. *Sei keek dei Stråt runner* Gwd / Ba. Auch: beschämt den Blick senken Pyr / Lt, Dra / Dr. In der Vbdg. *von båben runnerkieke* hochmütig sein Gbg / Gp. Vgl. dålkieken. – **runnerkladdern** sw. herunterklettern verstr. *Sei wullen denn Barg run(ner)klarrern* Gwd / Ba. – **runnerklappern** sw. dass. vereinz. *vom Bom runnklabbern* Pyr / Lt. – **runnerknäweln** sw. niedertrampeln Nau / Fg,Rh, Dra / Bu,Dr, LauWb 294[b]. *We hett diss' Bloma runneknœwelt?* Dra / Dr; *'n Pierd runnerknäweln* ein Pferd durch Zusammenschnüren der Beine zu Fall bringen Rüg / Zi. – **runnerkriegen** st. **1.** (mühsam) hinunterschlucken. *Fritz kreeg dat ewige Rindfleesch den Hals bald nich mihr runner* [3]Tri 39. – **2.** jmd. überwältigen, niederzwingen vereinz. *Dei Gripp hett em runnekrägen* Gri / Ti. – **runnerlangen** sw. **1.** herunterreichen vereinz. *Kannst du mi eis denn Pott von't Brett run(ner)langen?* Gwd / Ba. – **2.** jmd. *ein' runnerlangen,* jmd. ohrfeigen Gwd / Ba, Pyr / Lt, JostWb 78: *Wenn du nich bool dat Muul hillst, denn lang ik di eine runder.* – **runnerlåten** st. **1.** herunterlassen vereinz. *denn Korf an'n Strick runnerlåten* Dem / De; *dei Böm runnerlåten* Bäume fällen Sto / Wd. *Dei Kauh lött dei Melk gaud runner* läßt die Milch gut ins Euter schießen vereinz., [4]Win 20. Spez.: den Sarg ins Grab hinunterlassen. Wenn die Totenglocke läutet: *Nu låten sei*

em / ehr runner vereinz. – **2.** teilrefl., herunterrodeln vereinz. *sich de Ba(r)g runelauta* Dra / Ka. – **runnerleggen** sw., refl., sich hinlegen verstr. *Ik möt mi 'n Ogenblick runnerleggen, ik kann nich mihr* Gwald. – **runnerliggen** st. (da)niederliegen, bettlägerig sein verbr. *De licht fast runne, un 't is uk keen Utsicht, dat se bald upstauha ka'* Dra / Dr. – **runnerlopen** st. herunterlaufen. *Dat Blaut, dat löppt ümme so runne* Dem / De. *He mutt runnerlopen von sienem Hoff* muß den Hof verlassen, da er schlecht gewirtschaftet hat Pyr / Lt. – **runnermåken** sw. jmd. heruntermachen, ausschimpfen verbr. *He hett em runnermåkt, dat keen Hund a Stück Brot von em nimmt* Saa / Te. In der Vbdg. *einen von Ihr un Rädlichkeit runnermåken* jmd. gehörig zurechtweisen Gri / Bo, Gwald. – **runnermöppern** sw. ausschelten, -schimpfen Gwald, Ank / An, Saa / Ja. Vgl. MWb 5,1090: *runmöppern.* – **runnernähmen** st. herunternehmen, entfernen vereinz. *denn Bom runnnähmen* fällen Gwald. Spez.: Sahne von der Milch abnehmen Reg / Kw, [4]Win 131. – **runnerpedden** sw. **1.** niedertreten verstr. *Ji mütten nich all dat Gras runnerpedden* Ran / Pe. – **2.** (fest) auftreten Gri / Ti, Neu / Gc, Sch / Pu. Vgl. dålpedden. – **runnerputzen** sw. jmd. herunterputzen, ausschimpfen verstr. VPom, selt. MPom, Gbg / Gp. *Hei hett em orig runnerputzt* Dem / Tp. – **runnerräden** sw. jmd. beschwichtigen vereinz. VPom, sonst selt. *As Fritz un Franz sik sträde, wull ik ehr runnerräde* Saa / Ja. – **runnerrangen** sw. **1.** herunterklettern Ank / Br. – **2.** heruntertrampeln, -reißen selt. VPom. *Dei Jungs hemm' dei Heumiet runnerrangt* Dem / Tp. – **runnerrieten** st. herunterreißen, abreißen vereinz. *De Buden up'm Johrmarkt warn runnerräten* Ran / Pe. Übertr.: *Oll Blücher hett em runner räten* zurechtgewiesen Hill 117. – **runnerrönnen** sw. herunterrennen, forteilen selt. Abweisend: *Du kannst mi ees von achtern, weil wi uns beide kennen, mit blankgewichste Stäwel denn Puckel runnerrönnen* Stral. – **runnerrutschen** sw. herunterrutschen verbr. Abweisend: *Rutsch mi denn Puckel runner!* verstr. – **runnerscheiten** st. **1.** herunter-, hinunterstürzen vereinz. – **2.** niederschießen, abschießen vereinz. *He schütt' een fleejend' Krääch runn* Uec / Pa. Vgl. dålscheiten. – **runnerschlå(ge)n** st. **1.** intr. – **1.1.** hinfallen selt. Gebräuchlicher ist dålschlå(ge)n. – **1.2.** herabsinken, sich (am Boden) absetzen verbr. – Wetterr.: *De Rok schleit runner, dat gifft Rägen* vereinz. *Wenn d' Näbel runneschleet, denn ward't gaut Wärer* Nau / Fg,Rh, ähnl. °Kös, Net / Sl. – **2.** tr. – **2.1.** etwas herunterschlagen, abschlagen vereinz. *Dei Storm hett dei Äppel all runnschlågen* Gri / Mi. *Dat Kôn runneschlåə* das Getreide abmähen °Sch. – **2.2.** in der Fügung *ein' n' por / weck runnerschlåge*, jmd. ohrfeigen vereinz. *Di schlå' ik a' por runner, dat di dei Tähne hinnen ruterkåme!* Neu / Th. – **runnerschliddern** sw. herunterschlittern. *Ik bin denn Afbarg run-*

nerschliddert Sto / Dü. – **runnerschlucken** sw. **1.** hinunterschlucken verstr. *Nu schluck ma ümmer runner, kauen kast nåhher!* Ran / Pe. – **2.** übertr., etwas Unangenehmes hinnehmen vereinz., ^{2}BAND 10. *Se schluckt denn Ärger runner* Gwald. – **runnerschmieten** st. herunterwerfen vereinz. *Schmiet mi ees denn Schlœtel runner!* Gwald. Seem.: *dat Sägel runnerschmieten* herunterlassen Rüg / Zu. – **runnerschœlen** sw. hinunterspülen vereinz. *Dat Wåre schœlt denn Barg runne* Nau / Wa. Veraltd.: *Såhn rünneschœlen* Fettkörner vom Rand des Fasses abspülen (beim Buttern) Rüg / Gr, Sto / Dö,KP, ^{4}WIN 161. – **runnerschuben** st. hinunterschieben. Spez.: ein Boot zu Wasser lassen Ank / Km. Vgl. MWB 5,1091: *runschuben*. – **runnersetten** sw. **1.** (eine Last) absetzen selt. *Sett dei Emmern man dor runner!* Gwd / Ba. Vgl. dålsetten. – **2.** heruntersetzen, tiefer setzen vereinz. *De Stall sett runde* der Stallboden liegt tiefer Sto / Pf. *Em hebben se 'n ganz Enn' runnersett't* eine niedrigere Stellung gegeben Gwald. Auch: im Preis herabsetzen vereinz. Übertr.: in der Qualität herabstufen vereinz. VPom. *Du müsst em dei Wåren bät'n runnersetten, dann ward hei sei di woll billiger låten* Rüg / Ae. – **runnerspäulen** sw. herunterspülen verbr. *He hett siene Arjer runnspöölt* Pyr / Lt. – **runnerstiegen** st. herabsteigen vereinz. *Hei steeg dei Trepp runner* Gwd / Ba. – **runnerstörten** sw. **1.** hinunterstürzen, -fallen verstr. *Dat Wåter stäärt denn Barg runne* Rum / Ru. – **2.** hastig trinken Gri / Go,Lo, Use / Us. *Du möötst dat kolle Wårer nich so runnerstörten* Gri / Go. – **runnerstöten** st. / sw. herunterstoßen vereinz. *Heu von'n Bœn runnerstöten* Gwd / Ba. – **runnertappen** sw. herabtropfen verstr. *Dat Blaut, dat tappt ümmer so runne* Dem / De. – **runnertrecken** st. / sw. hinunterziehen verstr. *Hei wull em von'n Stauhl runnertrecken* Gwd / Ba. – **runnerwörgen** sw. hinunterwürgen, mühsam herunterschlucken verstr. *Ik heww a Stück dröj Brot runnewööcht* Dra / Bu. – **runnerwrangen** sw. niederringen vereinz.

Rünning f., *Ründing* Fra / Gn, *Runding* Lau / GW, *Running* Dra / Bu, Rundung, Wölbung vereinz. VPom, sonst selt. Über eine korpulente Frau: *Se hett 'ne ganz nette Rünning* Gri / Vl. Auch: Kreisbogen Rüg / Sc, Lau / GW.

runschen sw., lautm., rauschen vereinz., HUMGWD 3,37,2, ^{2}MÜL-GRÄ 40. *Un de Bülgen runschten und bröllten* ^{3}NERE 1,153; *wenn dat Schilp runscht un ruschelt* Stral. *Dei Seiss runscht* Ank / An. Auch: klappern, klimpern selt., DÄHWB 391^{b}. *Hei dacht an dat Spill un hürt, wo dat Geld runscht* ^{7}BAND 142; (raschelnd) wühlen selt. VPom; scharren, geräuschvoll über eine Oberfläche schleifen Gwald: *De runscht so mit'n Stauhl.* Vgl. MWB 5,1091, BBWB 3,921.

Runzel f., *Runschel* Pyr / Lt, wie hd. *Sei hett all so väl Runzle in't Jesicht* Saa / Le; *Runzeln üm dei Oge* Nau / De; *oll Runzel* Schimpfw. für eine alte Frau Ank / An. Vgl. MWB 5,1091. – **runzlig** Adj. runzelig vereinz. *So' oll runzlig Wief* Gwd / Ba.

rup Adv., Kurzform von *herup*, herauf, hinauf. Als Präfix von Verben tritt *rup* bei Getrenntstellung zumeist in erweiterter Form auf (s. Lautvar.). *He is nåh båwen rup* auf den Boden hinauf Pyr / Lt. *Runner mit de Jack, rup mit de Hemdsmaugen!* Bel / Wu ERZPOM 166. *Höger rup!* Saa / Ja. *Hei wåhnt 'n Enn' wieder rup* ein Ende weiter hinauf Gwd / Ba. *Dat is all rup as runner* gleichgültig Gri / Bo. Aufforderung, sich an die Arbeit zu machen: *Nu man ümmer rup up Muddern / Rieken / up'e Ollsch!* verbr.

Lautvar.: *rupper* verbr., *ruppe* verstr., *rubber* Fra / Zi, Gwald, Ank / An, °Kös, *rubbe* Reg / Kt, *ropper* Saa / Ja, *rop* ^{11}BAND 47, *ruff* Stett.

Rup f., mit langem Stammvokal, *Rupp* vereinz. °Lau STRI 45. **1.** TiN. – **1.1.** Raupe. *De Rupa hewwa alles kåhl fräta* Dra / Dr. Auch: Larve des Maikäfers, Engerling selt., vgl. DWA 13, Kt.1. – Ral.: *Sett di man keene Rupen in'n Kopp!* gib dich nicht solchen Illusionen hin! verbr. (auch scherzh. entstellt zu *een' Grupen in'n Kopp setten*, in Anlehnung an Grapp[1]); *Rupen in'n Kopp hebben* Hirngespinste haben verbr.; auch: sich dumme Streiche ausdenken verstr. *Rupen in'n Noors hebben* von Unruhe geplagt sein Dem / De; *läwen as dei Rup in'n Kohl* im Überfluß leben Ank / An, LAUWB 296^{b}. – Sprw.: *Dat is 'ne lütt Rup, dei denn Kohl beschitt* eine kleine Ursache kann große Wirkung haben Uec / Pa, LAUWB 296^{b}. – Wetterr.: *Is de Oktober kolt, warden dei Rupen nich olt* HUMGWD 9,41,3. – **1.2.** Aalraupe, Aalquappe °Gri. Rsyn. s. Ålquabb. – **2.** Kätzchen am Haselstrauch selt. VPom, östl. HPom, vgl. DWA 10, Kt.7. – **3.** kleiner, schmaler Schnurrbart Saa / Te, Sto / Dö,Pf. Vgl. BBWB 3,814: *Rupe.*

rupampeln sw., refl., (beruflich) aufsteigen, sich emporarbeiten verstr. ^{6}BAND 30, HUMGWD 4,18,6, ^{2}KNO 52. *He wier man 'n Pierknecht un nu hett he sik all to'n Inspekter rupampelt* Rüg / Dm. – **rupbören** sw. hinaufheben verstr. *Wi beed wara de Sack Tüffka do' wo' ruppebööört krieja!* Dra / Dr.

Rüpel m., *Riepel* Pyr / Wa,Wi, Dra / La, *Rüppel* Ran / Rp, flegelhafter, grober Mensch verstr. – **rüpelig** Adj. ungezogen, frech vereinz. → dreibastig.

Rupenschiet m. Kot von Raupen. – Ral.: *Rupenschiet in'n Kopp hebben* sich Dummheiten ausdenken vereinz. VPom. In Anlehnung an *Rupen in'n Kopp hebben.* Vgl. Rup u. MWB 5,1093.

Rupenschieter m., TiN, Schmetterling verbr. Spez.: Kohlweißling. *Dor sünd doch werre dei Rupenschieters up denn Kohl wäästi* Rüg / Ae. Auch: Zitronenfalter

Fra / Bn, Ank / Kr, Saa / So. Übertr.: kleiner Mensch Ran / Pe: *De Rupenschieter kann kum up'n Disch rupperkieken.* Auch: Geizhals Dem / Tp: *Hei hett uns woll wat schenkt, œwer dor is nicks hinner, dat is'n Rupenschieter.*

Rsyn.: *Botterlicker, Bottervågel, Kätelbäuter, Kätelbutschke, Kätelflicker, Mådenschieter, Schietrump, Ülepüle.*

rupfallen st. 'herauffallen'. Nur ral. von jmd., der unerwartet schnell befördert wurde: *Dei is dei Trepp rupfollen* vereinz. – **rupgåhn** st. hinaufgehen, -steigen. *He jeiht denn Barg rup* Ran / Sr. – **ruphålen** sw. heraufholen, nach oben bringen verstr. *een Flasch Wien ruphålen* Pyr / Lt. *Wenn de Torf ganz drög is, ward he ruphålt* aufs Gehöft geholt Ran / Gl. – **rupkåmen** st. **1.** hinaufkommen. *Hei wakt bald werrer up, denn hei hürt, dat einer dei Trepp rupkeem* DLP 3,57. Zu Nasenschleim, der hochgezogen wird: *Kumm rup nåh båben, dor unne is't kolt!* Uec / Pa. – Rä.: *Up dissen Wågen kåmen all eis rubber* = Leichenwagen Gwald, Ank / An. – **2.** auf der Oberfläche verteilt werden verstr. *Wo nischt rupkümmt, kümmt nischt rut* wenn nicht gedüngt wird, gibt es keinen Ertrag Gbg / Gp, ähnl. verstr. – **3.** aufziehen, sich zusammenbrauen verbr. Von heraufziehenden Regen- oder Gewitterwolken: *Dat kümmt dick rup (un dünn runner)* verstr. → betrecken. – **rupkieken** st. hinaufschauen vereinz. *Ik will een'* [Mann] *hebba, tau dem ik ropperkieken möt* Saa / Ja. – **rupklabastern** sw. heraufklettern vereinz. *Hei klabastert nåh denn Bom rup* Dem / Tp. – **rupklappern** sw. dass. vereinz. – **rupkrupen** st. hinaufkriechen, -steigen verstr., BLFPVK 9,39, JOSTWB 79. – **ruplangen** sw. **1.** hinaufreichen vereinz. – **2.** (Speisen) auffüllen vereinz. – **rupleggen** sw. hinauflegen vereinz. *He sall dat Bok up't Schapp rupperleggen* Gwald.

Rupp m. Nur in Paarformeln mit *Stupp*: *mit Rupp un Stupp* ganz und gar VPom. *Dei hewwen denn Kauken mit Rupp un Stupp vertehrt* Gri / Ge; *nich Rupp orrer Stupp* gar nichts VPom, GEB 74. *An denn Knåken wier nich Rupp orrer Stupp mihr an* Gwald. – Wahrscheinlich zu Rump. Vgl. MWB 5,1094, SHWB 4,206.

rüppeln sw., refl., *rüppen* Dem / De, Stett, *rippele* Stolp, Lau / GW, HOMWB 159[a]. **1.** sich rühren, regen verstr. VPom, sonst selt., [10]BAND 68, [2]TIB 21, [2]VOG 64. Meist in der Vbdg. *sik nich rüppeln und rögen* keinerlei Bewegung machen. *De schlöppt so fast, de rüppelt un röögt sich nich* Rüg / Dm. – **2.** sich beeilen, sputen vereinz. *sich* [...] *rüppeln un spauden bi de Arbeid* [4]GIL 25. Vgl. MWB 5,1095.

ruppen sw., *rubben* Rüg / Gr [3]SCHM 83, Gwd / Ba,Bn, Uec / Uh, Reg / Kt, *roppe* Saa / Te. **1.** rupfen, ausreißen verbr. *Feddern ruppen* Uec / Ue. *Flass ruppe* Flachs ziehen Bel / Nu. Vgl. rappen. – **2.** jmd. übervorteilen, Geld abnehmen verstr.

Ruppert m., *Rubbert* Sto / Go, Kalendertag des Heiligen Rupertus (27.3.). – Volksgl.: Am 27. März soll man Obstbäume berühren, damit sie nicht von Raupen befallen werden Slo / He. Vgl. MWB 5,1093: *Rupert.*

ruppig Adj., *rubbig* Gwd / Ba, Reg / Kt. **1.** rauh, uneben vereinz. HPom. *ruppig Hinn'* Kol / Go. – **2.** grob, flegelhaft verstr. *Låt em bloß taufräden, süss ward hei rubbig!* Gwd / Ba. – **3.** zerlumpt, zerzaust, stark abgenutzt selt. *Dat Peerd süht ruppig ut* Kol / Pr.

Ruppsack[1] m. Rucksack vereinz., ADL 159. *Ea Süündags keem de Jung va dem Inspekti u hadd ana Ruppsack uppam Pucka* Saa / Ke [3]MIS 26. Vgl. BBWB 3,923: *Ruppsack*[2].

Ruppsack[2] m. Schimpfw. für einen ungezogenen Flegel verbr.

Ruprecht s. Rumprecht.

Rups m. Ruck. Nur in der Vbdg. *mit einem Rups* in einem Zug, im Handumdrehen selt. VPom. Vgl. MWB 5,1096.

rupschmieten st. hinaufwerfen. *Schmiet mi ees denn Ball rupper!* Gwald. – **rupsetten** sw. auf etwas hinaufsetzen verstr., HUMGWD 8,46,8. Im Kartenspiel: *'n Jung' ruppesette* mit einem Buben stechen Nau / Wa. – Ral.: *Dor sett ik a 'ne Trumpf rupper!* das lasse ich mir nicht in Abrede stellen! Neu / We. – **rupstiegen** st. hinaufsteigen verstr. – **ruptrecken** st. **1.** nach oben ziehen verstr., HUMGWD 8,51,8. *Ik här so wenig Kräft, dat ik mi an't Gelänner ruptrecken müsst* Gwd / Ba. – Sagw.: *Na, wi hemm uns wat Schönes anricht't, säd een Oß taun annern, don müßten sei ehren eegen Meß den Barg ruptrecken* HUMGWD 8,51,8. – **2.** aufziehen, sich zusammenbrauen vereinz. *Dat treckt dick rup* es gibt bald Regen Gri / Mi, Uec / Ue, Sto / Gl. Rsyn. s. betrecken. – **rupwrangen** sw. schwere Lasten aufladen vereinz. *up'n Wågen rupwrangen* Gri / Ti.

Rüs f., fischerspr., auch *Rüs'*, *Ries'* NOPom, Slo / La, Reuse. **1.** korbartige Vorrichtung aus Weidenruten oder Netzwerk zum Fischfang. *Wi will'n noch 'ne Rüs setten* Rüg / Bi. *Dei Rüs is ganz vull Fisch* Gri / Mi. Seitlich des letzten Fangraums großer Stellnetze wird mitunter eine *lütt Rüs* angebracht, eine kleine, korbförmige Reuse Fra / Pu, Rüg / Vt, Gwd / Wc, Uec / Ue, [1]PEE 204. Abb. s. [1]PEE 192. – **2.** großes Stellnetz mit kammerartigen Fangräumen. Abb. s. [1]PEE 199, RAS 132. Syn. Kummrüs.

rusch lautm. für das Geräusch des Regens im Kinderr. *Rägen, Rägen, rusch, de König führt to Busch* Gwd / Ba. Vgl. MWB 5,1099: *rusch*[1].

Rusch n., vereinz. m., PflN, Binse (Juncus L.) verbr. *Daue steht so väl Russ up'e Wische* Gbg / Gp. Auch als

Sammelbez. für Gräser an sumpfigen Standorten vereinz., ALBELG 8,8,32. In der Paarformel *Rusch un Busch* Gebüsch, Gestrüpp verbr. VPom, BALTST AF 41,209, ARN 23, [7]BAND 76, HUMGWD 14,18,4. *Nu lep hei* [...] *quer äwer't Fild un dörch Rusch un Busch un Wisch un Mur* [3]NERE 2,18.

Lautvar.: *Russ* verstr. HPom, *Ruusch* Ank / An, *Rüüsch* selt. °Rüg, *Riesch* °Kös, *Risch* °Sch.

Ruschboll f. kleine Staudenzwiebel selt. Auch: grüne, giftige Frucht der Kartoffel selt. HPom. – Das Erstglied zu russ(i)sch.

Ruschbusch m. **1.** wildwachsendes Gestrüpp vereinz., SAS 1,19. Vgl. BBWB 3,924. – **2.** scherzh., lebhaftes Kind Fra / Pu, Lau / GW. – **ruschdibusch** Adv., *ruschedibusche* Saa / Ja,Te, hastig, flüchtig, oberflächlich verstr. *Dat jeht alles ruschdebusch* Nau / Rh.

Ruschel f., *Ruuschel* Ank / An, Sto / Wd, *Rischel* Lau / GW, *Rüschel* Pyr / Wa, wildes Mädchen vereinz. Vgl. BBWB 3,924, PRWB 4,914. – **ruscheln** sw., *rüscheln* Fra / Bn, Rüg / Ae, *roschele* Lau / Vl, rascheln, rauschen verbr. *De Müs' ruschle in't Stroh* Saa / Le. *Dei Wind rüschelt in'e Böm* Rüg / Ae. Vgl. rascheln, russeln.

ruschen[1] sw. **1.** rauschen, brausen vereinz. *Blages Wader bülgt un huscht, wäuhlt sick langsam ran un ruscht up den Strand herup mit Macht* MÜLC 1. In der Paarformel *ruschen und buschen* rauschen und rascheln vereinz. Vgl. ruuschen. – **2.** brünstig sein der Sau Ghg / Li, °Saa, Bel / Ba, Net / Hf, °Slo.

ruschen[2] sw., fischerspr., im Röhricht fischen Fra / Bn RAS 47: *nå Hääkt ruschen* im Rohr auf Hechtfang gehen. – Zu Rusch.

ruschig Adj. flüchtig, oberflächlich vereinz. VPom.

ruschlig Adj. unordentlich, oberflächlich Ank / An, vereinz. MPom. *Wenn du so ruschlig büst, denn warst du woll keen Mann krieje* Ghg / Li. Vgl. BBWB 3,925, PRWB 4,915.

Ruschmusch m., f. vereinz. NOPom. **1.** Unordnung, Durcheinander Uec / Ge, Ghg / Wt, vereinz. HPom. – **2.** altes, unbrauchbares Zeug vereinz. *Wat wist' mit all denn ullen Rusmus?* Ghg / Wt. – **3.** liederliche Frau vereinz. Vgl. BBWB 3,925: *Ruschelmuschel*.

Lautvar.: *Ruuschmuusch* Nau / Wa, Sto / Dö,Pf,Wd, *Rusmus* vereinz., *Rusmüs* Ghg / Wt, *Rischmusch* Lau / GW.

ruse-di-buse lautm. Interj. im Anfangsvers mehrerer Lieder. Im Tanzlied: *Ruse di buse, de Winte will kåmen* [3]GIL 110, Rüg / Ae, Ank / An. Im Kinderlied: *Ruse di buse, wur weiget dei Wind* Fra / Br. Vgl. MWB 5,1100.

Rusel m. / f. liederliche Frau °Ran, °Ghg. Vgl. MWB 5,1100. – **rus(e)lig** Adj., *russlig* Gwd / Ze, Use / Us, Sto / Dö, Lau / Lt, naßkalt, windig vereinz. *Bi dit oll ruselig Wärer is't am besten hinnern Å(b)m* Ghg / Li. Vgl. rusig. – **rusen** sw. brausen, sausen selt. VPom, Sch / Pu. *Buten ruust de Wind* HUMGWD 75,354f.,1. Vgl. MWB 5,1101.

rüsen sw., fischerspr. (wie die folgenden Zss.), mit der Reuse fischen vereinz. VPom, Uec / Ue. – **Rüsenball** m. ehemaliges Fest der Fischer auf Rügen anläßlich des Reusenaufbaus im November (Rüg / Gk) oder im Frühjahr (Rüg / Ad,Ga) [1]PEE 107. – **Rüsenbœgel** m. runder Holzbügel, über den das Netz der Reuse gespannt wird vereinz., RAS 112. *Rüsenbœgel sünd ut Telgen von Dannenböm orrer Knirk* Dem / De. – Vgl.: *krumm gåhn as'n Rüsenbœgel* gebeugt gehen Rüg / Lo, Nau / Fg,Rg. – **Rüsenboot** f. / n. kleineres Ruderboot mit Kiel für das Fischen mit der Reuse °Rüg, Mönchg., Gwd / Fr,Sp,Wc, [1]PEE 113f., [2]RUD 131. – **Rüsenlåg** f., veralt., wie Rüsenstell Mönchg. RAS 130, BALTST AF 8,2,127, STRCHR 2,136. – **Rüsenpåhl** m. Holzpfahl, an dem große Stellnetze befestigt werden vereinz. VPom. – **Rüsenråhmen** m. an der Decke der Hausdiele befestigtes, vom Querbalken gestütztes Holzgerüst zum Aufhängen von Reusennetzen Gbg / Ka [2]EBE 14. – **Rüsensetters** Pl. Fischer, die die Pfähle großer Stellnetze setzen und das dazugehörige Netzwerk anbringen Mönchg. [1]PEE 127. – **Rüsenstell** f. in einem Gewässer festgelegter Platz zum Setzen der Reusen vereinz. VPom, Uec / Ue, RAS 130. Syn. Rüsenlåg.

rusig Adj. regnerisch, windig verbr. VPom, [11]BAND 153. *Dat is hüt so rusig, ik mag nich ut dei Dœr gåhn* Dem / Tp. Vgl. rus(e)lig.

rüsig Adj., *riesig* Lau / GW, locker, weitläufig gewebt (vom Stoff) vereinz. *Dat Tüüch is so rüsig* Ghg / Wt. – Zu Rüs.

rusmusig Adj. naßkalt, trübe verstr. VPom, sonst selt. *'n rusmusigen Harfstdag* Gwald. Vgl. rugmusig. – **rusplusig** Adj. dass. vereinz. VPom, Nau / Db. *Dat is hüt rusplusig Wäder, dor mag man keinen Hund rutjågen* Gwald.

Russ[1] m., Pl. *-en*, Russe. **1.** Bewohner Rußlands. Übertr.: wildes, ausgelassenes Kind verbr. *De Diern is de reine Russ* Gwald. Auch: abgehärteter Mensch Dem / Tp, Dra / Bu; grobe, ungehobelte Person Pyr / Lt. – Ral.: *noch drei / sœben Mielen achter dei Russen (trügg) sin / (tau Hus) hüren* geistig zurückgeblieben sein verstr., HTKÖS 1925,11,7. – In Vergleichen: *wild as'n Russ* sehr ungestüm vereinz.; *lachen as dei Russ tåm Kollatsch* über das ganze Gesicht strahlen Lau / Fr BLFPVK 5,86 u. ä. vereinz.; *rümlopen as'n Russ* unordentliche, zerlumpte Kleidung tragen Gwd / Ba. – **2.** TiN, Küchenschabe Stral, Uec / Ge. – **3.** Pl. Uniformknöpfe der Postbeamten, die beim Anklacksen (Wurfspiel der Jungen) verwendet wurden HTKLANK 1928,52.

Russ[2] s. Rusch.

Rüssel m., *Rissel* verstr. NOPom, *Russel* Ran / Ro, wie hd. *Dei Imm hett ein Rüssel tum Suge* Saa / Kl. Scherzh.: Nase. Androhung von Prügel: *Du kriegst gliek wat œwer'n / up'n Rüssel!* vereinz. – Ral.: *schön wat up'm Rüssel hebben* Schulden, Sorgen haben vereinz.; *'ne Såk up'n Rüssel hebben* etwas vorausahnen vereinz.; *denn Rüssel bannig in d' Hööcht drägen* hochmütig sein Uec / Pa; *'n fienen Rüssel hebben* schlau sein, alles herausbekommen Rüg / Ae.

Russelblatt n., *Rustel-* Ran / Pe, Ghg / Wt, Dra / La, meist Pl., trockenes, im Wind raschelndes Blatt [2]VOG 24. Vgl. MWB 5,1102. – **Russelkuurn** n. überreifes, aus den Ähren fallendes Korn verstr. *Dei ganz Schündäl leech* [lag] *vull Russelkôn* Gbg / Gp.

russeln sw., *-ss-* stl., lautm. **1.** rascheln, rauschen verbr. *Wat russelt dor im Stroh?* Gri / Ti. *De Böm rustla, de Bläder sin dröj wåre* Saa / Jk. – Rä.: *Krüppt dörch'n Tun un rustelt nich?* = Sonnenstrahlen Pyr / Lt. Vgl. BBWB 3,927. Ebenso: *Jüng dörch da Busch oa rustat ne* Saa / Wu BLFPVK 3,130. Vgl. ruscheln. – **2.** rasseln vereinz. VPom MPom, Nau / Db, Saa / Mu. *De Wecker russelt* Stett. – **3.** rieseln, leise herabfallen verbr. VPom, sonst vereinz., [1]TRI 85. *De Kalk russelt von de Wand* Rüg / Zi. *Dat Kuurn fingt an tau russeln* reift und fällt aus Gri / Go. Auch: rütteln, schütteln selt. *Musst dichdig russle, da falle dei Äppel uk af!* Lau / GW.
Lautvar.: *rusteln* verstr., *rustalo* Net / Hf, *rüsseln* Fra / Bn, *rissele* Reg / Nt, *ruseln* Gwald, Ank / Br. Für infinitivisches *rusteln* fällt in Teilen SPoms und im angrenzenden WPreuß in der Flektion das *-l* aus.

russen sw. lärmend toben Gri / Ge,Mi, Dem / De. *De Kinner röpen* [raufen] *un russen* Gri / Ge. – Zu Russ[1]. – **Russenåben** m. sehr großer Eisenofen, der mit Bänken umstellt werden kann vereinz. – **Russenkopp** m. breiter, plump wirkender Schornstein aus Lehm und Stein Uec / Ge, °Ghg, Lau / GW,Vl. – **Russenkosak** m. wildes, freches Kind Sch / Pu, Lau / GW. Vgl. PRWB 4,916: *Russenkosake*. – **Russenlåger** n. Schlafplatz aus Stroh Gri / Mi, Ank / An,Br. – **Russenpol(l)ack** m. abgehärteter Mensch Pyr / Wa,Wi, Nau / Fg,We, °Gbg. Auch: wildes, ungezogenes Kind Nau / Fg,Rh; tölpelhafter Mensch Reg / Kt. – **russig** Adj. unbändig, wild Dem / Ws. Vgl. MWB 5,1103.

russ(i)sch Adj., *rusch* vereinz., MAH 34, *rusch(i)sch* vereinz., russisch. *Dat is so rusch'sche Oort* Gwd / Ba. *Dat geiht do russ(i)sch her!* wild und ausgelassen vereinz. *russisch Ruhr* enger, mit Ziegelsteinen gemauerter Schornstein verstr. VPom, °Nau, Dra / Dr. Auch: Schornstein mit mehreren Zügen verstr.; Verbindungsrohr zwischen Ofen und Schornstein Gri / Ge,Go. Vgl. MWB 5,1100: *rusch*[2].

russlig Adj., *rustlig* vereinz. **1.** locker in der Ähre sitzend Lau / GW: *Dat Kuu(r)n is all russlig* ist trocken und fällt aus den Ähren aus. – **2.** rauh, spröde Pyr / Wa,Wi, Nau / Sr,Wa. *rustliche Hinn'* Pyr / Wa. – **3.** unordentlich, oberflächlich Ran / Pc,Sr, vereinz. HPom, Net / Sl, Fla / Ta. – **Russling** m. **1.** heftiger Regenguß Use / Us, vereinz. HPom. *Dat törmt dor so up, dat jifft werrer 'n Russling* Kol / Pr. Vgl. Rassling. – **2.** große Menge Cam / He, °Gbg, °Reg, Kol / Pr: *Du hest 'n schön Russling Jäs* [Gänse].

Rust m., *Roost* Pyr / Lt, wie hd. *Rost* vereinz. **1.** Rost, Eisenoxyd. *Dei Jung hett dat Metz nich orig afwischt, nu hett dat Rost ansett't* Gwald. – **2.** durch Rostpilze verursachte Pflanzenkrankheit. *De Roggen is von'n Rust befollen* Gwd / Da.

Rüst[1] f. Ruhe, Rast. Nur in der Vbdg. *tau Rüst gåhn* zu Ende, zur Neige gehen verstr. VPom, DKr / La, [2]BAND 56, [2]GRAU 67. *Dat Johr güng tau Rüst* HUMGWD 5,1,1. *Dei Sünn geiht tau Rüst* geht unter Gri / Mi.

Rüst[2] f., seem., Pl. *-en*, Planke (oder Eisenband) außen an der Schiffswand, an der das Stütztau des Mastes befestigt wird Rüg / Sn, Gwald. – **Rüstbom** m. Stütze des Baugerüstes Rüg / Bi, Gwd / Ba, Cam / Ca. Vgl. Rüststang'. – **Rüstbrett** n. Gerüstbrett, auf dem der Maurer steht Ran / Sv, Cam / Ca.

Rüstdag m. Ruhetag Rüg / Ae. Vgl. MWB 5,1104.

rusten sw., wie hd. *rosten* vereinz., rosten verstr., HOMWB 161[a]. *Dat Metz rust't nich so licht* Gwd / Ba. – Sprw.: *Wat nischt kost, dat nich rost* wie gewonnen, so zerronnen °Lau [4]KNO 14. Syn. rustern.

rüsten[1] sw. sich bereitmachen, Vorbereitungen treffen verbr. *Nu rüst man, wi will'n nåh Hus gåhn!* Fra / Bn. *Sei füng an tau rüsten,* [...] *dormit Jottlieb wat tau eten kreg* GEB 71.

rüsten[2] sw. ein Baugerüst aufstellen vereinz. VPom, Pyr / Lt, Cam / Ca. *Dat Hus ward rüst'* mit einem Gerüst umgeben Ank / An.

rustern sw., iterativ, *rostern*, *roostern* Pyr / Lt, rosten vereinz. *Dat Iesen roostert doch buten* Pyr / Lt. – Sprw.: *Oll Leif rustert nich* Ank / Br, HUMGWD 7,46,8 u. ä. Gwald, HUMGWD 77,204,1. Syn. rusten. – **rustig** Adj., wie hd. *rostig* Dra / Dr. **1.** rostig Ank / Br, Dra / Bu,Dr,Nt, HOMWB 161[a]. *Ik heww mi am rostija Nåyel räta* Dra / Dr. Vgl. rustrig. – **2.** rostfarben Pyr / Wa, Kol / Go: *Sei hett rostig Haur.*

rüstig Adj., *ristig* Sch / Sd, Sto / Wd, Lau / GW, *rustig* Sto / Dö, wie hd. vereinz. *Os Grossvåtte is no' sehə* *rüstig* Dra / Dr. In der Vbdg. *rüstig tau* schnell, geschwind Reg / Me, Lau / GW: *Dei arbeit' imme ristig tau.*

Rüstkast f. Sarg Uec / Ja. Vgl. BBWB 3,928: *Rüstkaste(n).*

Rüstlien f., seem., *Rüss-* Rüg / Sn, Tau am Boot zum Befestigen des eingeholten Ankers Rüg / Sn, Gwald.

Rustplacken m. **1.** Rostfleck. – **2.** Pl., scherzh., Sommersprossen verstr. – **rustrig** Adj. **1.** rostig vereinz., HOEFAMSC 392[a]. In der Vbdg. *rustrig räden* rauh, heiser sprechen Gwald, Ank / An. – Sprw.: *Dat blankst Metzer ward rustrig, wenn't ümmer in de Schuwlad liggt* wer rastet, der rostet [1]BAND 4,77 (litspr. Variante zu *Dat blankst' Metz ward rustern, wenn't ümmer in't Schuf licht* HWWB 196). – **2.** sprenklig, fleckig vereinz. *Dei Tuffle sind so rustrig, dat wi bloß de Hälft bruke käne* Lau / Lt.

Rüststang' f. Gerüststange vereinz. Vgl. Rüstbom. – **Rüstung** f. **1.** Baugerüst verstr. *Dei Murer wier von'e Rüstung follen* Gwd / Ba. – **2.** fachspr., Gestell zum Aufhängen des zu trocknenden Tabaks Ran / Gl,Pl. Vgl. MWB 5,1106, BBWB 3,928.

rut Adv., mit langem Stammvokal, Kurzform von *herut*, heraus, hinaus. Als Präfix von Verben wird *rut* bei Getrenntstellung zum Verb auch erweitert zu *ruter*. **1.** elliptisch. *Rut mit di!* Pyr / Lt. *Ruta ut da Seech* [Seiche] *un 't Berr* [Bett] *up'a Tun!* steh auf! Reg / Rg u. ä. Fra / Br. *Rut mit dei Språk!* rede endlich! Gri / Mi. *Rut, wer keen Mee'* [Miete] *betåhlt!* wenn jmd. gefurzt hat Rum / Tr. Aufforderung, eine Karte auszuspielen: *Rut mit dei wille Katt!* Gri / Bo, Dem / Tp. – **2.** mit Verbanbindung. – **2.1.** mit *hebben*. *Dei hett dat rute* beherrscht das gut Reg / Me. *Wer dat nich rut hett, Nåhmåhd to meigen, sall dorvon afblieben* wer es nicht kann, muß es sein lassen Gwd / Ze, °Cam, Dra / Ga, Lau / Vl u. ä. Nau / De. – In Vergleichen: *wat rut hebben as de Katt dat Musen* sich auf einem bestimmten Gebiet gut auskennen verstr.; *wat rut hebben as de Voss dat Häuhnerfräten* dass. °Lau, HUMGWD 13,22,10. Iron.: *wat rut hebben as de Oss dat Musen / Bibelläsen* von etwas keine Ahnung haben vereinz. – **2.2.** mit *sin*. *Dat is wiet rut* weit draußen Ran / Pe. *Hei is fein rut* in glücklicher Lage Gbg / Ge. *Dat is noch nich rut* ist noch ungewiss verstr. *Nu is't rut ut de Kruk!* nun ist die Sache klar, entschieden! Fra / Zi, Gwald. *Nu is't rut, wur dei Voss dat Loch hett / wur dei Uul nachts afblifft un wur de Mostrich steit!* dass. Fra / Po, HUMGWD 77,40,4. – Sagw.: *Gott låw, dat ik rut bin, säd dei Köster, don prügelten sich de Jungens* °Sch. – **2.3.** mit Modalverben. *Dei Tähn möt rut!* Gwd / Ba. – Sprw.: *Wei hoch rute will, kümmt klein dål* wer hoch hinaus will, kann tief fallen Kol / Go.

Lautvar.: *rute* verbr., *ruter* verstr., *rutter* Sto / Gl, *rude(r)* Fra / Zi, Ank / An, Reg / Kt, *reute(r)* Gbg / De [3]MIS 34, Rum / Km, [5]TITA 55, *roule* °Büt [2]MIS 29, °Rum [2]MIS 56.

Rut f., mit langem Stammvokal, Pl. *-en*. **1.** Raute, Rhombus vereinz. – **2.** veraltd., rechtwinklige Einzelscheibe des Fensters verstr., DÄHWB 392[b], [7]GIL 2734, [4]HOEFE 69, HOMWB 161[a], [7]WORM 58. *Sei haugen em de Ruten in* Fra / Zi. – **3.** Farbe Karo im Kartenspiel verbr. VPom, sonst vereinz., DÄHWB 392[b], [3]GIL 80, HUMGWD 6,43,5. – Ral.: *Ruten utspälen* Prügel austeilen Gri / Ge, Gwald, Gwd / Nu; auch: seine Wut auslassen, schimpfen vereinz. VPom. – Sagw.: *Ruten rut, seggt de Glåser, un schleit sien Finster in / is mien Verdienst* verstr. VPom, [3]GIL 80, [7]GIL 2734, [1]HOEFE 29. *Ruten rut! säd de Bur, don schlög hei 'ne Finsterschiew in* HUMGWD 6,43,5.

rutäkeln sw. hinausekeln verbr. *De Besök was mi œwer, denn heff ik rutäkelt* Ran / Pe. – **rutampeln** sw., refl., sich (aus einer mißlichen Lage) heraus-, emporarbeiten verbr. *He hett sik ut'e Schulla* [Schulden] *ruteampelt* Dra / Dr. – **rutangeln** sw. (beim Essen) das Beste herausfischen vereinz. *Du dööfst di nich bloß de Fischläwe rutangeln!* Ank / An. – **rutbäkern** sw. herausfüttern vereinz. VPom, Gbg / Gp, [19]BAND 41. *Dat oll Schwien hebben wi doch richtig werrer ruterbäkert krägen!* Rüg / Dm. – **rutbaldowern** sw. etwas herausfinden, auskundschaften vereinz. – **rutbammeln** sw. heraushängen vereinz., [6]BAND 2,79. *De Unnerock bammelt rute* Dra / Dr. – **rutbausen** sw. herausbohren VPom. *Dei baust de Rosinen ut'n Kauken rut* Gri / Ge. – **rutbieten** st. 'herausbeißen' etwas, jmd. nach draußen komplimentieren, kehren verstr. VPom MPom, Cam / Kw, Dra / Bu, Net / Hf, DEI 18, [2]SAN 61, HUMGWD 6,34,1. *Se hebben em rutbäten* ihn hinausgeekelt Rüg / Pu. *denn Fienen rutbieten* den vornehmen Mann spielen Fra / Pe. – **rutbören** sw. heraustragen, -heben vereinz. VPom, °Ghg. *Sei böörten em ut denn Wågen ruter* Gwd / Ba. *Denn heff ik schön ruterböört* aus dem Haus gejagt °Gri. – **rutbösten** sw. **1.** jmd. hinausjagen verbr. *Denn hebba se ut'm Krog rutböst'* Saa / Ja. – **2.** eilig hinauslaufen, davonfahren vereinz., [15]BAND 160. – **rutbråden** st. herausbraten vereinz. *Dor brådt kea Fett rute* Dra / Dr. Übertr.: als Ergebnis herauskommen. *Dor brött nicks Gaud's bi rut* Rüg / Zi. – **rutbräken** st. **1.** etwas herausbrechen vereinz. *denn Steen ut de Mur rutbräken* Pyr / Lt. – **2.** hervorbrechen. *De Arften bräken rut* kommen aus der Erde hervor Gwd / Da. – **3.** erbrechen, herauswürgen Gwd / Ba, Pyr / Lt. *Hei hett dat ganze Merrag werrer ruterbråken* Gwd / Ba. – **rutbräuden** sw. ausbrüten vereinz. Übertr.: herauskommen, sich ergeben vereinz., [5]BAND 178. *Wem wett, wat bi de Såk rutbröden deet* Uec / Ge. – **rutbringen** unr. **1.** hinausbringen verstr. *De Bedde rutebringe* zum Lüften ins Freie schaffen

Pyr / Wa. Auch: jmd. hinausjagen Rüg / Ae, Use / Sw, Nau / Dr, °Saa. Vgl. MWB 5,1108. – **2.** Worte hervorbringen Gri / Mi, Dem / Tp, Ghg / Wt, °Reg. *Hei kann dat nich so rutbringen, as hei dat will* Dem / Tp. – **rutbuddeln** sw. ausgraben vereinz. *Pantüffel rutbuddeln* Pyr / Lt. – **rutbullern** sw. viel und aufgeregt sprechen vereinz. – **rutdanzen** sw., veralt., jmd. (aufgrund unhöflichen Verhaltens) mit einem Tusch aus dem Tanzsaal hinausweisen verbr. *We' a Mäka ein' de Danz afsecht, deet se mi'm andra ni' danza, süss ward se rutadanzt* Dra / La. – **rutdrägen** st. hinaustragen. Zu jmd., der stets seine Tür abschließt: *Du denkst wo', di dröcht eene rute?* Pyr / Wa u. ä. vereinz. – Sprw.: *Dei Fru dröcht in'e Schört mihr ut'n Hus rut as dei Mann mit'n Wågen rinführt* Gwd / Ba u. ä. °Dem, Gwald, Pyr / Lt. – **rutdrieben** st. hinaustreiben. *Dat Veih wür an'n iersten Mai ruterdräben* Gwd / Ba.

Rüteldefüt n. (süßsaures) Gericht aus Kaldaunen von Rind oder Schaf °Ghg, Pyr / Pe, Nau / Db,Sn. Vgl. Brüüsch[1], Rüüsch[1].

Ruten-as n. Karo-As vereinz. VPom. – **Rutenbur** m. Karobube vereinz. VPom, Uec / Ge, NDKBL 73,31. – **Rutendåm** f. Karodame Gri / Mi. – **Rutenkönig** m. Karokönig Ank / An, Uec / Ge, [3]SAN 5. – **Rutenmunster** n. kariertes Stoffmuster Rüg / Ae, Nau / Fg.

Rüter m., *Rüder* Uec / Pa, HOEFAMSC 388[b], *Reuter* verstr., [3]JAHN 420, Pl. *Rüter* Stral, sonst *Rüters*. **1.** Reiter verstr., [1]LÄM 122, [3]JAHN 420, DLP 1,228. *'n Rüter to Pierd', de [...] nau an den Tun langs riden ded'* [4]HOEFE 162. Vgl. MWB 5,1109. – **2.** Speckwürfel verbr. VPom, Uec / Pa. *Mank dat Rührei sünd soväl Rüters* Gwald. Vgl. MWB 5,1110. Veralt.: kleines Brothäppchen (mit einem Stück Fleisch darauf) vereinz. VPom, Ran / Pe,Sr, DÄHWB 389[b]. *Mudding, måkst du mi luter Rüters, denn schmeckt dat bäter!* Dem / Tp. – **3.** häufig bereits *Reuter*, dreibeiniges Trockengestell auf dem Feld, bes. für Heu u. Klee vereinz. VPom, Pyr / Lt, Saa / Le, Sch / Pu. *Bi dit Regenwäder möten dei Reuters up dei Wisch* Dem / De. Syn. Rieder. – **4.** Wildfang vereinz. Vgl. Rüterpüter u. SHWB 4,238.

rütergor Adj. halbgar Ghg / Li, HOEFAMSC 389[a]. *De Nudel* [Kartoffeln] *sind eerst rüterjor* Ghg / Li.

rüterieren s. retirieren.

rütern sw. **1.** zumeist bereits *reutern*, Heu, Klee o. ä. auf einem dreibeinigen Gestell auf dem Feld trocknen vereinz. VPom, Pyr / Lt, Nau / Fg. Syn. riedern. – **2.** herumtoben Ghg / Li, Pyr / Lt. – **Rüterpierd** n. Reitpferd vereinz., DLP 1,228. – Im Vergleich: *gåhn as'n Rüterpierd* den Kopf beim Gehen hochwerfen Stral, Gwald, °Büt. – **Rüterpüter** m. wilder Junge vereinz. VPom, Ran / Ro, Kol / Go. Vgl. Rüter. – **Rütersalf** f. Salbe gegen Kopfläuse selt. VPom. Vgl. MWB 5,1111, SHWB 4,238. – **Rütersmann** m. Reiter [7]BAND 38.

rutfallen st. herausfallen. *ut't Bedd rutfallen* Pyr / Lt. *Un wenn du em (up'n) Kopp stellst, ut sien Tasche füllt nüscht rut* er hat kein Geld Pyr / Lt u. ä. vereinz. – **rutfaudern** sw. herausfüttern (von Mensch und Tier) verstr. *Dat Pierd is gaut rutfaudert* Fra / Bn. – **rutfinnen** st. **1.** den Weg hinaus finden. *He kann nich mit'n Noors ut'n Berr* [Bett] *rutfinnen* schläft sehr lang Rüg / Pu. – **2.** etwas herausfinden, ausfindig machen. *Ik kann ut all de Mützen mien eigen nich mank rutfinnen* Ank / An. Auch: etwas enträtseln, aufdecken vereinz. *Nu wille s' ju rutefunne häwwe, dat de Määsche* [Menschen] *va 'ne Aupe afstamme* Dra / Bu. – **rutfleigen** st. hinausfliegen verbr. *Dat is mi so rutflågen* das habe ich unbedacht gesagt verstr. Auch: hinausgeworfen werden vereinz. *Wenn du noch eis so'n Quatsch måkst, flüggst du ruter!* Gwd / Ba. – **rutföddern** sw. jmd. herausfordern verstr. – **rutfohren** sw. / st. herausfahren verstr. *Dat is em so rutfohrt* das hat er unüberlegt geäußert Fra / Pe u. ä. vereinz. – **rutfräten** st. herausfüttern vereinz. *Dat Schwien hett sich werre gaut rutefräte* Cam / Kw. – **rutfummeln** sw. etwas (ungeschickt) herausziehen vereinz. *Sei hadd ehr Reknung [...] all ut ehr Tasch rutfummelt* [13]BAND 73. – **rutgäben** st. **1.** etwas herausgeben, aushändigen. *Ik heww de Lüda de Disch ma borgt u' nu willa se een ni' wedde rutejäwa* Dra / Dr. Androhung von Prügel: *Dat gifft wat rut!* verbr. – **2.** einen Geldbetrag wechseln verstr. *Ik kann nich rutgäwen* habe kein Kleingeld zum Wechseln Pyr / Lt. – **rutgåhn** st. hinausgehen, nach draußen gehen. *Wi willen rutgåhn in denn Gor(d)en* Fra / Zi. Verhüllend: *Ik mutt mål rutgåhn* Notdurft verrichten Pyr / Lt. – **rutgrabbeln** sw. mit den Händen heraussuchen verstr. *Uppem Rummel hätt sai uut ne Schachtel ain Loos rutegrawwelt* LAUWB 295[b]. – **rutgriepen** st. herausgreifen, auswählen vereinz. – **ruthålen** sw. **1.** herausholen. *Ik möt man eerst de Brill ruthalen* DLP 5,108. *Rüsen ruthålen* Fischreusen aus dem Wasser ziehen selt. vpom. Küste, [1]PEE 130. *De Wind hålt alls rut* zieht die Feuchtigkeit aus der Erde verstr. – **2.** herauswirtschaften, als Gewinn erzielen vereinz. VPom MPom, Dra / Dr. *Bi dat Jeschäft is noch wat rutohålen* Uec / Pa. – **ruthängen** sw. / st. **1.** aus etwas heraushängen verstr. Aufforderung, sich den Nasenschleim wegzuwischen: *Låt em man nich so wiet ruthingen!* Ank / Br. – **2.** aufschieben, verzögern Rüg / Dm: *Ik wull hüt all miene Schullen betåhlen, œwer dat möt ik noch'n bäten ruthängen.* – **ruthaugen** sw. durch Schlagen entfernen vereinz. *Nieten ruthaugen* Gwald. *Dei Storm hett dat Ingoorn ruthaugt* zerrissen Gwd / Fr. – **ruthelpen** st. jmd. aus einer mißlichen Lage heraushelfen. *Hei hett em ut dei Bredulch ruterholpen* Gwd / Ba. *Dei hett sich schön werre rutehulpe* Neu / Lt. – **ruthie-**

ben sw., seem., heraufhieven, -ziehen Gwd / Fr. – **ruthüren** sw. heraushören. Zumeist ral.: *Alls / dat Letzt ut einem ruthüren* jmd. aushorchen vereinz.

rutig Adj. rautenförmig gemustert, kariert verbr. *een rutig Kleed* Uec / Ue. – Zu Rut.

rutjågen sw. hinausjagen verbr. *Jåg se ma rut ut'm Stall!* Cam / Pr. *Dat is hüt 'n Wäder, dat man keenen Hund rutjågen mag* sehr schlechtes Wetter vereinz. Aufforderung, ein starkes Feuer zu machen (wenn ein Ofen zum ersten Mal angefeuert wird): *Nu jåg man ierst denn Düwel rut!* Dem / De u. ä. vereinz. – **rutkåmen** st. herauskommen. **1.** nach draußen kommen, ins Freie gelangen. *Dei Küken kåmen bald rut* sind kurz vor dem Schlüpfen Fra / Pe. *Dat kümmt mi all båben / ut'n Hals rut!* das Essen habe ich satt! vereinz. Auch: etwas zur Sprache bringen, sich äußern vereinz. *Hei kümmt so drög dormit rut* spricht einfältig Ank / An. – **2.** offen zu Tage treten, bekannt werden vereinz. *De Deifstahl is rutkåmen* °Rüg. – **3.** ein Ergebnis bringen, resultieren verstr. *Gauds kümmt dor nich bi rut* °Gri. – Sprw.: *Wur kein Buer insitt, dor kümmt uk kein rut* HuMGwd 77,6f.,1 u. ä. Dra / Bu,Dr. – **4.** einen Ausweg aus etwas finden. Nur im Sagw.: *Ut de Angst kimmt man gor nich rut, seggt gen gaut Jung, im Winter de Schaul, im Såmer dat Gewitter* Sto / GS. – **rutkessern** sw. herausjagen, -treiben vereinz., [5]Kno 23, Spi 64. *All't anner Ungeziefer lett sick rutkessern* [...], *blot bi Minschen lett dat de gaude Ton nich tau!* [5]Band 62. – **rutkieken** st. **1.** hinausschauen. *Kiek es rute, wem dor is!* Dra / Dr. Scherzh. Aufforderung, ins Haus hereinzukommen: *Kumm rin, kannst' rutkieken!* verstr. – **2.** ‘herausgucken’ sichtbar sein verstr., SundTr 1,56, PomKl 1925,63. *Em keek dat Hemd ut'e Bücks ruter* Gwd / Ba. *De Arften kieken all rut* Gwd / Da. – Ral.: *Bi em kiken de Eselsuhren hinnen un vörn rut* er ist sehr dumm SundTr 1,56 u. ä. HuMGwd 75,152f.,2. – Sprw.: *Stroh in de Schauh un Leif in'n Harte, de kieke ümmer rut* Lau / Vl u. ä. [1]Gil 14. – **rutkihren** sw. **1.** (Vieh) hinaustreiben vereinz. *Wi wülle hüt dei Köj rutekehre* °Reg. – **2.** hervorkehren, vorgeben, etwas zu sein vereinz. VPom, Nau / De: *Hei kehrt ümme de fiene Mann rute.* – **rutklamüsern** sw. herausfinden, -tüfteln vereinz. Auch: erfinden, sich ausdenken Gwd / Ba, Spi 76. – **rutklappern**[1] sw. Nur in der Fügung *rin- un rutklappern* dauernd herein- und herauslaufen verstr. – **rutklappern**[2] sw. herausklettern vereinz. MPom, Dra / Dr. – **rutklei(g)en** sw. (beim Essen) gute Stücke heraussuchen vereinz. *Nu kleej ma (di) ni' all Fleisch rute!* Kol / Pr. – **rutkråmen** sw. herauskramen, hervorholen vereinz. *He mutt all de ullen Geschichten noch ees rutkråmen* Pyr / Lt. – **rutkriegen** st., selt. sw., herauskriegen. **1.** etwas herausziehen, loslösen allg., BlfPVk 9,37. *Nu hett he de Kar im Dreck un kann se nich werrer rutkriegen* Pyr / Lt. – **2.** etwas herausfinden, enträtseln verstr., [2]Tri 93. *Wi möten dei Wohrheit doch rutkriegen!* Ank / An. – **3.** etwas aussprechen vereinz. *Ik kann dat nich so rutkriegen as ik dat mein* Fra / Bn. *Ut denn is nicks ruttaukriegen* er ist sehr schweigsam Gwald. – **rutkrupen** st. herauskriechen verstr., [3]Mis 36. *Dor kröp 'n Diert ut dat Loch ruter* Gwd / Ba. *Sei kröp ut't Bedd rut* stand aus dem Bett auf Fra / Pe. – **rutlangen** sw. etwas herausreichen vereinz. *Lang mi eis denn Schlœtel ruter!* Gwd / Ba. – Sprw.: *Ein Fru kann mier dörch 't Finster rutlangen, as de Mann dörch de Schündör rinnerfürt* HuMGwd 5,6,1 u. ä. HuMGwd 8,51,8, BlfPVk 9,146. – **rutlåten** st. herauslassen. *Höhner rutlåten* aus dem Stall ins Freie lassen Pyr / Lt. *Låt ees de Luft rut!* füll die leeren Gläser! Rüg / Pu. Zu einem Übermütigen: *Wer hett di werrer ruterlåten?* verstr. *Låt mi rut, wo is mien Haut!* mir reicht es! vereinz. Übertr.: jmd. aus einer Angelegenheit heraushalten verstr. *Låt mi rut, ik hebb kol Föt krägen!* °Ghg. – **rutleggen** sw. / unr. herauslegen vereinz. *Legg de Wäsch ruter!* Gwald. – **rutlopen** st. hinauslaufen, nach draußen laufen. *Ik wi' noch 'n Oyenblick rutelope, dat mi warm ward* Dra / Dr. Auch: herausfließen, -quellen Gwd / Ba, Ran / Sr. *Dei Pott här 'n Loch, nu is alls rutlopen* Gwd / Ba. – **rutlüchten** sw. jmd. beim Hinausgehen mit einer Laterne leuchten vereinz. Übertr.: jmd. hinauswerfen. *Sei här em schült mi'm Bessemstäl rutlöchte* Gbg / Gp. – **rutmåken** sw. / unr. **1.** etwas herausmachen, hervorholen. *Tüften rutmåken* Kartoffeln ernten Gwd / Ba. – **2.** refl., sich gut entwickeln, erholen verbr. *Dat Mäken hett sich åwer gaut rutmåkt in dat Johr, wo ik se nich seihn heff* Ran / Pe. – **rutmunstern** sw., refl., sich (vorteilhaft) verändern, genesen verbr. – **rutmütern** sw. aufpäppeln verbr. VPom, Ran / Pe, Dra / Ga, Neu / Th. *Låt denn Jung man en Tiet lang bi mi, ik war em bald werre rutmutern* Rüg / Ae. – **rutnähmen** st. etwas herausnehmen. *Tüffke rutenäihma* Kartoffeln ernten DKr / La; *de Rüs rutnähmen* die Reuse an Land bringen °Rüg, [1]Pee 130. Auch: Staub aufnehmen vereinz. *Ik möt noch unner't Bär* [Bett] *un unner't Schapp rutenähma* Saa / Ja. – Ral.: *sik wat rutnähmen* sich etwas anmaßen, sich erdreisten vereinz. – **rutpäpeln** sw. herausfüttern, umsorgen verbr. – **rutpäpern** sw. **1.** herausfüttern vereinz. *Dat Schwien hemm' wi richdig werre rutpäpert krägen* Fra / Bn. *De hett sich œwer schön rutpäpert* Stral. Vgl. MWb 5,1115. – **2.** herauswirtschaften, als Gewinn herausholen vereinz., [2]Band 7. *Bi de Såk heff ik doch noch allerhand rutpäpert!* Rüg / Pu. – **3.** jmd. hinauswerfen vereinz. *Nu bedråg di, orer ik päper di rut!* Uec / Ge. – **rutpicken** sw. herauslesen, -suchen vereinz. *Rosinen rutpicken* Pyr / Lt. – **rutpolken** sw. (mit den Fingern) herausbohren vereinz. *Rosina ut'm Koka rutepolka* Dra / Dr. – **rutpöllen** sw. herausschälen vereinz. Übertr., refl.: ein Kleidungsstück von sich streifen vereinz., LauWb 295[b]. Auch: heraussuchen, -klauben, hervorsuchen selt., [13]BAND 20. – **rutpruusten** sw. herausplatzen (mit Worten oder Gelächter) Gri / Bo, Stral, Gwd / Ba, [11]BAND 24. – **rutpulen** sw. (mit den Fingern) herausklauben verbr. *Dei Jreewe* [Grieben] *ut demm Schmolt rutepule* Kol / Go. – **rutpurren** sw. aufwecken, aus dem Bett holen selt VPom. [*Hei*] *würd siene Gäst' tiedig rutpurren, dat sei an Land gahn künnen, ihre dat de Damper losführte* HUMGWD 12,11,4. – **rutputzen** sw., refl., sich ansehnlich, auffällig kleiden vereinz. – **rutquellen** st. herausquellen vereinz. *Dat Blaut quüll rute* Dem / Pz. – **rutquetschen** sw. herausquetschen. In der Vbdg. *eenen wat rutquetschen* jmd. gegen dessen Willen etwas entlocken Rüg / Zi. – **rutracken** sw. (unachtsam) herausreißen Gwald: *Se hebben di ganzen Ier(d)beeren rutrackt.* – **ruträden** sw., refl., sich herausreden, Ausflüchte suchen vereinz. – **rutrappeln** sw., refl., sich aus einer mißlichen Lage herauslavieren verbr. *Hei hett sich schön ruterrappelt ut sien Schulden* Nau / Fg. – **rutrieten** st. herausreißen, entfernen verbr. *Hai reet dat Blatt utem Heft rute* LAUWB 296[a]. – **rutrücken** sw. etwas zögerlich herausgeben verstr. *Hei rückt keie Jeld ruter* Sch / Gu. – **rutsäuken** unr. heraussuchen, hervorkramen verstr. *Ik heff di 'n por rutsöcht!* ein paar geknallt vereinz.

Rutsch[1] f. **1.** schräg angelegte Gleitbahn (auf Eis, Schnee) verbr. Im Vgl.: *'n Gesicht hebben as 'ne Rutsch* ein flaches, ausdrucksloses Gesicht besitzen Uec / Pa, Stett, Ran / Sr, Gbg / Gp. – **2.** Dim. *Rutschke* Lau / Ke,Pb,Sl, [4]PIRK 224, Fußbank verbr. *Hål dien Großmurrer de Rutsch un sett se ehr unner de Föt!* Rüg / Pu. Zur Wortgeographie in VPom s. [8]HER-WIN, Kt.3. Vgl. Hüker, Hutsch(e), Rutschbank, Schämel.

Rutsch[2] m. **1.** gleitende Bewegung abwärts verstr. In der Vbdg. *in einen / in'n Rutsch* direkt, geradewegs vereinz. *Gåh man los, ik kåm di im Rutsch nåh!* Dra / La; *Dei Wisch meeh ik in einem Rutsch af* Sto / Dö. – Sagw.: *Dat was bloß eie Rutsch up'e Å(r)schbacke, säd de ull Fru, as se undre Trepp lach* Sto / Np. – **2.** kleine Fahrt, kleiner Ausflug vereinz. Wunsch für eine gute Reise: *Gauden Rutsch!* Rüg / Ae, Pyr / Lt.

Rutschback[1] f., scherzh., Gesäß vereinz. *Nu sett di up dien Rutschbacke!* Sto / Gl. – **Rutschback**[2] f. / m., *Rutz-* Bel / Nt, Kartoffelpuffer verstr. HPom. *Bi os jifft't hüt ma Rutschbacka* Dra / La. – **Rutschbåhn** f. abschüssige Rutschbahn vereinz. *In't Wårer an'n Strann' wier 'ne Rutschbåhn buugt* Gwd / Ba. Müllerspr.: Gleitbahn (zum Befördern von Mehlsäcken) Ghg / Li [2]REH 140. – **Rutschbank** f. Fußbank °Dem. Gebräuchlicher ist Rutsch[1].

rutscheiten st. **1.** herausschießen vereinz., [6]BAND 79. Jägerspr.: *dei Jagd rutscheiten* die Jagdpacht durch das erschossene Wild erzielen Gri / Ti u. ä. vereinz. – **2.** hervorschnellen vereinz. *Mit eis schöt dat Wårer man so rut* Gwd / Ba. – **3.** hervorstehen vereinz. *Dat Hus schütt 'n Enn' ruter* Gri / Ti.

rutschen sw. auf einer Fläche gleiten. *Dei Schnei rutscht von't Dack* Gwd / Ba. *Hei rutscht' up de Ird lang ut de Stuw'* [...], *ümmer sacht, dat Vadder un Mudder nicks hürten* HTKLRAN 1922,65. Von gut schmeckendem Essen: *Dat rutscht so!* vereinz. Übertr.: *Dat Geld rutscht einem ut de Finger* gibt sich leicht aus °Rüg. *Ik leip weg, dat't so rutscht* in Windeseile, sehr schnell Nau / Rh. – **rutschig** Adj. glatt, schlüpfrig. *Dat geiht sik so rutschig!* Dem / Tp.

rutschinnen unr. etwas herauswirtschaften vereinz. *Bi de Såk heff ik noch allerhand rutschunnen* Ank / An. – **rutschlå(ge)n** st. herausschlagen. **1.** durch Schläge entfernen vereinz. *'n Loch ut'e Wand rutschlågen* Gwd / Ba. Zu jmd., der einen Schaden verursacht hat, für den man finanziell aufkommen muß: *Dat Geld müsst di ut'm Moors rutschlågen warn!* vereinz. – Sprw.: *Schla den Düvel vörn rut, hei kümmt achter doch wedder rinner* HUMGWD 76,186f.,2. – **2.** aus einer Sache einen Gewinn erzielen vereinz. *Bi dat Geschäft heff ik gaut wat bi rutschlågen* Ran / Pe.

Rutschmasch f., fischerspr., verrutschte, gefallene Masche im Fischernetz Gwd / Vi,Wc, Use / Hf,Li,Tr, Uec / Ue, RAS 35. → Ströpmasch.

rutschmieten st. **1.** jmd. hinauswerfen, etwas nach draußen schaffen. *Wenn du di nich schickst, warden sei di rutschmieten* entlassen Dem / De. – Ral.: *dat Geld taum Finster rutschmieten* sinnlos ausgeben, verschwenden vereinz. – Sprw.: *Denn einen Düwel schmitt man rut un dei anner steiht all werrer vör dei Dör* Dem / Tp. – Sagw.: *Wecker weit, wur't kümmt, säd jenn Wannerbursch, as hei sick satt äten har, don würd hei rutschmäten* HUMGWD 9,47,11. – **2.** refl., sich gut entwickeln, gedeihen Uec / Ge, Ran / Pe,Sr, Sch / Ac, Lau / GW. *He hett sich dit letzt Johr åwer mächtig rutschmäten* Ran / Pe. – **Rutschmieter** m. **1.** Aufseher (in einem Lokal), der unerwünschte Gäste hinausweist Gwald, Gbg / Gp. Übertr.: letzter (meist schneller) Tanz an einem Tanzabend verbr. *Nu is't Tiet, nåh Hus tau gåhn, dei Muskanten spälen denn Rutschmieter* Use / Sw. Vgl. Kihrut. – **2.** fachspr., Arbeiter, der die Torferde aus der Grube wirft Gwald. Vgl. MWB 5,1120. – **rutschnieden** st. herausschneiden. *Wratte* [Warzen] *rutschniejen* Pyr / Lt.

Rutschpolka f., veralt., Tanz, bei dem das Paar einmal nach links und einmal nach rechts gleitet, bevor der eigentliche Rundtanz erfolgt. Dazu wurde gesungen: *Rutsch noch 'n bäten, Rutsch noch 'n bäten, und denn* *ståh still!* °Dem, Kol / Go,Kö, °Gri BLFPVK 6,2. Vgl. MWB 5,1119. – **Rutschreimen** m. Lederstück am Schuhhacken, damit man besser in den Schuh rutscht Dra / Dr.

rutschuben st. **1.** herausschieben vereinz. *Denn Wågen rutschuwen* Pyr / Lt. – **2.** aufschieben, hinauszögern vereinz. *de Arbeet rutschuben* Stett. – **rutsetten** sw. **1.** hinaussetzen, -stellen. *Torf rutsetta* gestochenen Torf herausreichen Saa / Le. – **2.** jmd. hinauswerfen vereinz. *Em hemm' se ut'n Kraug rutersett't* Gwd / Ba. – **rutspringen** st. **1.** herausspringen vereinz. Zu einem Übermütigen oder Verrückten: *Wo büst du rutsprunge?* Uec / Ge, Lau / GW. – **2.** einen Gewinn einbringen vereinz. *Dor springt nüscht för mi bi rut!* Ran / Pe. – **rutståhn** st. hervorstehen vereinz. – **rutstäken** st. **1.** herausstecken, -strecken verstr. *Dei Tung' rutstäken* Gwd / Ba. – Ral.: *de Fåhn rutstäken* Aufsehen erregen, sich hervortun Fra / Zi, Ank / An. – **2.** herausstechen, positiv auffallen vereinz. *Hei will dull wat rutstäke* Gbg / Gp. Auch: jmd. ausstechen, aus einer Position verdrängen Uec / Ge, Nau / Zi. **rutståken** sw., fischerspr., Fische mit einem Stock (aus dem Röhricht) ins Netz treiben Rüg / Ti. Vgl. Ståknett. – **Rutstäker** m., fachspr., Arbeiter, der den Torf mit dem Spaten heraussticht Gwald. – **rutstiegen** st. heraussteigen vereinz. *Sei steej tom Bedd rut* Lau / GW. *Ut dei Jack bün ik rutstägen* herausgewachsen Gri / Go. – **rutstœkern** sw. herausstochern vereinz. *Sei wullen dei Wespen rutstœkern* Gwd / Ba. – **rutstöwern** sw. jmd. vertreiben verbr. *Ik heff dei Jungs schön ut'n Goorn* [Garten] *rutstöwert* Rüg / Ae. Auch: aufstöbern Gwd / Ba, Cam / Ca. *Sei wullen dei jungen Vöss ruterstöwern* Gwd / Ba. – **rutstrieken** st. herausstreichen, hervorheben verbr. Meist in der Vbdg. *einen rutstrieken* jmd. über alle Maßen loben verbr. *As de Red' up de Ridpird' kamm, kunn de dat nich laten,* [...] *sin englisch Ridpird* [...] *ruttaustriken* [4]GOD 70. – **rutsüern** sw. 'heraussäuern' sich ergeben, herauskommen vereinz. VPom, Uec / Pa, Nau / Fg,Rh, [4]HOEFE 243, HUMGWD 11,25,12. *Dat sall mi verlangen* [wundern], *wat (sik) ut disse Såk rutsüert!* Rüg / Dm. – **ruttrecken** st. / sw. **1.** herausziehen. *Kumm, ik war di de Splitte rutertrecke!* Saa / Le. *De Wind treckt allens rut* zieht die Wärme aus dem Ofen Rüg / Pu. – **2.** wegziehen vereinz. *ruttrecken up' t Land* Gwd / Ba. – **rutwassen** st. herauswachsen, heranwachsen Gri / Ti, Dem / De, Reg / Me. *Dei Tüften wassen all ut'n Keller rut* die Kartoffeln haben lange Keime Dem / De. Zu einem Glatzköpfigen: *Du wasst båben rut* Gri / Ti. *Dei Diern mütt 'n nieges Kleed hebben, ut dat olle is sei all rutwassen* Rüg / Ae. – **rutwinnen** st., refl., sich aus einer mißlichen Lage befreien vereinz. – **rutwirtschaften** sw. einen Gewinn erwirtschaften vereinz. *He wirtschaftet all Johr en por dusend rut* Pyr / Lt. – **rutwörgen** sw. herauswürgen, sich erbrechen vereinz. *Hei wöörgt dei ganze Proostmåhltiet werre rut* Rüg / Ae. – **rutwuchten** sw. (etwas Schweres) mühselig herausheben vereinz., HUMGWD 11,49,9. *Stêə* [Steine] *rutwuchte* °Slo. – **rutwutschen** sw. herausrutschen vereinz. *Dat Wuurt is mi so ruterwutscht* ist unbedacht geäußert worden Gwald.

Rutzbeer f. Stachelbeere Saa / Sf, vgl. DWA 11, Kt.10.

ruuch s. rug.

rüüchele sw. schnell Ergebnisse zeitigen, sich schnell häufen, schaffen selt. ZPom. *Dat rüüchelt jaut in'n Korf* (beim Obstpflücken) Cam / Si. Vgl. rüfeln.

rüüchen sw. brünstig sein selt. *Uns Mutt* [Sau] *rüücht, de möt to'n Bier* [Eber] Rüg / Dm. Vgl. ruuschen.

Rüümt f., *Rüm* verstr., *Rüümpt* Reg / Kt, *Riemd(e)* verstr. NOPom, JOSTWB 77, [2]KNO 85. **1.** freies Feld, Wiese, Lichtung verstr. VPom, vereinz. HPom, NDKBL 13,85. Meist in der Vbdg. *up'e Rüümt* auf freiem Feld, im Freien verbr. *Treck di wat an, buten up'e Rüm is't kolt* Gwald. – **2.** Räumlichkeit, Platz vereinz. *Im Hus is väl Rüümpt* Reg / Kt; *'ne ganze Rüümt* eine große Fläche Dem / Kt.

Ruusch m., zumeist schon wie hd. *Rausch*. **1.** Alkoholrausch verstr. *Hei hett sienen Rausch utschlåpen* Gri / Ti. – **2.** Schläfchen verstr. *Dei Klock is ierst fief? Denn kann'k noch 'n lütten Ruusch måken* Rüg / Ae.

Rüüsch[1] n., selt. f., *Rüss* Cam / Pr, mf. °Gbg, PRI / TEU 156,232, *Rüsch* vereinz. **1.** eßbares Eingeweide des Schlachtviehs verbr. Spez.: mit dem Darm verwachsenes Fett (vom Kalb) vereinz. VPom, Sto / Gl. Auch: (süßsaures) Gericht aus Kaldaunen von Rind oder Schaf verstr. Vgl. Brüüsch[1]. – **2.** auf menschliche Körperteile bezogen. – **2.1.** Bauch, Leib. *sik dat Rüsch vollschlån* sich gut sattessen Uec / Ue, Cam / Rn. – Ral.: *Mi jœkt dat Rüüsch* ich habe großen Hunger Dem / De, ähnl. vereinz., HOEFAMSC 389[a], [5]GIL 59. Androhung von Prügel: *Di jœkt woll dat Rüüsch!* VPom, Ghg / Li. – **2.2.** f. weibliches Geschlechtsteil. *Dei hett sich de Rüüsch verbrennt* hat sich eine Geschlechtskrankheit eingefangen Use / Us. Vgl. MWB 5,1125. – **3.** Kerngehäuse des Apfels Dem / De, Rüg / Zi. *Dat Rüüsch möst utspucken!* Dem / De.

Rüüsch[2] f., *Rüsch* Pyr / Wa,Wi, Cam / Rn, *Risch* Sto / Dö,Wd, Lau / GW, Pl. *-en,* Rüsche, gekräuselter Kleiderbesatz verbr. *Dei Rüüsch am Kleed sach recht vernehm ut* Sto / Dö.

ruuschen sw. **1.** rauschen, brausen verbr. *Dat ruuscht so in de Böm, dat måkt de stiewe Wind* Rüg / Zi. Vgl. ruschen[1]. – **2.** brünstig sein der Sau verbr. *De Sög* *ruuscht* Ghg / Bo. – **Ruuschenkåter** m. wildes, ungestümes Kind selt. VPom. – **Ruuschenplåster** n. dass. verbr. VPom, vereinz. MPom, Nau / Fg. *Mit dit Kind künn ik dat up de Duer nich uthollen, dat is jo' 'n schönes Ruuschenplåster!* Rüg / Pu.

Rüüschenwark n. aus Rüschen bestehender Kleiderbesatz vereinz.

ruuschig Adj. **1.** kalt, stürmisch Gwald, Rum / Pr. – **2.** brünstig (von der Sau) verstr. – **3.** streng im Geschmack selt. – Sagw.: *Dat ierst End is ruuschig, säd dei Voss, don har hei dat Hauhn in'n Stüz bäten* Ank / An.

ruww(e)lig, ruwweln s. rubb(e)lig, rubbeln.

S

S Konsonant. 19. Buchstabe des Alphabets. Im Anlaut vor Vokal wird *s* nahezu ausschließlich sth. realisiert (z. B. *setten* setzen, *sitten* sitzen, *sabbeln* schwatzen). Lediglich für Deep im Kreis Greifenberg ist regelhaft noch die ältere stl. Aussprache belegt (vgl. PRI / TEU 249). Stimmlose Aussprache gilt anlautend nur in wenigen Fällen. Hauptsächlich betroffen sind aus Gründen der leichteren Aussprache über das Hochdeutsche entlehnte Wörter mit <z> (z. B. *Sucker* Zucker, *Simt* Zimt). Im Unterschied dazu werden frz. und lat. Lehnwörter mit *s* im Anlaut oft entweder stl. ausgesprochen oder affriziert (z. B. *Zellerie* Sellerie, *Zekret* Sekret). Außerdem gibt es Beispiele, in denen die stl. Fortis starke emotionale Beteiligung ausdrückt (etwa beim Imperativ *süh!* sieh!). – Anlautend vor Konsonant hat sich wie im Hd. die Entwicklung zum stl. Postalveolarlaut weitgehend durchgesetzt ([s] > [ʃ]; z. B. *sl-* > *schl-*, *sm-* > *schm-*, *sn-* > *schn-*, *sw-* > *schw-*; *sp-* und *st-* blieben orthographisch unverändert, werden aber *schp-* und *scht-* ausgesprochen. Reste der älteren Aussprache mit stl. *s* sind aber besonders im nördl. VPom noch zu finden. Dies galt bis 1945 auch noch im nördl. Grenzgebiet der Kreise Neustettin und Schlochau. Vgl. hierzu die Karte zu konsonantischen Reliktgebieten, Sp. 713, zudem für Rügen [8]HER-WIN mit den Karten 36–38 und für das südöstl. HPom [5]TITA 82 mit Kt.11. – Jüngere Entwicklung zu *-(r)scht* ist im südl. °Ghg und östlich der Wipper für die Lautverbindung *-rst* belegt (z. B. *Dö(r)scht*, *Deerscht* Durst, *Bö(r)scht*, *Beerscht* Bürste), vgl. [2]TITA 20, [2]MIS 37f., STRI 34. – Alte *sk*-Verbindungen waren bis 1945 noch im Belbucker Abteigebiet erhalten, im Inlaut stärker als im Auslaut (s. Karte *döschen*, Bd. 1, Sp. 623f.), im Auslaut teilweise auch assimiliert zu *-ss* (z. B. *Disk*, *Diss* Tisch; *Wisk, Wiss* Wiese), s. hierzu die folgende Karte zu den konsonantischen Reliktgebieten und PRI / TEU 156. – Zwischenvokalisch nach Langvokal wird *s* fast ausschließlich sth.

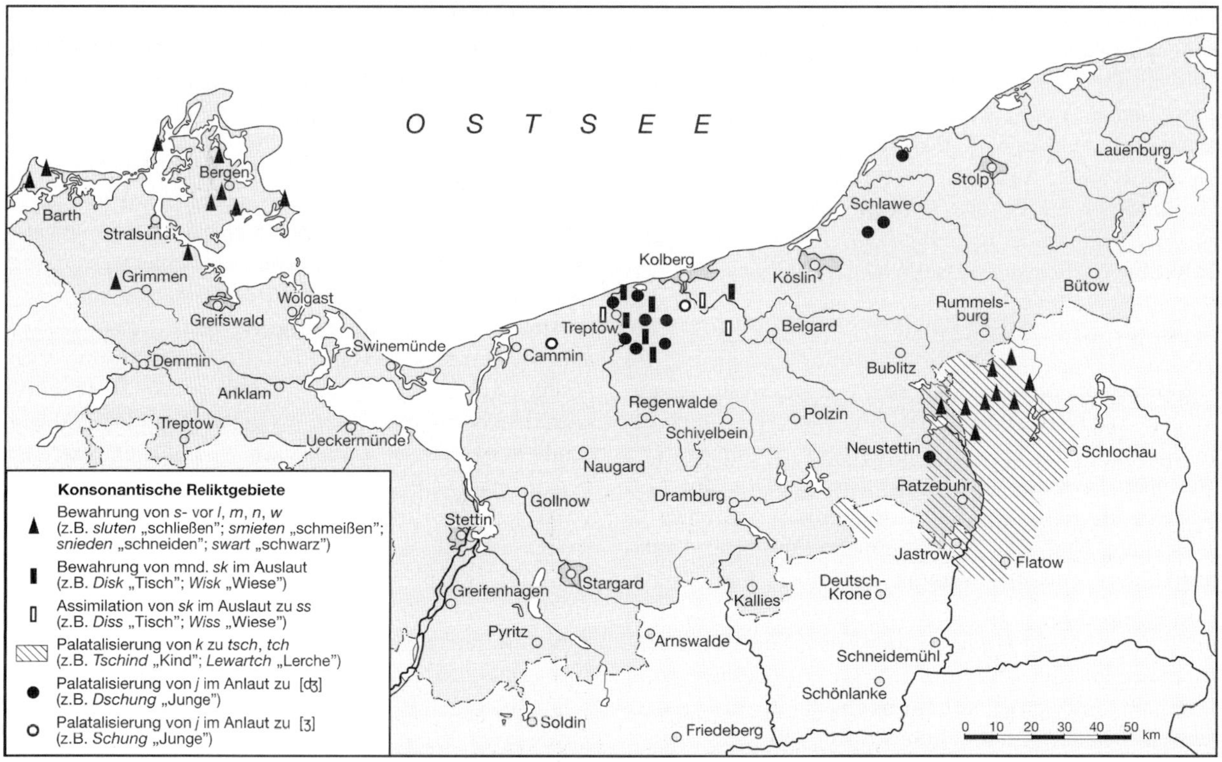

gesprochen (eine Ausnahme ist *boßeln* kegeln). Nach Kurzvokal dominiert hingegen stl. Aussprache (z. B. *wassen* wachsen, *Küssen* Kissen). Für sth. Aussprache gibt es in dieser Position nur wenige Beispiele (z. B. *disse* diese, dieser; *fisseln* leicht regnen). – Vor Konsonant wird *s* ausschließlich stl. ausgesprochen (z. B. *Bost* Brust). Im absoluten Auslaut dominiert Stimmlosigkeit (z. B. *Voss* Fuchs), sth. Aussprache hat sich aber bes. östlich der Oder erhalten, wenn Apokope eines ursprünglichen Endungs-*e* vorliegt (z. B. *Lüs'* Läuse, *Müs'* Mäuse).

Sabbel m., *Sawwel* verstr. **1.** Speichel vereinz. *Em löppt dei Sabbel all ut'm Mund* Nau / De. *Wisch di mål denn Sabbel af!* Dem / Tp. Vgl. Sabber. – **2.** pejor., Mund verbr. Meist in der Aufforderung: *Holl dienen Sabbel!* halt deinen Mund! Stett. → Flapp. – **3.** Schwätzer Ran / Ro, Cam / He, Gbg / Gp. – **Sabbelie** f. **1.** Geschwätz, Gerede Rüg / Ae, Ank / Br, Cam / He, Nau / Dr, JostWb 80. *Dien Sabbelie wi' ik gor nich hüren* Ank / Br. – **2.** scherzh., Küsserei Gwd / Ba, Ank / An, Pyr / Lt, HuMGwd 5,19,10. – **sabbelig** Adj. mit Speichel beschmutzt Gwd / Ba, HoefAMsc 393[b]. *Dei Lütt is so sabblig, wisch em eis denn Mund af!* Gwd / Ba. – **Sabbellatz** m. Lätzchen für Kleinkinder vereinz. Auch: Serviette Gwd / Ba, Fra / Br. – **Sabbelmul** n. **1.** Kind mit speichelverschmiertem Mund Gwd / Ba. – **2.** Dummschwätzer vereinz. VPom, LauWb 301[a]. – **sabbeln** sw. **1.** Speichel aus dem Mund fließen lassen verbr. *Dei Lütt sabbelt so väl, dei kricht woll Tähnen* Gwd / Ba. Auch: an etwas lutschen vereinz.; *am Bongs* [Bonbon] *sabbla* Dra / Dr. – **2.** viel reden, dummes Zeug schwatzen verbr. *De sabbelt un sabbelt un ka' keen Enn' finnen* °Ran. Aufforderung, den Redefluß zu zügeln: *Sabbel di man nich in'n Schweit!* Gwald u. ä. vereinz. Vgl. sabbern. – **Sabbelstengel** m., scherzh., Zigarre Gwald, Ank / An. – **Sabbelwark** n., pejor., Mund, Mundwerk vereinz. *Bi denn steht dat Sawwelwark uk nech fief Minute still* Gbg / Gp. → Flapp. – **Sabbelwåter** n. 'Schwatzwasser' Schnaps vereinz. *Dei hett Sabbelwåter drunke* ist redselig Nau / Fg. Vgl. Brabbelwåter, Brasselwåter.

Sabber m., *Sawwer* Ran / Ro, vereinz. westl. HPom, *Såbber* Lau / Ke, *Sabbe* Saa / Mu, Dra / Dr, Arn / Li. **1.** Speichel, Spucke verbr. *Em löppt de Sabber ut't Mul* Saa / So. – **2.** Tabaksaft in der Pfeife Pyr / Lt, Nau / Fg,Rh, Net / Sl. – **Sabberlappen** m. Lätzchen für Kleinkinder Nau / Db. Auch: Serviette Cam / He. – **sabbern** sw., *sawwern* vereinz., *såb(b)re* Lau / Ke,Pb. **1.** Speichel aus dem Mund fließen lassen verbr. *Us Klein sabbert so väl, dei kricht wedder Tähne* Sto / Gl. Auch: an etwas lutschen Pyr / Lt, Sto / Gl. *He sabbert up'm Dum'* Pyr / Lt. Syn. schlabbern. – **2.** viel reden, schwatzen verstr. Auch: schimpfen Rüg / Pu, Saa / Jk.

Säbel m., Pl. *-s*. **1.** wie hd. vereinz. *Dei Schandor drög sienen Säbel* Gwd / Ba. – Ral.: *Em schüert dei Säbel* er mag nicht arbeiten Gri / Ti. – **2.** auffällig abstehende Feder am Flügel der Gans vereinz. *De Gaus löppt mit'n Säbel rümma* Saa / Ja. – **3.** scherzh., männliches Glied Gwd / Ba, LauWb 300[b].

Lautvar.: *Säwel* verstr., DähWb 394[a], *Sabel* Fra / Ln, HomWb 161[b], HoefAMsc 393[b], *Såbel* Rüg / Zi, Lau / Vl, *Seiba* Net / Hf.

Säbelbein' Pl. O-Beine verbr. Auch bezogen auf krumme Hinterbeine des Pferdes Gri / Ti, Ank / An, Ran / Pe, Nau / Fg,Rh. – **säbelbeinig** Adj. o-beinig vereinz. *Wat geiht hei blots säbelbeinig!* Gwd / Ba. – **Säbelflücht** f. abstehender Flügel der Gans Rum / Ru, Net / Hf. – **Säbelhessen** Pl. **1.** krumme Hinterbeine des Pferdes Nau / Fg,Rh, °Slo. – **2.** große Füße Uec / Ge, Pyr / Dö, vereinz. HPom. – **säbeln** sw. **1.** ungeschickt, mühsam schneiden Net / Hf. Häufiger als präfigiertes Verb afsäbeln. – **2.** o-beinig gehen Rüg / Gr NdZfVk 17,82.

Säbenbom m., PflN, Sadebaum, Stink-Wacholder (Juniperus sabina) vereinz., HoefAMsc 419[a], Hom 3,81, HuMGwd 12,21,8, Prit / Jes 198[b]. – Mnd. *sēvenbôm*.

sacht Adj., meist adv. gebraucht. **1.** behutsam, sanft. *Du mööst sacht mit em ümgåhn!* Gwald; *sachting de Trepp dålgåhn* °Rüg. Ermahnung an einen Wichtigtuer: *Pråhl sacht!* gib nicht so an! vereinz. VPom MPom. – **2.** langsam, gemächlich, bedächtig. *Dei Barg füllt sacht af* Gbg / Gp; *immer so sachtken achter mi her* Sch / Gr BlfPVk 2,60. *Man ümme sachte!* immer mit der Ruhe! verstr.; *wat sacht angåhn låten* nichts übereilen verbr. *Dei lett't sacht angåhn un hüürt gliek wedder up* er ist ein Faulenzer vereinz. *Ümmer sachte mit de Brut tau Bedd!* immer langsam! Stral, ähnl. vereinz. – Sagw.: *Sachte, seggt Siewert, dat Hemd sitt dorvör!* Gri / Bo, ähnl. Dem / Kt, Gwald, [1]HoefE 18; *Ümmer sachte, seggt Siewert, dat geiht in'n Sand!* Ank / An, ähnl. vereinz., HuMGwd 77,197,2. Angesichts von schlechtem Essen: *Dor lihrt man sacht nåh gåhn / lopen un wiet nåh kieken* verstr. – **3.** angenehm, behaglich verbr. VPom MPom, sonst selt., Kri 16, [15]Band 123, [19]Band 16. Meist in der Vbdg. *sacht daun* wohltun, gut bekommen. *Stråk mi ees œwer'n Kopp, dat deet mi so sacht!* Rüg / Dm. Abweisend: *Du kannst mi küssen, wur't sacht deit!* Ank / Br. *Sett di man nich so sacht hen, denn mööst du unsacht wedder upståhn!* richte dich nicht so gemütlich ein, wer weiß, wie es noch zugeht! vereinz. VPom, °Ghg, Nau / Db. Auch: müde, schläfrig vereinz. *Mi würd' so sachten tau Maud', de Ogen wullen mi taufallen* [1]Tib 128. – **4.** nur adv., womöglich, vielleicht verbr. VPom, sonst selt. *Dat erläw ik sacht nich mihr* Gwald. Auch: schon, bereits selt.; bald, in Kürze selt. *Ick war dat sacht fardig kriege* HomWb 161[b].

Laut- u. Formvar.: *sachten* verstr., HILL 130, KRI 60, ¹TIB 128, HUMGWD 77,197,2, *sachte* vereinz. – Dim.: *sachting* vereinz. VPom, HOEFAMSC 394ª, ⁷BAND 36, NIB 35, ²TRI 28, DLP 4,154, *sacht(e)ken* Uec / Pa, Gbg / Gz, Sch / Gr BLFPVK 2,60, *sachtke* Gbg / Gp,Wt, *sächtken* HILL 130, *sachelke* Sto / Dö, Büt / Bt.

Rsyn. zu 2.: *besachelke, langstiezig, langtœgsch, langwielig, pomådig, pomale, schlusig, sinnig, tåsig, tosselig, trånig, tråsig, tulammsch.*

Sachtentaster m. übervorsichtiger Mensch Gwald. – **Sachtmarschierer** m., scherzh., TiN, Laus Fra / Zi. Vgl. MWB 5,1136. – **sachtmäudig** Adj. sanftmütig, gutherzig verbr. VPom, ⁶BAND 1,8, HUMGWD 5,41,9, ²TIB 36, ¹TRI 12, ⁹WORM 7. *Wenn sien Fru nich so sachtmäudig wier, härren sei sich alle Dåg in'e Wull* Rüg / Ae. *Un alle Deerde* [...] *jubilierden* [...], *datt se eenen so wisen un sachtmödigen Köning hadden* ARN 14. – **Sachtmäudigkeit** f., veralt., Sanftmut vereinz., ³GRÜ 217. *Hei deit dat ut lute blote Sachtmäudigkeit* Rüg / Ae. *Sachtmödigkeit un Demot* ARN 13.

Sack m., *Sock* Lau / Ke, Pl. *Säck* verbr., *Säətsch* Neu / Rt ¹⁰TEU 245, *Sacken* °Use. **1.** wie hd. *Een Sack Kuurn* Rüg / Dm. *Hest de Sack uk heil måkt, dat de Patüffle ne' verleirst?* Saa / Le. In der Paarformel *mit Sack un Pack* mit der gesamten (transportierbaren) Habe verbr. *De sünd mit Sack un Pack wegtreckt* Pyr / Lt. In der Vbdg. *'n ganzen Sack vull* eine große Menge verbr. *'n ganzen Sack vull Kinner* Dem / Tp. *Dei weit ümmer 'n ganzen Sack vull Niegs* Fra / Pu, u. ä. vereinz. *Dor kümmt 'n ganzen Sack vull Küll rin* es zieht ein kalter Luftstoß herein Ank / Km. Zurückweisung eines Dankes: *Dor heww ik all 'n ganzen Sack von vull* vereinz. *Hand von'n Sack, is Håwer in!* laß die Finger davon! Gri / Ge, ähnl. verstr. *Dat is no im taubunen Sack* das ist noch ungewiß LAUWB 297ᵇ. *Hei kloppt / schlöcht up denn Sack un meint denn Äsel* er rächt sich am Falschen vereinz. VPom, KRI 86. *De hett Lachen un Weinen in eenen Sack* bei dem Kind liegen Lachen und Weinen dicht beieinander vereinz. *Hei sitt up sienen Sack* sitzt auf seinem Geldsack, ist geizig Gwd / Ba, Lau / GW. *Se dröcht denn Möller mit samt 'n Sack* sie ist ein kräftiges Mädchen Ghg / Li, ähnl. Pyr / Wi, Lau / GW. Zu jmd., der die Tür offen stehen läßt: *Du hest (tau Hus) woll 'n Sack vör dei Dör!* verbr. Im Kartenspiel vom entscheidenden letzten Stich: *Un disser bind' denn Sack tau!* Gwald, ähnl. vereinz. – **2.** fischerspr., beutelförmiges Ende des Zug- oder Schleppnetzes, in dem sich die Fische sammeln verstr. pom. Küste, ¹HAAS 64, RAS 67, ³PEE 35. Abb. s. ¹PEE 209. *De Fisch ware in denn Sack tohopschüttelt* Saa / Le. Vgl. Håmen². Auch: kleine Bügelreuse, die seitlich am kammerartigen Fangraum des Stellnetzes befestigt wird Gwd / Wc RAS 112. – **3.** Nachgeburt, Fruchtblase des Pferdes °Sto: *Dat Fåhl kimmt im Sack to Welt.* – **4.** (bes. zum Stopfen von Blut- und Preßwurst verwendeter) krauser Darm vom Schwein Ran / Ro, Sch / Ac, Rum / Tr, Sto / Gl. – **5.** Hodensack. *Denn Buck is de Sack nåhmen* der Bock wurde kastriert Pyr / Sh. Derb: *Don wierst du noch bi dienem Varrern in'n Sack!* das war noch vor deiner Geburt! Gwd / Ba. – **6.** veralt., fünfte und rangniedrigste Brautjungfer auf Bauernhochzeiten auf der rügenschen Halbinsel Wittow ⁹HAAS 19, ²GRÜ 2,85f.

Phras. zu 1.: Ral.: *de Katt in'n Sack köpen* etwas erwerben, ohne es vorher gesehen zu haben verstr., BLFPVK 1,104, 9,135; *de Katt ut'm Sack låten* seine wahre Absicht zu erkennen geben verbr.; *grote Rosinen in'n Sack hebben* überzogene Vorstellungen haben Fra / Pe, Stral, Rüg / Pu, Gwald; *de Piep in'n Sack (be-)hollen / hebben* sich zu einer Sache nicht äußern, sich ruhig verhalten °Gri, °Dem, Gwald, HUMGWD 11,26,7, 14,15,3; *einen in'n (un ut'n) Sack stäken* jmd. überlegen sein vereinz., DÄHWB 395ª, LAUWB 297ᵇ; *'n Sack vör de Ogen hebben* etwas nicht erkennen, auffinden können Gwd / Ze, u. ä. Sch / AR, Sto / Dö,KP. – In Vergleichen: *düüster as in'n Sack* sehr dunkel verstr.; *sitten as'n Sack* vom schlechten Sitz der Kleidung vereinz.; *'n Kierl as'n natter Sack* ein träger, charakterschwacher Kerl Gri / Bo, ähnl. vereinz. - Scherzh.: *in'n Sack haugen* eine Arbeitsstelle aufgeben verbr. Erweitert: *in'n Sack haugen un Bäcker / Konditer lihren* dass. verstr. – Sprw.: *Leiwer en Sack vull Flöh häuden as eene Diern / en por jung Mäkes* vereinz., NDKBL 10,53. *Man möt den Sack uck taubinnen, wenn hei nich vull is* sich mit dem zufriedengeben, was man hat HUMGWD 9,24,11. *Ut anner Lüüds Sack is gaut nähmen* auf Kosten anderer läßt es sich gut leben Gwald, Ank / An. – Scherzfr.: *Wur kåmen alle Säck tausåmen? = in'e Nåht* °Gri, ähnl. vereinz., BLFPVK 5,185, ²BRUNK 92.

Sackdauk n. / m. **1.** grober Stoff, aus dem Säcke hergestellt werden vereinz. – **2.** veralt., Taschentuch vereinz. VPom, Uec / Ue. *Hei hålt sien Sackdauk ut'e Tasch* Gwd / Ba.

Sackdrupp m., vereinz. f., letzter Rest in der Flasche vereinz. *In'e Buddel is blot noch 'ne lütte Sackdrupp in* Rüg / Ae. Das Erstglied zu sacken².

sacken¹ sw. **1.** in Säcke füllen vereinz. VPom, Pyr / Lt, HOMWB 163ª. *Dat Kuurn möt sackt warn* Gwd / Ba. – **2.** lohnen, ertragreich sein verstr. *Dei Håwer ward gaut sacken* Gwd / Ba. – Wetterr.: *De Januår mutt vor Tchüll* [Kälte] *knacke, wenn de Ernt sall gaut sacke* Slo / La, ähnl. Pyr / Lt, KRKLPYR 1926,7.

sacken² sw. sinken. Übertr. von Redseligkeit nach Weingenuß: *Wenn de Stein up 'n Grund sackt, stigen de Blasen nah baben* ⁵BAND 174. Auch: sich setzen, senken. *Dat Fudmint* [Fundament] *mutt sich do sackt hewwa, dat de Müer so 'ne Riss kräja hett* Dra / Dr. *Låt denn Arger man sacken!* beruhige dich wieder! Fra / Bn. In der Vbdg. *nich sacken låten* nicht aufgeben, nachlassen verbr. – Ral.: *in dei Knei / Huk sacken* einen Schreck, Angst bekommen verstr., ⁶BAND 2,6; *einem sackt dat Hart in'e Bücks* dass. Gwd / Ba, ³NERE 2,22; *denn Kopp sacken låten* den Mut verlieren Gwd / Ba, HUMGWD 6,37,5, HTKLUEC 1917,71. *Mi sackt de Måg in'e Kneikähl* ich habe großen Hunger Nau / Fg, ähnl. vereinz.

Sacker- s. Zacker-.

Sackgoorn n. grobes Garn zum Weben von Säcken vereinz., [4]ROSF 485. *Dat Sackgårn is gaut dick, dat ward woll hollen* Ran / Pe. – **sackgroff** Adj. sehr grob, ungehobelt Dra / Dr. – **Sackheid** f. grobe Hede, aus der Garn zum Weben von Säcken gesponnen wird Gwd / Ba, Pyr / Lt, Reg / Rg, Dra / Bu, [4]ROSF 484. – **Sackhüppen** n. Sackhüpfen (Kinderspiel) verstr. Vgl. Sacklopen. – **Sackknüppel** m. dicker Holzstab, den man zu zweit zum Tragen schwerer Säcke verwendet Gwd / Da. Vgl. MWB 5,1141. – **Sackkor** f. Sackkarre, zweirädrige Schubkarre zum Transport schwerer Gegenstände Gwd / Da, Pyr / Lt, HOMWB 164f., LAUWB 297[b]. Abb. s. MWB 5,1141. – **Sacklinnen** n. Sackleinen verbr. – **Sackliwwand** f. 'Sackleinwand' dass. vereinz. MPom HPom. *Sackliwwand wür wääft u' dei Säck mit eie Kappnåht neijt* Reg / Kw. – **Sacklopen** n. Kinderspiel, bei dem man in einem Sack um die Wette läuft vereinz. Vgl. Sackhüppen. – **Sackluk** f., müllerspr., Bodenluke, durch die Getreidesäcke mit einer Winde transportiert werden vereinz., [2]REH 140. – **Sackmess** m. Kunstdünger verstr. *Denn Rogge will wi man mit Sackmess nåhhelpe* Cam / Rn. Vgl. Schiet. – **Sackrock** m., *Sacks-* Lau / GW, enger Frauenrock verstr. Vgl. Büdelrock. – **Sack(s)band** n. **1.** dicker Bindfaden verstr. *Dei Fåden höllt nich, nimm leiwer Sacksband!* Gri / Ge. – Ral.: *Dat rägent Sackbänner* es regnet stark Ran / Pe u. ä. [3]SAN 24. – **2.** PflN, Quecke (Agropyron repens) Sch / Ac, Rum / Tr. Vgl. MWB 5,1142. Gebräuchlicher ist Quäk[1] sowie im mpom. Keil Päd(e). – **Sackschört** f. Schürze aus grobem Sackleinen vereinz. *Bi dat Tüffelsammeln binn ik 'ne Sackschört vör* Gri / Mi. – **Sackwågen** m., müllerspr., Wagen zum Abtransport der Mehlsäcke vereinz., [2]REH 105, [2]TIB 192. – **Sackwinn'** f., müllerspr., Winde zum Hinaufbefördern der Getreidesäcke vereinz.

Saddel m. **1.** Reitsattel. *Lech denn Pierd denn Sådel up!* Rüg / Ae. *He ritt åhn Saddel un Tœgel* Ank / An. – Ral.: *fast in'n Saddel sitten* verstr.; *einen in'n Saddel helpen* jmd. bei einer Sache unterstützen vereinz., DÄHWB 393[a], LAUWB 298[a]; *einen ut'n Saddel häben / schmieten* jmd. aus seiner Stellung verdrängen vereinz. – Rä.: *Wat dreggt Fleisch, wat drückt Fleisch un is sülwst nich Blaut un Fleisch?* = der Sattel HUMGWD 9,27,11. – **2.** fischerspr., erhöhter Sitz für die Ruderer im Reusenboot Rüg / Lb [1]PEE 244. – **3.** müllerspr., vereinz. n., Tragekonstruktion, auf der die Bockwindmühle ruht vereinz., [2]REH 135. Vgl. MWB 5,1143. Auch: Kreuzstreben, die den Fuß der Mühle bilden vereinz. VPom, Ran / Pe, Sto / Dö, [2]REH 136.

Laut- u. Formvar.: *Sådel* verbr. VPom, Ran / Pe, [2]HOEFA 377, *Sadel* selt. VPom, DÄHWB 393[a], HOMWB 161[b], wie hd. *Sattel* vereinz., *Sauda* Net / Hf. – Pl.: *Säddel* verbr., *Sådels* Rüg / Zi.

Saddelküssen n. Polster unter dem Reitsattel vereinz. *Dat Saddelküssen drückt* Gwd / Ba. – **Saddelmähr** f. wie Saddelpierd Fra / Br, Dem / Tp, Rüg / Ae, Ank / An. – **saddeln** sw., *sådeln* vereinz., satteln. *Hei wull denn Voss saddeln* Gwd / Ba. Über einen Maulhelden: *Wer tiedig saddelt, kümmt spät vörwarts* Dem / De, ähnl. vereinz., DÄHWB 393[b]. – **Saddelpierd** n. das hintere linke Pferd im Vierergespann, auf dem der Fahrer reitet und das Gespann lenkt verbr. Abb s. MWB 5,384. Vgl. Saddelmähr. – **Saddler** m., *Sådler* Ran / Pe, Pl. *-s*, Sattler vereinz., HUMGWD 12,43,4. *De Sådler mütt dat Sälenjeschirr flicken* Ran / Pe. Vgl. Pierdschauster, Reimenschnieder, Reimer.

Sådel s. Säl.

Sådeltiet f., veralt., Saatzeit DÄHWB 393[b], HOMWB 161[b]. – Mnd. *sâdeltît*.

såden[1] sw. / st. sieden, kochen selt., BALTST AF 19,1,51. *Dei såde un bråde* kochen und braten Neu / Gc; *sade Brade* gesottener Braten Lau / Gr BLFPVK 9,38. Vgl. MWB 5,1144: *saden[1]*.

såden[2] sw., fischerspr., *såten* Fra / Pe RAS 45, Stellnetze setzen Fra / Pe Hidd., Stral RAS 47. Auch: fischen mit mehrwändigen Stellnetzen Fra / Pu, Rüg / Sc, Stral. Vgl. MWB 5,1144.

Såd(en) n., *Sår(e)* Cam / Rn, Reg / Kt, Bel / Ei, Sto / Kb, *Såj* Saa / Ja,Jk, Gesottenes. Nur in der Paarformel *Såd(en) un Bråd(en)* Gesottenes und Gebratenes, Festessen verbr. *Bi uns gifft' nich all Dåg Sår un Brår* Sto / Kb. – **Sådenkringel** m. kranzförmiges Gebäck, das vor dem Backen in kochendem Wasser gesotten wird Gri / Ge. Vgl. MWB 5,1144, SHWB 4,254.

Sadrach m., *Saddrach* Pyr / Wi,Dö, Saa / Te, KÜHL 41, *Sadrass* Fla / Ta, *Sadrak* Gri / Bo, [1]NERE 42, *Sarrach* Ghg / Li. **1.** Bez. für den Teufel vereinz., KÜHL 41. Hist.: "Ein Schelt- oder Fluch-Name, unter welchem man das Wort Satan verstecket" DÄHWB 393[b]. → Düwel. – **2.** Schimpfw. für eine garstige Frau verbr. – Vermutlich aus *Satan* und hd. *Drache* gemischt, vgl. MWB 5,1145.

Säf n. **1.** Sieb, Durchschlag. *In'e ull Tiet wurd dat Kuurn dörch't Säf schiddelt* Sto / Gl. *Du wist wo Wåte doir ain Sääf jaite?* du hast etwas Unmögliches vor LAUWB 297[a], ähnl. Pyr / Lt. Vgl. säwen. – **2.** veralt., Getreidemaß ($^1/_3$ Scheffel) °Dem, Lau / Vl.

Laut- u. Formvar.: *Sääft* vereinz. VPom, *Saawt* Neu / We, *Säif* Saa / Kl. – Pl.: *Säwen* verbr., *Säben* Dem / Tp, Uec / Pa,Ue, HOEFAMSC 419[b], *Säfen* selt., *Säiw'* Saa / Kl, *Säw'* Gwd / Ba, Ran / Pe.

Phras. zu 1.: In Vergleichen: *Gedanken / 'n Gedächtnis as'n Säf hebben* sehr vergeßlich sein verbr.; *dichthollen as'n Säf* alles ausplaudern vereinz. VPom, HUMGWD 75,271f.,1. – Rä.: *In osa*

Schîen is a Ding, dat het dusend Ogen o kann doch nich seihn = das Sieb Sto / GG BLFPVK 6,53. *Wi hebbe son Ding, dat het mehr Löcher as de Rekowsche* [ON Reckow °Lau] *Bure Döchter* = das Sieb °Lau BLFPVK 8,84 u. ä. Lau / Fr,Nu, [2]BRUNK 49. *Wennihr kann 'n Water in 'n Säw drägen?* = *Wenn 't froren is* HUMGWD 9,27,11.

Safrån m. Safran vereinz. Im Kinderr.: *Safrån måkt denn Kauken gäl* Fra / Ln. – **safrångäl** Adj. safrangelb, dunkelgelb verstr. *Sei här 'n Kleed von safrangäle Sied* Gri / Mi.

Saft m., verdrängt zunehmend nd. Sapp. **1.** Flüssigkeit im Gewebe der Pflanzen. *De Böm ståhn in'n Saft* treiben kräftig aus Fra / Ni. Wie hd. in der Vbdg. *Saft un Kraft* Energie, Lebenskraft vereinz., [1]MASS 33. *De hett wat kåkt, dat is åhn Saft un Kraft* hat ein mageres Essen gekocht Saa / Le; *wedde to Saft u' Kraft kåme* sich erholen, wieder zu Kräften kommen Saa / Jk. – **2.** aus Früchten oder Gemüse gepresste Flüssigkeit. *den Saft vo Bråmbäre uutpresse u tau Schelee inkåke* LAUWB 298[a]. Auch: abgesonderte Flüssigkeit von Fleisch und eingesalzenen Heringen LAUWB 298[a]. – **3.** wie umgspr., elektrischer Strom vereinz. *Dor is noch Saft in* es fließt noch Strom Stral. – **saftig** Adj. **1.** reich an Saft verstr. *'ne saftige Beer* Gwd / Ba. – **2.** derb, grob, unanständig vereinz. *saftije Witz* [...] *votelle* LAUWB 298[b]. – **3.** kräftig (von Speisen und Getränken) Uec / Pa, Cam / Si, [11]BAND 42, LAUWB 298[b]. *'ne saftig Måhltiet* Cam / Si. – **Saftlappen** m., scherzh., Taschentuch Gwald.

Såg[1] f., Pl. *-en,* Säge. *Dei Såg is stump* Use / Sw; *dei Såg scharpen* Gri / Bo; *dei Såg schränken* die Zähne der Säge richten Pyr / Lt. Von einer stumpfen Säge: *De Såg jachert* verstr. – Rä., die nach der Säge fragen: *Sitt' in't Holt u schriecht so sehr* Ghg / Li,Wt, Lau / GW, ähnl. Kol / Zw [2]BRUNK 50. *A use Wand hängt wat, dat hett mehe Tähne as de Buer Sähne* Neu / El [2]BRUNK 49 u. ä. Neu / Gi [2]DRO 165.

Lautvar.: *Såj* Ghg / Wt, Pyr / Wa,Wi, verstr. °Nau, Reg / Me, *Såγ* Dra / Dr, Neu / Aa, Rum / Km [5]TITA 59, Sto / Dö,Go, *Sauγ* Gbg / Gp,Vi, Kol / Go, *Sōuch* °Büt [2]MIS 16.

Såg[2] f. Sage, Erzählung, Gerede selt. *ein ull Såg* Reg / Kt. *Dat is man so 'ne Såg* ist bloß ein Gerücht, Gerede Gri / Ti.

Sågblatt n., *Sågen-* vereinz., Sägeblatt. *Dat Sågblatt is tau weik* Gwd / Ba. – **Sågbuck** m. Gestell zum Sägen von Holzstücken und -stämmen. *De is stief as'n Sågbuck* sehr steif, unbeweglich Nau / Rh. – Sagw.: *Dat is'n Hund von Pierd, secht dei Jung', dunn reed hei up'n Sågbuck* Ank / An. – Rä. vom Sägebock: *Dor steiht een Buck, de hett keen'n Boort, hett veer Stück Been un löppt nich furt* Gwald HUMGWD 8,22,9 u. ä. Sch / Pu. *Wecke Buck hett kein Huut?* Sto / Ar [2]BRUNK 84.

Sägel n., Pl. meist wie Sg., *-s* vereinz., LAUWB 299[a]. **1.** Segel. *Dat gifft Storm, wi möten de Sägel reffen!* Stral; *Sägel logen* mit Lohe inprägnieren Gwald; *Sägel neigen* °Rüg; *de Sägel minnern* die Segelfläche verkleinern Gwald; *dat Sägel uptrecken* aufziehen, hissen Rüg / Gl; *dei Sägel upheissen* dass. Fra / Bn. Man unterscheidet Schratsegel von Rahsegeln, wobei letztere heute seltener im Gebrauch sind. Die rechteckigen Rahsegel stehen quer zum Schiff und sind an waagerechten Stangen des Mastes (Rahen) befestigt. Heute werden überwiegend dreieckige Segel (Schratsegel) gebraucht, die mit Ösen- oder Schlaufenvorrichtungen am Mast befestigt sind und deren Fläche abhängig von der Windstärke mit einer Reffleine verkleinert bzw. vergrößert werden kann. Traditionell ist die Farbe der Segel vorwiegend weiß; heute sind sie zunehmend auch farbig. Vgl. Fock, Råh u. die Zss. Bomsägel, Bull(en)-, Dwass'-, Gaffel-, Grot-, Lee-, Spreit-, Topp-, Vörsägel. – **2.** müllerspr., Stoffbespannung der Windmühlenflügel verbr. VPom, selt. MPom, Saa / Bu. *Wenn de Wind to dull geht, denn mutt man Säjel utbinnen* Ran / Bo.

Lautvar.: *Säjel* verstr. MPom HPom, *Seij* Kös / Bu HTKÖS 1924,4,8, *Seil* Use / Nh, *Säel* Mönchg. [1]PEE 133.

Phras. zu 1.: Ral.: *alle Sägel sett't hebben* vollen Einsatz zeigen vereinz.; *mit vulle Sägel upführen* jmd. gründlich die Meinung sagen vereinz., auch scherzh.: zechend umherziehen vereinz.

Sägelåsch f., seem., Gesamtheit der Segel eines Schiffes Rüg / Sn, Gwald. Vgl. Sägeltakelåsch. – **Sägelbalken** m., fischerspr., Sitzbank im Ruderboot, an der der Mast befestigt ist verstr. vpom. Küste, [1]PEE 240, [2]RUD 76. Vgl. Sägelducht. – **sägelbor** Adj., seem., gut zum Segeln Gwald: *sägelbor Wäder.* Vgl. MWB 5,1148. – **Sägeldauk** n. / m., Segeltuch verstr. Verkürzt auch Dauk. – **Sägelducht** f., fischerspr., wie Sägelbalken Rüg / Sn, Gwald, [2]RUD 76. – **Sägelgoorn** n., seem., grober Bindfaden zum Nähen von Segeln verstr. VPom, sonst selt. – **Sägelhanschen** m. verstärkter, derber Lederhandschuh für Arbeiten am Segel Fra / Pu, Gwald, Use / Nh. – **Sägelhau** f., fischerspr., (vom segelnden Fischerboot aus benutztes) Aalfanggerät mit kammartigen Eisenzinken Gwd / Wc, Use / Kn. Abb. s. RAS 168. Vgl. Ålhark, Dauhau. – **Sägelliek** n., seem. u. fischerspr., Tau zum Einfassen der Segel Hidd., Rüg / Gl, Use / Nh. – **Sägelmåker** m. Segelmacher Fra / Br, Gwd / Ba, LAUWB 299[a]. Vgl. Sägelneiger. – **Sägelmœhl** f., müllerspr., Windmühle mit stoffbespannten Flügeln Gri / Bn. Syn. Sägler. – **sägeln** sw. segeln, mit einem Segelboot fahren. *Hei sägelt gägen denn Wind* Ank / Br. *Hei sägelt mit rumen* [Raum gewinnendem] *Wind* Gwd / Ba. – Ral.: *scheif sägeln* bei Trunkenheit hin- und herschwanken, taumelig sein Gwd / Ba, Pyr / Wi u. ä. Uec / Pa. *Dat sägelt all gliek hoch* das kommt auf dasselbe hinaus vereinz. VPom, sonst selt., [2]TIB 206. – **Sägelnådel** f. Nadel mit dreikantiger Spitze zum Nähen der Segel Fra / Bn, Stral. – **Sägelneiger** m. Segelmacher Dem / De, DÄHWB 420[b]. Vgl. Sägelmåker u. MWB 5,1150: *Sägelneiher.*

Sågels n. Sägespäne verbr. VPom, sonst vereinz., [11]BAND 60, [10]ROSF 158. *Mi is wat von dat Såglis in't Og flågen* Rüg / Ae. *Dat Sågels streugen wi in'n Winter up'm Stieg* Gri / Mi. Vgl. Sågelspon, Sågmähl.
Laut- u. Formvar.: *Såyels* Ghg / Hi,Li, Rum / Km [5]TITA 42, MAH 85, Sto / Np, *Sågles* Rüg / Gr,Pu, *Såglis* Rüg / Ae,Be, *Såglitz* Rüg / Hd, *Sågsel* Kol / Pr, *Sægsel* Ghg / Rs.

Sägelschläden m., fischerspr., zur Eisfischerei genutzter Schlitten mit Segelmast Stral, RAS 176.

Sågelspån m., *Såyel-* Kol / Mö, selt. NOPom, *Sauyel-* Gbg / Gp, *Sågsel-* Reg / Kt, Sägespan Rüg / Ae, vereinz. HPom, DÄHWB 394[a]. *Eiken orre bäuken Sågelspön gäben gaudes Rökfüer* Rüg / Ae. Vgl. Sågels.

Sägeltåkelåsch f. die Gesamtheit der Segel eines Schiffes vereinz. VPom, Ghg / Wt. Vgl. Sägelåsch. – **Sägeltüg** n., müllerspr., mit Stoff bespannte Windmühlenflügel verstr. VPom, sonst vereinz., [2]REH 186. – **Sägeluhren** Pl. scherzh. Bez. für große, abstehende Ohren vereinz.

sägen sw. segnen, Segen erteilen. *De hett sich up sien Öller gaut säjent* hat gut vorgesorgt vereinz. *Dei is gesägent* ist schwanger Gbg / Gp u. ä. HOEFAMSC 149[b]. – Sprw.: *Wer 't Krüz hett, sägent sich (tauierst)* wer die Mittel hat, nutzt sie zu seinen Gunsten vereinz. VPom, Pyr / Lt. – Volksbr.: *dat Brot sägen* vor dem Anschneiden drei Kreuze in den Brotlaib ritzen verbr.
Lautvar.: *säjne* °Ghg, Gbg / Wo, Reg / Kt, Saa / Te, Rum / Km [5]TITA 55, *säidjne* Neu / Rt [10]TEU 245, *saachne* Slo / La, *saaschne* Fla / Ta.

Sägen m., *Säjen* vereinz. MPom HPom, *Säidje* Neu / Rt [10]TEU 245, Segen. *Gotts Sägen* Gri / Go. *Dat is 'n schönen Sägen* eine große Menge Rüg / Zi. *Dor licht de ganze Sägen!* da liegt der ganze Kram! Gri / Bo, ähnl. verstr. *Dor hest denn ganzen Sägen!* Fra / Zi, ähnl. verstr. *Mienen Sägen hest du!* vereinz. *Dor is keen Sägen bi* da gelingt nichts Gwald.
Phras.: Ral.: *sienen Sägen kriegen* Schelte bekommen vereinz. – Sprw.: *Väl Kinner, väl Sägen* Pyr / Lt u. ä. vereinz. – Erweitert zum Sagw.: *Väl Kinner, väl Sägen, sär de Köster, as he denn Döpschilling in de Tasch stök* Rüg / Dm. *Tauveel Sägen, säd dei Katt, doon fööl sei in't Bodderfatt* HUMGWD 74,352f.,4.

sågen sw., *såye* Nau / Na, °Dra, Kol / Pr, Sto / Dö, Rum / Km [5]TITA 42, MAH 60, *sauye* Gbg / Gp, sägen. *Se hewwe de ganze Nåhmiddag Hult sächt* Saa / Le; *jeejne Strich såge* gegen die Faserrichtung sägen [10]ROSF 158. Übertr.: schnarchen verbr. *Holt sågen* laut schnarchen verbr.; *Stubben sågen* dass. vereinz.; *Knurren sågen* dass. Rüg / Dm,Vt. – Sprw.: *Wur sågt ward, fallen Spön* Gwd / Ba. – **Såg(en)fiel** f. Feile zum Schärfen der Säge Gwd / Ba, Cam / Ca, Saa / Te. – **Sågenfieler** m., TiN, Pirol Gwd / Pr.

Sägensdåler m., veralt., (glücksbringendes) Geschenk zur Konfirmation vereinz., LAUWB 299[a].

Sägler m. **1.** Segelschiff Rüg / Sn, Gwald. – **2.** müllerspr., Windmühle mit bespannten Flügeln Dem / Jr. Vgl. Sägelmœhl. – **3.** TiN, Schwalbe °Fra.

Sågmähl n. Sägemehl vereinz. Vgl. Sågels. – **Sågmœhl** f. Sägemühle Sch / Ac, HOMWB 161[b], LAUWB 298[b]. – Rä. von der Sägemühle: *Dåe geht wat doet Hult, seggt imme Schurr-murr* Kol / Zw BLFPVK 3,131. – **Sågspån** m., meist Pl., Sägespan. *Mit Såchspön ward dat Fleisch rökert* Fra / Zi. – Ral.: *Sågspön in'n Kopp hebben* dumm, wirr im Kopf sein Gri / Zf u. ä. Reg / Me. – **Sågstäd** f. Platz zum Zersägen von Holzstücken und -stämmen selt. VPom, Ghg / Wt. – **Sågstell** f. dass. vereinz. *Up de Sågstell warn väl Bomstämm to Brerer schnäden* Ran / Pe. – **Sågwark** m. Sägewerk Fra / Ln, Dra / Bu.

Såhl f., Pl. *Såhlen* verbr., *Söhlen* Cam / Kw, Sohle. **1.** Fußsohle vereinz., DÄHWB 395[b]. Auch: hinterer Teil des Pferdehufes Stett, Cam / Gb,Ca. – **2.** Schuhsohle. *Du hest ju kean Såhla mehə unne de Schoh!* Dra / Dr. Von schiefgelaufenen Schuhen: *Dat Båweledder is von'e Kauh un de Såhle vom Bulle* Saa / Le. Drohend: *Di bring ik bald up'e Såhlen!* Ank / An, Gwald. – **3.** Bodenfläche. – **3.1.** unterste Ebene des Fundaments eines Hauses Gri / Go, °Rüg, Nau / Fi. Müllerspr., Pl.: zwei kreuzförmig auf dem Fundament der Bockwindmühle angebrachte Balken vereinz. VPom, [2]REH 132. – **3.2.** fischerspr., flacher Bretterboden des Ruderboots °Rüg, Ran / Ga [2]RUD 37, [1]PEE 238. – **3.3.** Grundfläche im Graben vereinz. Fachspr.: Boden der Torfgrube °Ran: *De Utschmieter mütt doför sorgen, dat de Såhl immer schön dröj blifft.* – **4.** eiserne Gleitschiene am Pflug vereinz., [4]PIRK 226. Abb. s. PRWB 4,443. Auch: Gleitfläche des Hobels Gwd / Ba, Pyr / Lt. *Dai Såhl am Huwel is janz glatt* LAUWB 298[b].
Phras. zu 2.: Ral.: *'ne Såhl dreigen* eine Runde tanzen Ank / Br, Uec / Pa, ähnl. LAUWB 298[b]; *sik up'e Såhlen måke* sich unverzüglich aufmachen Lau / GW; *up de letzten Såhlen gåhn* bald sterben Rüg / Zi. – Rä. mit Bezug zu 1.: *Wat för Såhlen hullen am lingsten? = Dei Fautsåhlen, dei hullen 'n Minschenläben* Ank / Br, Dem / De.

såhlen sw. **1.** Schuhe besohlen vereinz. Geläufiger ist besåhlen. – **2.** lügen vereinz. VPom. Vgl. BBWB 4,117: *sohlen.* – **Såhlenledder** n. **1.** festes Leder zur Herstellung von Schuhsohlen verbr. Im Vgl.: *tåg as Såhlenledder* sehr zäh (von Fleisch) verbr. VPom, Ran / Pe, Stett, Gbg / Gp; auch: sehr widerstandsfähig, unnachgiebig (von Menschen) vereinz. – **2.** fachspr., Lederklotz, in dem das dicke Fadenende der Spindel befestigt ist °Kol, °Sto [4]ROSF 477. – **Såhlennågel** m. breitköpfiger, kurzer Nagel für Schuhsohlen Dem / De, Ank / Br, Ran / Pe: *He will sich Såhlnœjel unner de Stäwel kloppen.* Scherzh.:

Graupen Sto / Dö, [3]WIN 43. – **Såhlenschlieker** Pl. leichtes Schuhwerk vereinz. *He hett de Såhlenschlieker an'e Föt* Gwald.

Sähn f. **1.** Sehne, Strang aus Bindegewebe verbr. *An'n Arm was 'ne Sähn räta* Kol / Pr. – **2.** Angelschnur Gwald.

Såhn f., *Sau(a)n* vereinz. ZPom, verbr. SPom, DKr / La, *Söhn* Dra / La. **1.** Sahne, Rahm verbr. MPom HPom, sonst vereinz., vgl. DWA 5, Kt.10. In VPom dominiert das Het. Rohm. *Up'e Melk is dick Såhn* Dra / Dr; *de Såhn mi'm Läpel afnähme* Nau / Fi. *Nimm Såhn in'n Kaffee!* Gwd / Ba. *Ik mutt de Såhn afboddern* Sto / Gl. Unterschieden werden gesäuerte und gesüßte Sahne: *sur Såhn* Pyr / Lt; *söt Såhn* Reg / Db. – Ral.: *De hett de Såhn afschöppt* hat zu seinem Vorteil gehandelt Bel / Gn. *Bi dei gifft't kein Såhn mihr aftaulicken* sie hatte schon mehrere Männer °Gri. *Dor is de Såhn af!* die beste Zeit hat jmd. hinter sich Ran / Pe u. ä. vereinz., [4]WIN 66. – Rä.: *Vadder licht up Muddern solang, bet se dick is* = Sahne auf der Milch Uec / Ge, Cam / Ga, °Gbg. – **2.** Haut auf der gekochten Milch vereinz. VPom, verbr. MPom, HPom. – **Såhnbönger** m. Sahnebonbon vereinz. VPom. – **såhnen** sw. entrahmen, Sahne von der Milch abschöpfen selt. MPom, verstr. HPom, [4]WIN 130. Zu jmd., dessen Reichtum stetig zunimmt: *Bi di såhnt't all!* Uec / Ge u. ä. Neu / Lt, Lau / GW, [4]WIN 66. Übertr. von einem aufziehenden Gewitter: *Dat fängt all werrer an to såhn'n* Neu / Aa u. ä. vereinz. HPom, [4]WIN 66. Rsyn. s. afpuusten.

Sähnenklapp m. Entzündung der Sehnen am Pferdefuß selt. VPom, POMMBL 42,60. Vgl. MWB 5,1157.

Såhn(en)licker m., scherzh. **1.** Milchhändler, Molkereibesitzer vereinz. HPom, [4]WIN 66. – **2.** Mensch, der von allem nur das Beste haben möchte Nau / De, Saa / Ja, [4]WIN 66. – **Såhn(en)schläper** m., scherzh. **1.** langer Herrenmantel verbr. MPom HPom. – **2.** leichtes Schuhwerk selt.

sähnig Adj. **1.** von Sehnen durchsetzt vereinz. VPom. *Dat Fleisch is tåg un sähnig* Gwd / Ba. – **2.** stark, kräftig vereinz. *a' sähnig Bengel* Pyr / Wa.

såhnig Adj. cremig (wie Sahne) selt. *Dei Schum möt schön såhnig sin* Gwald. Von aufziehenden Regenwolken: *Dat süht so såhnig ut* °Dra, [4]WIN 66. – **Såhnmaschin** f. Zentrifuge zur Trennung von Rahm und Magermilch Rüg / Vt, Reg / Nt, [4]WIN 133, [9]WIN 318. – **Såhnpott** m. Steintopf, in dem die abgeschöpfte Sahne zum Buttern aufbewahrt wird verstr., [4]WIN 131, [9]WIN 316.

Saiz m., TiN, Hase Sto / Zz BLFPVK 8,113. – Zu pomor. *zaic*, poln. *zajạnc*.

Såk f. Sache. **1.** zumeist im Pl., Ding, Gegenstand. *Hei kümmt tau demm Discher hen, wo ehr Såken köfft hewwe* Sto / Mü. Spez.: Habseligkeiten, Besitz vereinz. *Grootvåde ka sich vo siene ulle Sachen ni trenne* LAUWB 297[a]. – Ral.: *siene sæben Såken packen* alle Habe zusammenpacken vereinz.; *gaut bi Såk sin* wohlgenährt sein verbr. VPom, vereinz. MPom, Nau / Dr, Lau / GW, [4]GIL 117, HUMGWD 75,201f.,2; auch: schwanger sein vereinz. VPom. – Sprw.: *So as wi dat maken, stahn uns' Såken* wir haben es selbst in der Hand Rüg / Zi, BLFPVK 9,147, DLP 7,273, UP 3,265. – **2.** Pl. Kleidung. *in keena Såk' mehr passa* Dra / Bu. – **3.** Angelegenheit, Vorkommnis. *'ne heiklig Såk* Pyr / Lt. *Ik will mit de Såk nicks tau daun hebben* °Cam. *Dat is so 'ne Såk!* vereinz., HOEFAMSC 394[b]. Ausrufe der Verwunderung: *Dat is 'ne Såk, seggt Knåk!* verstr. VPom, HUMGWD 6,48,9. *Dat send Sache, seggt Rådke* °Lau [4]KNO 19, Lau / Sö [1]KNO 54. – Sagw.: *Dei Såk hett 'n Håken, säd dei Hääkt, dor seet hei an dei Angel fast* Ank / An. *Dei Såk willen wi woll kriegen, sär dei Afkåt, don nähm hei dat Geld* Rüg / Ae, u. ä. Lau / GW. – **4.** Thema, Gesprächsgegenstand vereinz. *Du büst jå gor nich bi de Såk* Ank / An. – **5.** veralt., Rechtssache, Rechtsfall selt. *Dai Anwalt hätt mien Sach oiwenåme* LAUWB 297[b].

Laut- u. Formvar.: *Sach* verstr. MPom HPom, [5]TITA 57. – Pl.: *Såken* verbr. VPom, sonst vereinz., wie hd. *Sachen* vereinz. MPom, LAUWB 297[a], *Sache* °Lau [4]KNO 19, NDKBL 10,54, *Soache* Lau / Sl [1]PIRK 459.

Säkel f. **1.** Sichel Rüg / Ls, Reg / Za. – **2.** wie Säkels Ank / Km. Vgl. MWB 5,1158f., BBWB 4,91: *Sickel*. – **Säkelkrut** n. wie Säkels HOMWB 185[a]. – **Säkels** n., PflN, Krebsschere (Stratiotes aloides) Ank / An, Gwald.

säker Adj., meist schon wie hd. *sicher, seche* Reg / Kt, Gbg / Gp. **1.** geschützt, nicht in Gefahr. *Vör em is nicks säker* Ank / An. *In'n Keller sünd wi säker* Fra / Zi. – **2.** zuverlässig verstr., DÄHWB 393[b]. *Dat Ies is sicher* ist dick genug, um zu tragen Pyr / Lt. *He is nich seker* ihm ist nicht zu trauen HOEFAMSC 393[a]. In Vergleichen: *Dat is (so) säker as dat Åmen in'e Kirch* verbr. *Dat is so säker, as tweemal twee vier sünd* HUMGWD 14,35,8, Gri / Bo. – **3.** zweifellos, gewiß. *He is nich kåmen, denn is he säker krank* Ank / An. – Sprw.: *Jeder frieg sin Nahwerskind, denn weet hei säker, wat hei finnt* HUMGWD 8,18,5.

Phras. zu 1.: Sprw.: *Wenn twei tausamen flüstern, is de drüdd sich sienes Läbens nich säker* Dem / De, Gwald, HUMGWD 14,35,8. *Säker is säker* mehr Vorsicht walten zu lassen, zahlt sich aus verstr. – Erweitert zum Sagw.: *Säker is säker, secht de Bur, un måkt in dei Bücksen* °Gri, ähnl. Stral, [1]HOEFE 14. *Säker is säker, sär dei Bur, don bünn hei dei Pogg mit'e Holtkäd fast* Dem / Kt, Rüg / Ae. *Seker is seker! seed Ulenspeigel un krööp ut't Finster* HUMGWD 77,155,3, ähnl. °Lau BLFPVK 2,126, [4]KNO 21.

Säkerheit f., meist bereits wie hd. *Sicherheit*, Sicherheit. **1.** Schutz, Sichersein verbr. *Hei wüßt sich in Sä-*

kerheit Gwd / Ba. *Tor Säkerheet hadden de Fuurlüd eere Peerd olle Lummen um den Hoof bunnen* DLP 7,105. – **2.** Gewißheit verbr. – **säkern** sw., *sechre* Reg / Kt, sichern, in Sicherheit bringen selt. *Dat is säkert!* das ist ganz gewiß! Uec / Ue.

Sakra- s. Zacker-.

Sakristei f., *Sakritei* Rum / Pr, *Sekristieg* °DKr, wie hd. *Vör'e Prädigt sitt dei Paster in'e Sakristei* Gri / Mi. Entstellt auch: *Sanktkristei* vereinz., *Sankritei* Saa / Ja.

Säl m., vereinz. f. / n., Hauptvar. *Sälen* m. / n., *Sädel* m. / n., weiteres s. u. **1.** Siele, Pferdegeschirr. *Lech dat Pierd denn Sälen up!* Rüg / Ae. *Hei is in'e Sälen storben* bei der Arbeit gestorben Gwd / Ba. *Denn drückt dei Sälen* ihn belastet etwas schwer Use / Us u. ä. vereinz. *Em gnuppt de Sälen* er ist faul Dem / Kt u. ä. vereinz. *Mien Säle hängt ümme an'e Dör* ich muß immer als Erster voran bei der Arbeit Reg / Kw u. ä. vereinz. Zss. Korensäl. – **2.** fischerspr., Ledergurt, an dem die Zugleine zum Einholen des Netzes befestigt wird Fra / Bn, Rüg / Vt, Sch / SB,Vi, Sto / Wi, RAS 77. Vgl. MWB 5,1163.

Laut- u. Formvar.: *Sälen* m. / n. verbr. VPom, sonst vereinz., [5]TITA 45, *Sädel* verstr. VPom, sonst selt., *Säddel* m. / n. Dem / De, Gwald, Uec / Pa, *Säler* m. °Sch, *Söhl* HOMWB 187[b]. – Pl.: *Sälen* verbr., *Sälens* Gwd / Ba, *Sädel* vereinz. VPom.

Phras. zu 1.: Ral.: *sik in'e Sälen leggen / schmieten* schwer arbeiten verstr.; *in'e Sälen liggen* dass. vereinz.; *in'e Sälen gåhn* dass. Rüg / Ae, Cam / Ca, Gbg / Gp, Kol / Pr, DÄHWB 394[a]; *in alle Sälen passen* sich überall hineinfinden vereinz.; *in keinen Sälen passen* an keiner Arbeitsstelle zurechtkommen vereinz. VPom, Pyr / Wa.

Sål[1] m. Saal. **1.** veralt., größtes Zimmer des Hauses vereinz. Auch: Lagerraum im Erdgeschoß des Bauernhauses vereinz. Hist.: das obere Stockwerk im Patrizierhaus vereinz., BLFPVK 9,125, [1]UHS 177, STRCHR 1,168. – **2.** Tanzsaal, Festsaal verbr. *Wi gåhn nåh'm Sål* zum Tanzen Pyr / Lt. Zu jmd., der in der Nase bohrt: *Du rüümst wo' de Sål ut!* Gwald u. ä. vereinz. *Ruhig in'n Sål, Grossmudder will danzen!* laßt mich auch einmal zu Wort kommen! Gwald; *denn Sål utfägen* als Letzter eine Veranstaltung verlassen Ran / Ro, Pyr / Lt, Kol / Go. – Rä.: *Im Saal hängt wat, blitzt as e Aal* = Kronleuchter Kol / Sö [2]BRUNK 49.

Sål[2] m., TiN, Seehund Fra / Ln, °Rüg, SUN 1844,315, [2]GRÜ 1,125, HUMGWD 3,50,10. Syn. Sålhund.

Salär n., *Salöhr* HAU 35, Lohn, Gehalt Gwald, Ank / An, [4]HOEFE 129. *Hei krigt sin Salöhr ok [...] as jede anner, den de Börgerschaft anstellt hett* HAU 35.

Salåt m., vereinz. mit stl. Anlaut, *Zalåt* verstr. HPom, *Zalaut* Gbg / Gp,Vi. **1.** PflN, Gartensalat (Lactuca sativa). Auch: Salatspeise. *Hüt jifft't Zalaut töi Middach* Gbg / Gp. Im Vgl.: *gåhn as dei Storch in'n Salåt* Gwd / Ze, ähnl. vereinz. – Sagw.: *'n schön' Mul vull Salåt, säd de Äsel, don fratt hei Disteln* Gwald. – **2.** unangenehme Überraschung, Bescherung verbr. *Dor hebben wi denn Salåt!* Rüg / Zi. *Dor licht de ganze Salåt!* Gwald.

salben sw., auch *salwen*, mit Salbe einreiben selt. *Sei müsst dei Kauh dat Ürer* [Euter] *salben* Gwd / Ba. Gebräuchlicher ist insalben. – Zu Salf. – **Salbenquetscher** m., scherzh., Apotheker Gwald.

sälen sw. das Sielengeschirr auflegen bzw. abnehmen Gwd / Ba. – **Sälengeschirr** n. Sielengeschirr, Riemenzeug verbr. *Wur hest du dat schmucke Sälengeschirr her? Dat is jo wat vör'n Hochtietswågen!* Rüg / Ae. – **Sälentüg** n. Sielengeschirr Gwd / Ba, DÄHWB 394[a], HOMWB 187[b].

Salf f., *Saaw* °DKr [3]TITA 6, Pl. *Salwen, Salben,* Salbe, Einreibemittel. *De Apteiker hett hüt wedder so 'ne ull Salf verschräwe* Sto / Gl. *Schmer man 'n bäten Salf up, denn heilt dat bärer!* Gwd / Ba. Vgl. salben.

Salfjett f. Serviette, Mundtuch verbr. *Hei bünn sich orig 'ne Salfjett üm* Gwd / Ba. *Hei hett dei Saffjett all werrer üm* er zieht von einem Lokal zum nächsten Gwald. Auch: Toilettenpapier vereinz. – Rä.: *Dat Ierst hålt man in de Apteik* [= *Salf*], *dat Tweit is 'n Frugensnåm* [= *Jette*] *un dat Ganze bruukt man bi dat Middagäten* = *Salfjett* Dem / De, Gri / Bo.

Lautvar.: *Saffjett* verstr., *Saffgett* Gwald, Ank / An, *Salwjett* vereinz., HUMGWD 12,6,8, PFA 49, MAH 83, [2]SAN 17, *Salfjeet* °Kol, *Såljett* Cam / Rn, *Salwett* Fra / Ln, *Serwjett* Gri / Lo, Gwald, Gwd / Ba, *Silfjett* [2]MIS 29.

Sålhund m., *Sälhund* Cam / Rm, DÄHWB 421[b], HOEFAMSC 395[a], HTKÖS 1933,11,7, *Sæl-* Use / Wl, Saa / Mu, *Sall-* Rüg / Be. **1.** TiN, Seehund verbr. vpom. Küste, Cam / Rm, HUMGWD 3,50,10, [3]MEIW 114. Im Fischerlied u. Tanzreim: *Hål mi denn Sålhund ut'n Stranne to Lanne, he hett mi all de Fisch upfräten* vereinz. vpom. Küste, ähnl. BLFPVK 6,65, [2]GRÜ 1,125, [1]HAAS 55, HUMGWD 9,26,11, HTKÖS 1926,8,9, BENZ 79, STEF 296, SCHN 182. – **2.** Schimpfw., rüpelhafter Mensch Gri / Mi; ungeschicktes Kind Fra / Br. – **Sålhundschläger** m., scherzh., derber Krückstock °Rüg, Stral, °Use.

Såling f., seem., beidseitig angebrachte Querstange am oberen Ende von Mast und Stenge zur Befestigung der Wanten Rüg / Sn, Gwald. Vgl. MWB 5,1157: *Saling.*

salken sw., iterativ *salksen* selt. VPom, Rum / Ru, mit etwas hantieren (Sand, Schmutz, auch Essen), in etwas stochern verbr. VPom, Ran / Pe, Uec / Ge. *Wat salkst du dor mank dat Äten?* Gri / Ti. – **Salkerie** f. Schmiererei, Matscherei °Dem, Stral, Gwald, Uec / Pa.

Wat sall de Salkerie, wullen ji mål orntlich äten! Gwald. – **salk(e)rig** Adj. **1.** *salgerig* Ank / An, schmierig, weich selt. VPom, KosMs 1349. – **2.** ranzig Ank / Br, Ran / Pe. *salkrigen Speck* Ank / Br. → basch.

salksen s. salken.

Sälküssen n. Polsterung unter der Rückenauflage des Sielengeschirrs Ran / Pe.

Salm[1] m., mit stl. *s*, wie hd. *Psalm* vereinz., *Zalm* Nau / Fg,Rh, Lau / GW, Mah 34. **1.** Psalm, geistliches Lied. *Dei Salm, dei hüt in dei Kirch sunge wurd* HomWb 163ª. *Oma hett in'e Schaul so manchen Salm lihren müsst* Gwd / Ba. Auch: auswendig gelernter Text Fra / Pe, Gwald. *Nu sech mi mål dienen Salm up!* Fra / Pe. – **2.** langweiliges Gerede verbr. *'n langen Salm von wat måken* lang und breit von einer Sache erzählen Ran / Ro.

Salm[2] m., hist., TiN, Lachs StrVoc 357, DähWb 396ª, BaltSt AF 2,2,44. Vgl. Lass. – Mnd. *salm(e)*.

Salmbauk n. Gesangbuch vereinz., DähWb 396ª. *Sei hewwe ut'm Salmböük sunge* Gbg / Vi. – **salmen** sw. viel reden °Fra, Gwald.

Salomo Name des israelitischen Königs (10. Jh. v. Chr.), Sohn Davids, der für seine Weisheit gerühmt wurde und seinem Land Frieden und Wohlstand brachte. In der Vbdg. *ut Salomos Tieden* aus sehr alter Zeit Ank / An. Im Spruch: *Läf glücklich un froh as König Salomo!* Ank / Br.

Salpeter m. **1.** wie hd. vereinz. *Wenn Schinke sich holle sall, möt man em düchdig mit Salpeter inriewe* Ghg / Li. – **2.** fachspr., Blattkrankheit der Tabakpflanze (erzeugt helle Flecken auf den Blättern) Ran / Gs, HückA 43. *De Tubbak hett Salpeter* Ran / Gs. Vgl. BBWb 3,951. – **Salpetertorf** m., fachspr., silbrigweißer Harttorf mit geringer Heizkraft Ran / Gs HückA 85.

Sålschmär f. Tran des Seehundes °Rüg.

Salter m. **1.** *Zalter* Lau / GW, Psalter, Gesangbuch selt. – **2.** übertr., Blättermagen des Rindes Stral, DähWb 396ª. Syn. Bauk.

salwern sw. **1.** Speichelfluß haben Dra / Bu. Vgl. MWb 5,1170. – **2.** sinnloses Zeug reden vereinz. VPom, Lau / GW.

Salwie m., vereinz. f., PflN. **1.** Salbei (Salvia officinalis). – **2.** *Breid Salwie,* Frauenminze, Marienblatt (Tanacetum balsamita) Pyr / We, Reg / Me, Hom 2,227, HomWb 163ª. Vgl. BBWb 3,951: *Salwei(e)*.

Lautvar.: *Salwiej* Pyr / Sa, Dra / Dr, HtKös 1929,12,10, *Sälwiej* °Saa, *Salfie* Reg / Kt, Dra / La, *Sälfie* Dra / Bu, *Salwei* Pyr / We, *Salbie* Lau / GW.

Sålwied f., PflN, Salweide (Salix caprea) vereinz. – Mnd. *sal(e)wîde*.

Såm m., veralt., fischerspr., Gemeinschaft, Arbeitskollektiv °Rüg, [1]Pee 94,121. *in Såm arbeiten* Mönchg.; *up'n Såm gåhn* zur Zusammenkunft gehen ebd. – Zu mnd. *sameninge* Versammlung, Zusammenkunft. – **Såmbüdel** m., fischerspr., Gemeinschaftskasse des Fischerkollektivs Hidd., °Rüg [1]Pee 141. Syn. Såmkass.

Såmen m. **1.** Samenkorn, Saat Gwd / Ba, Pyr / Lt, Sto / Gl. *Dai Såme sprießt* LauWb 299ᵇ. – **2.** Samenflüssigkeit vereinz. – **Såmenhiering** m., *Saam-* Sun 1838,31,121, einjähriger Hering vereinz. °Rüg, Stral.

Såmer m. Sommer. *Dit Johr hemm' wi 'n sihr natten Såmer* Gwd / Ba. *De drögen Såmer sünd för de Buern dei besten* Pyr / Lt; *'n korten / langen Såmer* Gri / Go. *In'n Såmer bläugen dei Wischen* Dem / De. *Wenn de Sommer kümmt, drächt hei bloß Linnentüg* Gwd / Ba. *In'n Såmer gåhn wi plattbarft* barfuß Rüg / Pu. *In'n Sommer hemm' wi hochdüütsch språken wegen de Bådegäst, in'n Winter plattdüütsch* Rüg / Lo. *Ik denk, een Såmer is bäter as teihn Winter* Pyr / Lt. Stoßseufzer am Ende des Sommers: *Nu gifft dat twee Winter un man eenen Sommer!* Gwald. Im Vergleich: *Dat is een Läwen as in'n Såmer* ein frohes, unbeschwertes Leben Ghg / Wt, ähnl. verbr. Auch in scherzh. erweiterter Form, um einen beschwerlichen Zustand zu bezeichnen: *Dat is een Läwen as in'n Såmer, bloß de Hitt de fählt* Uec / Ge.

Laut- u. Formvar.: wie hd. *Sommer* verstr., *Samer* JostWb 81, *Somer* Saa / Le, Sch / Pu, Sto / Gl, *Saumer* verstr. SPom u. °Gbg, Kol / Go, Net / Hf, *Sôumer* verbr. °Lau u. °Büt, [2]Mis 22, Stri 20. – Pl.: zumeist *-s*, vereinz. wie Sg., *Samersch* JostWb 81.

Phras.: Sagw.: *Ut de Angst kimmt man nich rut, secht jenn jaur Jung', im Såmer dat Gewitter, im Winter de Schaul* Sto / GS, ähnl. verbr. – Wetterr.: *Dat gifft 'n gauden Sommer, wenn dat in'n November dunnert* vereinz. VPom. Fallen *in'n November tiedig dei Bläder, gifft't in'n Sommer gaut Wäder* Ank / An. – Rä.: *In'n Sommer kiekt mi keiner an, in'n Winter bün ik dei beste Mann* = Ofen Gri / Ti.

Såmerblaum f. Sommerblume. *Dei Såmerblaumen möt man all Johr frisch planten* Gri / Mi. Vgl. Såmerling. – **Såmerdag** m. Sommertag. *Ik war keena Mantel a'trecka, 't is ju Saumedag* Dra / Bu. In fester Vbdg.: *bi Såmerdag* im Sommer verbr. *Bi Sommerdag dörft man dat Äten nich langen ståhnlåten, süss ward dat sur* Gwald. – **Såmereik** f., PflN, Stieleiche (Quercus robur) Gwd / Ba, Pyr / Lt. – **Såmerfrost** m. ausgetrocknete, sehr harte Bodenschicht, die sich im Sommer herausbildet vereinz. *Dei Acker hett dullen Sommerfrost* Gri / Gm. Prügelandrohung: *Du hest wo' lang nech up'm Sommefrost hüppt!* Reg / Kt, °Gbg. – **Såmergasten** m., f. verbr. MPom, verstr. HPom, Sommergerste. *Dei Såmergasten hett dei dicksten Küürn* Gri / Mi. – **Såmergoorn** n., fischerspr., kleineres Zugnetz mit engen Maschen für das Fischen im Sommer vereinz., RAS 64. Vgl. Wintergoorn. – **Såmerholt** n. saftreiches Holz von Bäumen im Sommer selt. *Dat Såmerholt hett Saft, is grön* Ran / Pe. – **Såmerkuurn** n. Sommergetreide. *Såmerkuurn is Gasten un Roggen, dei Weiten ward noch nich lang as Såmerkuurn anbuugt* Gwd / Ba. – **Såmerlåd** f., veralt., Pflanzentrieb, der sich im Sommer ausbildet verstr. NOPom, HOMWB 163^{a}, BLFPVK 3,185. – **Såmerling** m., Pl. *-s*. **1.** im Sommer geborenes Jungtier (bes. auf Küken u. Ferkel bezogen) vereinz. MPom HPom. – **2.** im Sommer blühende Blume vereinz. Vgl. Såmerblaum. – **såmerling(s)** Adv., veraltd., *saumling* verstr. °Gbg, im Sommer vereinz. HPom. *Wi hewwe såmerlings väl arbeid't* °Sch. – **Såmermetten** m. / f. im Spätsommer durch die Luft schwebende Spinnwebe verstr. VPom, sonst selt. Oft umgedeutet zu: *Såmermäten* 'Sommermädchen'. *Dei Sommermätens trecken, dat ward Har(f)st* Gwd / Ba. – **såmern** sw. Sommer werden selt. MPom HPom. *Dat såmert all tiedig* Büt / Bt. – **Såmerpleck** m., meist im Pl., Sommersprosse vereinz. MPom HPom. Ratschlag gegen Sommersprossen: *Jeje Saumepleck wasch di mit Peer(d)melk!* Dra / La. → Såmersprott. – **Såmerrägen** m. Sommerregen. Kindern redete man früher ein, Sommersprossen durch das Waschen im Sommerregen vergehen lassen zu können, vgl. BLFPVK 10,130, UP 1922,24. – **Såmerroggen** m. Sommerroggen. – Ral., weil Sommerroggen sich kaum rentierte und keine gr. Mühe lohnte: *Sommerrogge un Zägemess lett de Bure so, as hei is* Neu / Th, ähnl. vereinz. Abgewandelt: *Sommerroggen un Zägenmeß wiesen ehrn Herrn as hei is* HUMGWD 12,17,6. – **såmers** Adv., *sommers vereinz., saumes* Dra / Bu, im Sommer, während des Sommers vereinz. *Wi müssde Veih heide un ginge såmers wenig in de Schaul* Sto / Qu. *Sommers wåhnen wi in't Gor(d)enhus* Gri / Mi. – **Såmersät** n. Abseite neben dem Herdraum in alten Bauernhäusern (die im Sommer als Aufenthaltsraum diente) verstr. °Gbg, ^{2}EBE 13. – Mnd. *som(m)ergesēte.* – **Såmerschaul** f. verkürzter Schulunterricht im Sommer für ältere Kinder (die zu Hause bei der Feldarbeit helfen mußten) vereinz., LAUWB 299^{b}. – **Såmerschief** f. 'Sommerscheibe' schon Ende Juli, Anfang August reifende Apfelsorte (Klarapfel) vereinz. Vgl. Au(gu)stappel, Klorappel. – **Såmerschün** f. einfach gebaute Scheune für die Sommermonate (zumeist ohne Seitenwände) vereinz., LAUWB 299^{b}. – **Såmerspråkel** f., meist Pl., Sommersprosse selt. HPom, ^{2}KNO 85. → Såmersprott. – **Såmersprenkel** m. dass. selt. → Såmersprott. – **såmersprenklig** Adj. sommersprossig selt. – **Såmersprickel** f., zumeist Pl., Sommersprosse vereinz. MPom HPom. Volksmedizinischer Rat: *Jäjen Såmersprickle mutt me sich mit Bottemelk wasche* Sto / Dö. → Såmersprott.

Såmersprott f., meist im Pl. *-en*, *-sprutt* vereinz. VPom, vereinz. auch ganz in hd. Lautung, Sommersprosse verstr. *Dei Jung' hett't janz Jesicht vull Sommersprotte* Reg / Rg. – Im Volksgl. existieren zahllose Vorstellungen darüber, wie Sommersprossen zu verhindern bzw. zu vertreiben sind: *Kinner dörben nich in'n Rägen, ihrer dat sei ein Johr olt sünd, süss kriegen sei Såmersprotten* Dem / De. *Man möt sik in dat Wårer waschen, wur dei Schwœlk sik in'n Frühjohr in båd't* Ank / Br. *Märzschnei deet Sommersprosse weih* Lau / GW. Weiteres s. BALTST AF 36,344, BLFPVK 3,67 u. 76, UP 20,134f., KRRUM 391. – Das Grundwort zu mnd. *sprōte.*

Rsyn.: *Såmerpleck, -språkel, -sprenkel, -sprickel.*

Såmervågel m., TiN. **1.** Kuckuck vereinz. VPom. Der erste Kuckucksruf im Jahr gilt als Anzeichen des nahenden Sommers: *De Lewark hett mi bedragen, de Kuckuck is de Sommervagel!* HUMGWD 9,47,12. – **2.** Schmetterling vereinz. VPom. *Wi seggen tau Schmetterling woll mihrst Boddervagel, [...] mankdörch uk Sommervagel* HUMGWD 14,27,10. – **3.** Libelle verstr. °Ran, vgl. DWA 2, Kt.54. → Wåterpierd. – **Såmerweg** m. unbefestigter, bes. im Sommer genutzter Weg neben einer befestigten Straße verstr. *Wenn't rägent, möt man nich up'n Såmerweg führen* Gwd / Ba. – **såmerweik** Adj., *-weiksch* vereinz., *-weitsch* Slo / La. **1.** bei gr. Hitze ermattet und appetitlos verstr. – **2.** sommerlich mild vereinz. *Dat is buten hüt noch so såmerweek* Gwald; *sich sommerweiksch antrecke* sommerliche Kleidung tragen Lau / Vl. – **Såmerweiten** m. Sommerweizen verstr.

Såmkass f. wie Såmbüdel Rüg / Nd ^{1}PEE 141.

Sammelholt n. Fallholz, Reisig verbr. *Wi hemm' Sammelholt ut'n Busch hålt* Ank / An. – Sprw.: *Sammelholt brennt uk* Kleinvieh macht auch Mist verbr. Vgl. Bräkholt, Buschholt, Ries^{1}. – **sammeln** sw., *såmle* mf. °Lau, wie hd. **1.** zusammentragen, -lesen. *Holt sammeln* Gwd / Ba. *Rupe vom Kohl sammle* LAUWB 299^{b}. Spez.: Kartoffeln ernten verbr. *hienem Düwel* [Kartoffelroder] *sammle* Nau / We. – **2.** refl., sich ansammeln, häufen. – Sagw.: *Dat sammelt sich, säd de Jung', don kreeg hei up'e Däl 'n por Uhrfiegen un vör de Dör 'ne Dracht Schläg* °Sch, ähnl. ^{1}HOEFE 42, HUMGWD 5,6,3, ^{4}KNO 19. – **Sammelsurjum** n., *-sor(j)um* Gri / Go, Gwald, Sch / Pu, *-surum* Fra / Bn, *-suur* DÄHWB 396^{b}, Sammelsurium, Mischmasch verstr. *Up'n Disch leeg so'n Sammelsurium von allem mœglichen Schiet* Gwd / Ba.

samst Präp., wie hd. *samt* Gwd / Ba, zusammen mit, einschließlich selt. *De Moorer samst eer Kind* ^{1}VOG 70. Vgl. mitsamst.

Samt s. Sanft.

Sand m., n. verstr. VPom, Cam / Go, Reg / Kt, wie hd. *Tum Ströja dœcht bloß de fien Sand* Saa / So. *Dai*

Hoihne kratze im Sand LAUWB 300^{a}. *Sand schüert denn Mågen rein* Sand reinigt den Magen Gwd / Ze, ähnl. verstr. *Punktum, strüj Sand up!* zieh endlich einen Schlußstrich! Dra / Bu,Dr.

Phras.: Ral.: *einen up'n Sand setten* jmd. versetzen, eine Verabredung nicht einhalten vereinz., auch: jmd. besiegen, bezwingen vereinz. VPom; *einem Sand in'e Ogen streugen* jmd. täuschen, etwas vormachen vereinz., LAUWB 300^{a}, ^{4}KNO 6; *Sand in'e Ogen hebben* müde sein Gwald u. ä. Ran / Pe, Pyr / Lt; *Sand unner't Dack hebben* nur mühsam denken können Rüg / Dm, ähnl. vereinz. – Volksgl.: *'n Schäpel Sand möt man upäten, ihrer dat man starft* Rüg / Pu u. ä. vereinz.

Sand-ål m., TiN, kl. Sandaal, Tobiasfisch mf. °Rüg, Use / Nh RAS 156, ^{6}Gil 491^{a}. Syn. Toobs. – **Sandbänk** f. Sandbank Gwd / Ba, Dra / La. *In't Muur wier 'ne Sandbänk* Gwd / Ba. – **Sandbarg** m. Sandberg, sandige Erhebung verbr. *Denn Sandbarg will ik mit Dannen beplanten* Gri / Mi. – Sprw.: *Dei Wind weigt Sandbarg' tauhop, œwer kein dicke Oorschbacke* Fettleibigkeit kommt nicht von allein, ist selbst verschuldet Gwald, ähnl. vereinz., DÄHWB 396^{b}, HTKLANK 1930,67. – **Sandblatt** n., fachspr., unterstes, trockenes Blatt der Tabakpflanze vereinz. °Ran HÜCKA 48, LAUWB 300^{a}. Vgl. Grumpen. – **Sandbodden** m. sandiger Boden vereinz. *Up denn Sandboorn wasst nicks* Gwd / Ba. – **Sandbrink** m. Sandhügel selt., JOSTWB 81. Im Vgl.: *Hei kann schwemmen as 'ne bliern Ahnt up'n Sandbrink* ist ein schlechter Schwimmer HUMGWD 11,28,8, ähnl. Sto / Kr ^{4}KNO 20. – **Sandbüdel** m. **1.** mit Sand gefüllter Beutel vereinz. VPom. Zum schläfrigen Kind: *Dor kümmt Lenz* [das Sandmännchen] *mit'n Sandbüdel un streugt di Sand in dei Ogen!* Gwd / Ze. – **2.** SpottN der Einwohner von Pölitz (Ran / Pz) verstr. °Ran. – **Sandbüss** f. **1.** Streudose mit Sand, den man zum Trocknen der Tinte über das Papier streut Gwd / Ba, LAUWB 300^{a}. – **2.** Gegend mit sandigem Boden vereinz., ^{1}MASS 126, DÄHWB 396^{b}. – **Sandbuurd** n. / f., seem., 'Sandbord' unterste Planke am Kiel Rüg / Sn, Gwald. Vgl. MWB 5,1175.

Sandel m. Zimt selt. *Hirsebri, stiw mit Sandel äwerzuckert* Lau / Gr BLFPVK 9,100.

Sandhås m. **1.** scherzh., Infanterist, Fußsoldat verbr. – **2.** Fehlwurf beim Kegeln selt. VPom. – **3.** SpottN für die Bewohner Greifenhagens Ghg / Ga, DLP 2,19. – **sandig** Adj., *sangig* HOMWB 163^{b}, *sandrich* HOEFAMSC 396^{a}, aus Sand, viel Sand enthaltend. *sandig Land* Pyr / Lt. Auch: mit Sand beschmutzt Gwd / Ba. – **Sandkaff** n. Abfall beim Dreschen (aus Sand, Unkrautsamen und leeren Hülsen) vereinz. HPom. – **Sandkuhl** f. Sandgrube verbr. *Dei Gören söllen nich ümmer in'e Sandkuhl spälen* Gwd / Ba. – **Sandläpel** m., fachspr., eiserner Löffel an langem Stiel, mit dem der Schmied Sand zum Eindämmen des Schmiedefeuers streut Gwald, Ank / An, Cam / Ca, Saa / Te. – **Sandreff** n. Sandbank Rüg / Vt. Vgl. MWB 5,1177. – **Sandschål** f. sandige (unfruchtbare) Stelle im Acker Gri / Mi, Nau / Fg. *Ik heff do 'ne Sandschål in'n Acker, wur nicks wassen will* Gri / Mi. Vgl. MWB 5,1178. – **Sandschnieder** m. Kutschwagen mit schmalen, hohen Rädern (die tiefe Spuren in den Sand schneiden) verstr., KRKLPYR 1926,57. – **Sandschwœlk** f., TiN, Uferschwalbe °Rüg, ^{6}GIL 493^{a}, LAUWB 300^{a}. – **Sandstein** m. **1.** Kalksandstein vereinz. NOPom. – **2.** müllerspr., Mahlstein zum Schroten vereinz., ^{2}REH 5. *Schrot wa(r)d weik up'm Sandstein* Kol / Sö. – **Sandwringer** m. **1.** TiN, Steinbeißer (weil er sich im Sand eingräbt) Nau / Db, °Reg, Dra / Fa BLFPVK 9,184. Auch: Schlammpeitzger Dra / Dr. – **2.** PflN, Grünling (Tricholoma equestre) Lau / GW, HTKLSCHN 1925,41.

sanft^{1} Adj., *samft* vereinz. VPom, Nau / Db, MAH 29, ^{2}MIS 32, ^{4}WIN 94, wie hd. vereinz. Es überwiegt ursprünglich nd. sacht. *Hei güng samft mit mi üm* Nau / Db; *'n sanften Walzer* Gwald; *sanft daun* wohltun, gut bekommen Gwald, Ank / An.

sanft^{2} Adj., wie hd. *samt* Gwd / Ba, Pyr / Lt, Reg / Kt, HOEFAMSC 396^{b}, samten, aus Samt vereinz. *'ne sanftne Deck* Gri / Ti. – Im Rä.: *Daue güng wat up'm Hof u dêd sich bücken, dat här [...] na sanftna rôra Bårt. Höe êis, wo dêi Kêel rårt!* = der Hahn Kol / Zw BLFPVK 1,153. – **Sanft** m., zunehmend verdrängt durch hd. *Samt, Samft* vereinz., ^{2}MIS 33, LAUWB 299^{b}, Samt, feines Stoffgewebe vereinz. *twintig Ell vigeletten Samft* ^{2}BAND 9. Paarformel: *Sanft un Sied* Samt und Seide vereinz. *Samt an'n Krågen, nicks in'n Mågen!* jmd. gibt zuviel Geld für Kleidung aus Stral, ähnl. Ank / An, Ghg / Li. Ausruf der Verwunderung: *Wat't nich alles jifft, gröna Sanft u' bloya* [blaues] *Linna!* Saa / So u. ä. Nau / Rh. – **Sanftkrågen** m. Samtkragen. – Ral. über den Heiratsvermittler: [er verdient sich] *ein' wittlinnen Hemd mit schwate Sammtkrogo* Sto / Ma ^{6}KAI 164 u. ä. Sch / As. – **Sanftmanschester** m. samtiger Kordstoff vereinz., BLFPVK 5,23.

sanftmäudig Adj. **1.** sanftmütig, gutherzig Fra / Ln, Dem / Tp. Im Vgl.: *sanftmeudig as'n Aulamm* HUMGWD 75,312f.,4. Vgl. sachtmäudig. – **2.** ruhig, langsam vereinz. *Son sanftmäurigen Walze köänen uck oll Lüd mit danzen* ^{3}GIL 106.

Sang m., *Sank* Pyr / Wa, Reg / Kt, Dra / La, Rum / Ru, Gesang. [*De lütte Baukfink wull*] *nich ennen* [...] *mit sinen Sang* UP 6,64. In der Paarformel: *mit Sang un Klang* Gbg / Zr; *åhn Sang un Klang* ohne viel Aufhebens, in aller Stille Gwd / Ba, Pyr / Lt, Reg / Kt, DÄHWB 396^{b}. Vgl. Gesang. – **Sangbauk** n. **1.** Gesangbuch, vereinz. *Sei güng an eer lütt Beukerbrett un langte sick dat Sangbauk runner, sei wull Trost seuken bi dei framen Leeder* HUMGWD 74,115f.,3. Vgl. Gesangbauk. –

2. scherzh., Spielkarten selt. *Sangbauk mit't Krüz* Spielkarten mit Farbe Kreuz Gri / Ti.

sangeln sw. vor Müdigkeit schmerzen, brennen Rüg / Wi: *Mi sangeln dei Föt.* Vgl. MWB 5,1180.

Sannat s. Zannat.

Sapp n. / m., stl. u. sth. *s* stehen nebeneinander. **1.** Saft, bes. Flüssigkeit im Pflanzengewebe vereinz., DÄHWB 397^{a}. Das Wort wird zunehmend verdrängt durch hd. Saft. Im Bastlösereim: *Fabiån Sebastiån, låt den Sapp ut't Holt gåhn* Gwald, ähnl. verstr. *Sipp, sapp, säut, giww mi 'ne Fläut!* HUMGWD 6,14,8, ähnl. vereinz., HTKLBUB 1928,130, HTKLGTP 1924,1,1. *Rode Sapp* [roter Saft] Blut DÄHWB 397^{a}. – **2.** Tabaksaft in der Pfeife Fra / Zi, Gwald, Ank / An. – **sappen** sw. sickern, durchtropfen vereinz. *Dat sappt all dörch't Papier* Gri / Sv.

sapperlot s. zapperlot.

sappig Adj. **1.** aufgeweicht, matschig Rüg / Ae, Dem / Tp, Uec / Ge, Ghg / Li. *De Bodden is so sappig* Uec / Ge. – **2.** von Speichel triefend Gri / Ge: *De Lütt is so sappig üm'n Mund* hat noch Speichel am Mund kleben.

Saran s. Serran.

Sarg n., vereinz. m., wie hd. *denn Sarg runnerlåten* in die Grube hinablassen Gwald; *in aine fichten Sarch läächt* [*warn*] LAUWB 300^{b}. *Up'm Kirchhoff wür dat Sarg noch eis åpen måkt un bäd't* Fra / Pu. Über schweren Kummer, Ärger: *Dat is'n Någel tau mien Sarg* Ank / An u. ä. vereinz. *De passt in keenen Sarg* er ist sehr dick Ran / Ro u. ä. verbr. Drohend: *Ik schlå di, dat du in keen' Sarg mehr passt!* Stett, ähnl. verstr. – Rä. vom Sarg: *Dei't måkt, dei will't nich, dei't köfft, dei bruk't nich, dei't bruukt, dei weit't nich* Ank / Br, Pyr / Lt, Cam / Go, HTKLANK 1925,69.

Laut- u. Formvar.: gesprochen zumeist *Sa(r)k*, daneben jünger auch sporadisch *Sarch*. Zudem: *Saətch* Neu / Rt ^{10}TEU 245, *Säk* vereinz. SOPom, Reg / Do,Te, PRI / TEU 156. – Pl.: *Sä(r)k(e)*, *Särch*.

Volksgl.: Der Sarg muß mit dem Fußende zuerst aus dem Haus getragen werden, da sonst der Tote zurückkommt und jmd. nachholt Gri / Mi, BOR / KAI 28, HTKÖS 1931,23,9f. Der Sarg durfte auf dem Weg vom Trauerhaus zur Gruft nicht abgesetzt werden, da sonst Unheil drohte ADL 182. Beim Trauerzug muß Abstand hinter dem Sarg gehalten werden, da der Geist des Verstorbenen direkt hinter diesem herzieht Neu / Bo, Rum / Ru. *Von'n Sarg drömen, bedüd't Glück* Gwd / Ba.

Sargnågel m. **1.** Nagel für einen Sarg vereinz. Übertr.: *Du büst mien Sargnågel!* du treibst mich noch in den Tod! Stral, ähnl. vereinz. – **2.** scherzh., Zigarette verbr. *Du hest all werre so'n Sargnågel im Mul* Nau / De.

sarp Adj., gesprochen zumeist *saap*. **1.** herb, sauer verbr. *Dei Wien schmeckt so sarp* Gri / Mi. *De Schlehbeera sünn no' so saap, de möta no' mehr Frost krieja* Dra / Bu. Übertr. verärgert, wütend: *Kiek mi nich so sarp an!* °Fra. Ebenso: *sarpig* vereinz. westl. HPom. *sapig Äppel* Dra / La. In der Vbdg.: *sur un sarpig* gärig selt. *Dei Melk is sur o' sarpig wore* Nau / Fg. Vgl. scharp. – **2.** stumpf (an den Zähnen, nachdem man viel Saures gegessen hat) verstr. VPom MPom, sonst selt., ^{6}TEU 298f. *Mi sünn de Tähnen so sarp* Ank / Lo. → äg.

Sarras m., *Sårras* Fra / Br, Uec / Ue. **1.** Bez. für den Teufel verstr. VPom, °Cam, Gbg / Wo, °Reg. – **2.** Schimpfw. für eine widerliche Frau vereinz., DÄHWB 397^{a}. Vgl. Sadrach.

Sät m. Gesäß vereinz. VPom, Ghg / Li. *Hei fåt em in'n Sät* Fra / Zi.

Såt f., n. Gbg / Zr, DIES 6, Saat. **1.** Samen, Saatgut. *Såt afnähmen* den Samen von ausgeblühten Pflanzen sammeln Gri / Mi; *Dei Såt dœcht nicks, dor ward nicks ut* Use / Sw. *Dei Såt is nich uplopen* nicht aufgegangen Gwd / Ba; *de Såt intrecke* nach dem Pflügen eineggen Pyr / Wi; *in'e Såt scheiten* Samen, Blütenstände ausbilden Rüg / Ae u. ä. verstr. *De ganz Zalaut* [Salat] *is in d' Saut schauta* Dra / Dr. Übertr. von einer hochgewachsenen Person: *De is in de Saat schåten* Uec / Pa, ähnl. vereinz., ^{10}BAND 73, ^{2}VOG 63. Auch: aufgegangenes Saatgut. *Dei Såt steiht äwer Johr gaut* Rüg / Ae; *de Såt bekieken* sich anschauen, wie weit die Saat gediehen ist Dem / De. – Sprw.: *Kümmt Tiet, kümmt Råt, kümmt Såmer, kümmt Såt* Fra / Pu, ähnl. verbr. – **2.** Aussaat, das Säen von Saatgut vereinz. *tau Såt plögen* vor der Aussaat tief pflügen Gwd / Da. *Tiid un Weder to'r Saat* DÄHWB 393^{a}. – Sprw.: *Wo dai Såt, so dai Aust* wie man sät, so erntet man LAUWB 300^{b}.

Lautvar.: Zur Realisierug des Stammvokals s. PWB 1,1, LXI, Kt.5.

Såt-äg f. leichtere Egge zum Einbringen der Saat verbr. *We'* [wenn] *mit de Hand säächt is, ward mit de Såtäg rundächt* Reg / Rg. Vgl. Schläp-äg.

Såtan m. **1.** Teufel, Satan. *Dor steckt Såtan i'!* es will nicht gelingen! Nau / Dr. Verwünschung: *De Såtan sall di lüchten!* Ran / Bü. In Kombination mit *Düwel*: *Dat is half Düwel, half Sautan* weder das eine, noch das andere Gbg / Gz. – Im Vgl.: *Dat is soa Diwel as dat Satan is* es ist alles gleich Rum / Gl BLFPVK 4,35 u. ä. °Kös. → Düwel. – **2.** Schimpfw. für eine zänkische Frau verbr. *Hei is an'n Såtan geråden* hat eine böse Frau geheiratet °Fra. Auch: störrisches Pferd Rüg / Ae, Gwd / Ba, Nau / Fi. *Dei Schimmel is'n Såtan, hei bitt un schleiht* Rüg / Ae.

Lautvar.: Zur Realisierung des Stammvokals s. PWB 1,1, LXI, Kt.5. Zudem: *Såtån* Gwd / Ba, Ank / An, *Sautan* Gbg / Gz, *Såran* Dem / Pz.

Såtansbessen m. / f., Schimpfw., zänkische Frau Fra / Pe. – **Såtansbråden** m., Schimpfw., boshafter Mensch vereinz. *Dat is soa richtig Sodånsbråde, dei sett sien Familj wat tau* Sto / Gl. – **Såtanstüg** n., Schimpfw., unartige Kinder Gwald, Gbg / Gp. – **Såtanswief** n., Schimpfw. für eine böse Frau [3]NERE 1,196, NIB 125.

Såtbom m. auf einer gerodeten Fläche stehengelassener Baum, der die Saat für neue Jungpflanzen liefern soll vereinz. – **Såtbüdel** m. Beutel für Samen bei der Aussaat Gwd / Da. Spez.: Beutel, in dem die Tabaksaat vorkeimt Ran / Re HÜCKA 14. – **såten** sw., *såden* Rüg / Ae, 'samen' herunterfallen von Pflanzensamen selt. *Dei Ahornböm an'e Stråt såden soväl* Rüg / Ae. – **Såtfor** f. Ackerfurche für die Saat. *'ne Såtfor pläuje* Cam / Si. *In'n Harfst möt dei Såtfor farig sin* Gri / Mi. – **Såtkreih** f., TiN, Saatkrähe verbr. *Dei Såtkreihen trecken dei Weitkienen* [Weizenkeime] *ut* Gri / Mi. *Hei is Såtkreigen scheiten* Gwd / Ba. Auch: Dohle Gwd / GP, verbr. °Use. – **Såtkuurn** n. Saatkorn. *Dei Saldåten hebben uns nich mål 'n Såtkuurn äwrig låten* Rüg / Ae. – Rä.: *In unsem Garde is wat, dat schriegt: "Wehrt mi de Heihner, de Hunn' dauhe mi nuscht!"* = das Saatkorn Lau / Fr [2]BRUNK 39, ähnl. POMHTSTE 1924,4,14. – **Såtlåken** n., veralt., um die Schulter des Säenden geschlagenes Tuch mit Saatkörnern verstr. *Hai nimmt ain Handvull Såtkoorn utem Såtlåke* LAUWB 300[b]. Vgl. Såtschört. – **Såtmoll** f. hölzerne Mulde für Saatgut, die der Sämann an einem Gurt über die Schulter hängt vereinz. VPom MPom. – **Såtscheiter** m. Rübe, die schon im ersten Jahr in Saat schießt und keinen Ertrag bringt verstr. *Mank de Röwen ståhn väl Såtscheeter* Ran / Pe. – **Såtschört** f. 'Saatschürze' Leinentuch, das man sich zum Aussäen der Saat umbindet Gwd / Ba. Vgl. Såtlåken u. MWB 5,1132: *Saatschört.*

satt Adj., *såt* Lau / Ke, wie hd. **1.** gesättigt, nicht hungrig. *Ät di orich satt!* Dem / De; *so rundüm satt* so richtig satt Stett. *Dat is tum satt warden to knapp un tum verhungre to väl* das ist zu wenig Essen Sto / Gl. *Ik bün satt, wur woll is dat! Morgen gifft dat werre wat!* Dem / De. *Wer sich nich satt ett, dei lickt sich uk nich satt* vom Töpfeauskratzen wird man nicht satt Sch / Pk, ähnl. verbr. Abweisend: *Von "schön' Dank" ka' ik mi nich satt äte!* Cam / He, ähnl. verstr. Wenn jmd. beim Essen aufstößt: *Eene Sœg is satt!* Rüg / Zi, ähnl. vereinz. *Büst du satt? Denn puss de Katt!* Bel / Sh, ähnl. verstr. HPom, BLFPVK 10,42. Ablehnend: *Ik ät nich väl, wenn ik satt bün* Rüg / Ta, ähnl. vereinz. *Dei hett sich tau satt jäte* ist schwanger Büt / Bt. – Rä.: *Wennier äten de Lüd am wenigsten? = wenn se satt sünd* Ghg / Wt. – **2.** kräftig, voll vereinz. *De Farf is satt* Uec / Pa; *satt Wisch* gute, futterreiche Wiese Nau / Sr. Auch: ausreichend, genug vereinz. *Dat is nu satt nooch beklœtert worden* zur Genüge besprochen worden Uec / Pa. – **3.** einer Sache überdrüssig verbr. *Mi is all's satt* Fra / Pe. Meist in der Vbdg. *wat satt hebben. Ik heff dei Arbeit so satt* Dem / Tp. Verstärkend: *Dat heff ik œwer un dœwer satt* Gri / Ti. *Ik heff mi so satt friegt* bin unglücklich verheiratet Dem / De.

Satt f., *Sett(e)* selt. HPom, °Slo, °Fla, LAUWB 300[b], [4]WIN 120, Pl. *Satten* verbr., *Setter* Saa / Ja, flache Glas- oder Tonschüssel, in der Milch zum Dickwerden aufgestellt wird verbr. *Hest du nich 'ne Satt Melk för mi?* Rüg / Ae. *Nu schleet dat doch in'e Sette!* das geht zu weit! Saa / Te. Vgl. Bütt, Melksatt.

satten sw. sättigen vereinz. *Dat sattet sehr* Sch / Pu. Vgl. MWB 5,1193.

Sattenbrett n. kleines, schmales Brett, das auf die Milchschüssel gelegt wurde, um weitere Schüsseln darauf stapeln zu können Gri / Bo [4]WIN 128, [9]WIN 315. – **Sattenmelk** f. dicke, saure Milch Stral, Gwd / Ba, Gbg / Hl, [4]WIN 55. → Dickmelk.

Såttiet f. Zeit der Aussaat vereinz., PAL 78. Vgl. Sådeltiet.

Satz m., Pl. *Sätz.* **1.** grammatisch vollständige Redeeinheit, die in der Regel aus mehreren Wörtern besteht. *He kreeg nich eenen Satz rut* es verschlug ihm die Sprache Pyr / Lt. Auch: Redensart, Spruch Gri / Go, Gwd / Bn, Pyr / Wa. – **2.** festgelegte Einheit in einer best. Kombination selt. *'n Kuurn un 'n Glas Bier, dat's so mien Satz, mihr drink ik nich* Gwd / Ba. – **3.** Sprung vereinz. *In einen Satz wier hei œwer denn Tun* Dem / Tp. Übertr.: *De was bloß up'n korten Satz hier* für einen kurzen Augenblick Pyr / Sh. – **4.** zusammengehörige Menge verstr. VPom, sonst selt. *'n Satz Farken* ein Wurf Ferkel Gri / Mi; *'n Satz Schötteln* Pyr / Lt; *'n Satz Törf* 2000 Stück Torf Gri / Lo. Fischerspr.: *einen frischen Satz måken* eine Einheit Stellnetze aussetzen Fra / Pu, Gri / Lo, Dem / De, RAS 47. – **5.** Bodensatz von Flüssigkeiten Gwald, Ghg / Bk, Nau / Kk.

Sau s. Sœg.

Säuk f. Suche. *Hinner em sind se up'e Seik* sie fahnden nach ihm Sto / Gl. *Se is duernd up de Sök* hält nach anderen Männern Ausschau Ran / Pe. In der Vbdg. *Säuk spälen* Verstecken spielen verbr.
Lautvar.: Zur Realisierung des Stammvokals s. PWB 1,1, LXVIII, Kt.15.

Säukbreif m. Steckbrief Fra / Pe.

säuken sw. / unr. suchen. **1.** sich bemühen, etwas zu finden. – **1.1.** jmd. oder etwas Verlorenes, Verstecktes, Verschwundenes finden wollen. *Wi söken em all 'ne ganz Stund* Ran / Pe. *Daue kast lang nauh säuke, dat lecht im Kumm* liegt in der Wäschetruhe Gbg / Gp. *Alles* [...]

Seiken weer verjebens, hei weer o bleef verschwunde Lau / Sl [1]PIRK 458. *Säuken spälen* Verstecken spielen verbr. *Hei will sik wat säuken* will eine Braut finden Fra / Pe. *Dei hemm' sich söcht un hemm' sich funnen* harmonieren gut miteinander Fra / Br, ähnl. verstr. *De söökt ümmer nåh'n Wort* nach dem passenden Wort Ran / Pe. Wenn jmd. an einer Sache etwas auszusetzen hat: *Wer söcht, dei find't uk wat!* Gwald u. ä. °Fra, Ank / An, Ran / Pe. – Ral.: *Du söchst de Brill un hest se up de Näs!* siehst das Nächstliegende nicht Rüg / Pu u. ä. verstr. VPom, Uec / Ue, Stett, Gbg / Gp. *He söökt denn jistrigen Dag* sucht vergeblich nach etwas Ran / Sr, ähnl. verbr. Zu jmd., der der Länge nach hingefallen ist: *Söökst du eene Dåler?* Cam / Rn u. ä. vereinz. – **1.2.** suchend sammeln. *De Kinner säuken Ostereier* Fra / Zi. *Wi ma Eerdbeere säuke gåhe* Saa / Le. – **2.** etwas erstreben, zu gewinnen versuchen. *Ik war mien Recht säuke* Gri / Lo. *Bistand söötje* Neu / Th. *De söökt farig Arbeit* er ist ein Nichtstuer Uec / Pa, ähnl. vereinz. – Sprw.: *Glik seikt sik, glik fingt* [findet] *sik* Büt / Wu [4]KNO 11.

Lautvar.: Zur Realisierung des Stammvokals s. PWB 1,1, LXVIII, Kt.15. Davon abweichend: *soke(n)* Nau / Fi, °Dra, [2]HOEFA 385. Mit Palatalisierung von *k*: *sautje* Neu / Pn, mf. °Slo [5]TITA 82, nordöstl. °DKr [3]TITA 12, *süetche* DKr / Pl [3]TITA 14, *söötje* Neu / Th, *sootje* Fla / Ta.

Flex.: Präs.Sg.1.: Die Realisierung des Stammvokals entspricht PWB 1,1, LXVIII, Kt.15. – Die Formen von Präs.Sg.3. und Prät.Sg.1. sind nahezu vollständig zusammengefallen, nur vereinzelt ist im Prät. noch auslautendes *-e* bewahrt: Es überwiegt *söcht(e)*. Daneben sind vor allem noch *säukt(e)*, *söökt(e)*, *saikt(e)* in den Grenzen belegt, die durch PWB 1,1, LXVIII, Kt.15 für den Stammvokal angegeben sind. – Das Part.Prät. wird ausschließlich sw. gebildet. Es überwiegt *söcht*, daneben *söökt* vereinz., *saikt(e)* verstr. NOPom, *säukt* Reg / Me, *söscht* Neu / Pn, *sookt* Fla / Ta, *söücht* Gbg / Gz,Gp,Wo.

Säuker m. 'Sucher'. **1.** Fänger beim Versteckspiel vereinz., HOMWB 185[b]. *Säuker spälen* Verstecken spielen Dem / Tp. – **2.** zum Suchen der brünstigen weiblichen Schafe ausgewählter Schafbock, um dessen Bauch ein Lappen gebunden wird (um das Decken zu verhindern) vereinz. VPom, Pyr / Sb,Wa,Wi. *Dei Säuker kricht 'ne Schört unner'n Buk bunnen, wiel hei tau Tucht nicks wiert is* Ank / Br. – **3.** fischerspr., Suchgerät zum Aufspüren von Gegenständen (Angelschnüre u. ä.) auf dem Meeresboden vereinz. Sowohl kleiner, vierarmiger Anker als auch ein präparierter Tannen- oder Kiefernast vereinz. vpom. Küste, Sch / SB, [2]PEE 33, RAS 159. Vgl. Krüsel[1]. In der Eisfischerei eine Stange mit gebogenem Ende zum Auffinden der Treibrute unter Eis Gwd / La, Ank / Km, Uec / Mn, [1]PEE 208. Abb. s. RAS 179.

Lautvar.: Zur lautlichen Realisierung des Stammvokals s. PWB 1,1, LXVIII, Kt.15.

Sauß f., *Sooß* verstr. VPom MPom, Saa / Ke, Stolp. **1.** Soße, Tunke verbr. VPom, sonst vereinz. *Hei hett sich dei ganze Sauss ääwer sien* [...] *Büx pladdert* BRU 34; *dat Fett von dei Sauß affläuten* Gri / Ti. *De Sauß, dei ett ik för mien Läwen giern* Gwald. *Dei Sauß is indröögt* eingetrocknet Fra / Pe; *säutsure Sooß* Fra / Bn. Vgl. Stipp. – **2.** Schlamm, flüssiger Dreck Gri / Ti, Gwd / Ba, Uec / Ge,Pa, Pyr / Lt. – **Saußenstipper** m., scherzh., weiter Ärmel Fra / Pu, °Rüg.

säut Adj. **1.** süß schmeckend. *De Kaukedeig is säut* Nau / Db; *söt Plum* süße Pflaume Dra / Dr; *säut Melk* ungesäuerte Milch Cam / He; *de säute Rohm* süße Sahne Gri / Sv. *Ik bring di uk wat Säuts* [Süßigkeiten] *mit* Gri / Go. In Vbdg. mit *sur*: *Säut un Sur tausåmenkåken* süßsaure Speisen kochen Dem / De. *Dat is nich säut un nich sur* ist noch ungewiß Gri / Mi. *Dagege hülp nich säut noch suə* das war ausweglos Cam / Go. Subst.: *'n Säuten* Likör verstr., HUMGWD 14,4,11. *Wi drinken noch 'n kleenen Söten* Pyr / Wi. – **2.** wohltuend, liebreizend. *'n söte Schlåp* tiefer Schlaf °Sch; *mine leiwe, seute* [...] *Heimautsprauk* [1]NERE 2. *'ne lütt säute Diern* Gwd / Ba. *Dat Jesicht is söt, åwer de Föt, de Föt!* Ghg / Wt, ähnl. vereinz. Auch: gelegen, einer Absicht förderlich Rüg / Nn,Pu, Ghg / Wt, Lau / GW. *Dat keem mi recht söt* Rüg / Pu. – Ral.: *einem wat säut utmålen* jmd. etwas verführerisch darstellen vereinz. Subst.: *'n Säuten* Kuß verbr. VPom, Stett, Ghg / Li, Pyr / Lt. *Hei drückt ehr 'n Säuten up* Gwd / Ba. Als Dim. *Säuting*, Kosew. für Kinder oder den / die Liebste(n). – **3.** übertrieben freundlich, schmeichlerisch vereinz. *Dei kann uk so säut räde* °Sch. – **4.** teuer, hoch im Preis verbr. VPom, sonst selt. *Dat Kleed kost't sößtig Mark, dat is mi tau säut!* Gwald. *Dat is 'n söten Pries!* Stral.

Laut- u. Formvar.: Zur Realisierung des Stammvokals s. PWB 1,1, LXVIII, Kt.15. Suffigiert: *säutsch* °Fra, *söötsch* °Fra, Gri / Bo,Mi, Ran / Pe, Gbg / Gp, HTKÖS 1924,14,12. – Dim.: *säuting, söting* VPom, *seting* Lau / Gr BLFPVK 9,55.

Säut f. / n., Pl. *-en.* **1.** Bauchspeicheldrüse vom Schwein verstr. VPom, MPom. *Dei Säut kümmt mank denn Mörbråden* Dem / Tp. – **2.** Fleischstückchen im Darmfett verstr. – Etym. zu säut.

säuten sw. etwas süßen (mit Zucker oder Honig). *Dat Äten säuten* °Gwd. *Dat säut't un suurt nich* das will nicht gelingen Gwald, ähnl. Ank / An, BRU 11. *Demm säut't de Arbeet ni'* die Arbeit bereitet ihm keine Freude Nau / Wa. – Sprw.: *Wat nicht surt, dat säut't uck nich* was nicht schwer errungen ist, bringt keinen Lohn [4]GIL 30, ähnl. Gwd / Ba, HUMGWD 5,6,1. Auch in umgekehrter Folge: *Wat nicht säut't, dat suurt uk nich* selt. VPom. Vgl. MWB 5,1199.

Lautvar.: Zur Realisierung des Stammvokals s. PWB 1,1, LXVIII, Kt.15.

Säutholt n., PflN, Süßholz (Glycyrrhiza glabra) vereinz., HOMWB 185[b]. – **Säutkauken** m. Pfefferkuchen Gri / Zf, Rüg / Be, Stral. Vgl. MWB 5,1199. – **Säutkesper** f. Süßkirsche Slo / La, JOSTWB 97. – **säutlich** Adj. **1.** von leichter Süße vereinz., HOMWB 185[b]. *Dat* *schmeckt schön säutlich* Cam / He. *Dat hett so'n sötlicha Jeruch a' sich* Dra / Dr. – **2.** aufgesetzt freundlich vereinz. *Demm glööft man ne', dei hett sich tau säutlich* Nau / Wn. – **Säutmelk** f. Süßmilch, frische Vollmilch vereinz., [4]WIN 29. *'ne Satt Säutmelk* Gwd / Ba. – **Säutmul** n. **1.** Leckermaul verstr. Auch: Kosew. für ein kleines Kind Uec / Ge, Ghg / Li, Reg / Nt. – **2.** überfreundliche, schmeichlerische Person vereinz. – **säutmülig** Adj. begierig nach Süßem vereinz. VPom, [1]TIB 97. *Wer en beten wat seutmülig is, dei plegt ok Honnig girn to eten* [3]NERE 1,94. – **Säutschnut** f. Naschkatze Gwald, Nau / Fg, Rh, Net / Sl. Auch: Kosew. für ein kleines Kind °Gri. – **säutsur** Adj. **1.** süßsauer. *Tau dei Stamptüffel gifft't säutsur Stipp* Gri / Mi. *Dei Plummen hett sei säutsur inmåkt* Gwd / Ba. – **2.** mürrisch, verdrießlich vereinz. *He måkt 'n sötsur Gesicht* Stral. – **3.** aufgesetzt freundlich, scheinheilig vereinz. *Hei räd't säutsur von di* macht dich indirekt schlecht Fra / Bn. – **Säutsur** n. süßsaures Gericht aus gesäuertem Blut, Backobst, kleinen Fleischstücken und Kaldaunen (von Gans, Rind oder Schwein) vereinz. VPom, Uec / Ge, Ghg / Li.

säwen sw., *säben* Gwd / Ba,Da,De, °Use, Lau / Ke, *sœwe* Pyr / Wa,Wi. **1.** sieben, durch ein Sieb schütten. *Dat Kuurn möt noch sääft warn* Gwd / Ba. Vgl. Säf. – **2.** fein regnen vereinz. HPom. *Dat is nich dreech, dat is nich natt, dat sääwt blos* Lau / Lt. Vgl. sichten. – **Säwenbinner** m., veralt., Siebmacher, -flicker HOEFAMSC 419[b]. – **Säwenrand** m. **1.** Siebrand vereinz., [3]NERE 1,78, NDKBL 4,11. Übertr.: breitrandiger Frauenhut Sto / KP, Lau / Ke. – **2.** umgedeutet zu *Sœben-, Sœwenrand* 'Siebenrand' (auf das Zahlwort sieben bezogen) Schimpfw. für eine zänkische Frau verbr. VPom, vereinz. MPom, Neu / Gc, [7]BAND 25, [4]GIL 4. Auch: Schwätzerin selt. VPom, [3]SCHMF 82; wildes, ausgelassenes Kind Fra / Fr, Stral, Uec / Pa, Cam / He.

Säwersåt f., *Säber-* Uec / Ue, *Säwke-* Ghg / Hk, *Säwert(s)-* Gri / Ge, °Rüg, *Säwets-* Gri / Mi. **1.** Blütenköpfe vom Zitwerbeifuß (Artemisia cina) verstr. Früher wurden die Blütenköpfe als Wurmmittel verwendet. *Säwersåt in'n Sirup is gaut gägen Wörm* Fra / Zi. – **2.** Samen des Rainfarns (Tanacetum vulgare) Gri / Ti.

schääfsch Adj., *schääbsch* Gwald, °Ghg, *schåfsch* selt., *schaufsch* Gbg / Gp, schäbig. **1.** zerlumpt, zerrissen verbr. *He hett so 'ne schääfsche Hose a'* Pyr / Wa. *He vedeent soväl Jeld un jeht so schåfsch in't Tüg* Ghg / Hi. Syn. schäwig, schawwig. – **2.** niederträchtig, gemein verbr. *Denn Kierl tru ik nich, de is schääfsch!* Rüg / Pu. Auch: schlecht im Benehmen vereinz. VPom. *Hei 's all ümmer en schäwschen Gast west* [1]BAND 4,84.

Schaats m. (?) Schlittschuh holländischer Bauart mit langer, vorne gerundeter Kufe Ank / An. – Nl. *schaats.*

schäätsch Adj. niederträchtig, gemein Uec / Ge, Ghg / Li, Sto / KP. – Zu Schät.

Schabbel f., *Schawwel* selt. HPom, Pl. *Schabble, Schawwle.* **1.** PflN, wie Schabbelbohn verstr. HPom PosWPreuß. – **2.** Schote von Hülsenfrüchten vereinz. HPom PosWPreuß. *Dei Bohne / Arfte hewwe schön Schawwle* Nau / Fg. – Pomor. *šabla* Schwertbohne, vgl. poln. *szabla* Säbel. – **Schabbelbohn** f., PflN, Gartenbohne (Phaseolus vulgaris) selt. VPom, verstr. HPom, HOMWB 163[b]. *Schabbelbohne afmåka* die Früchte aus der Hülse lösen Saa / Ja. – **schabbeln** sw., *schawweln* Rüg / Zi, grüne Bohnen schneiden, schnippeln selt.

Schabber m. / f. geschwätziger Mensch verstr. °Sto. – **schabb(e)rig** Adj. **1.** geschwätzig Sch / Rg, verstr. °Sto. *Hei is so schabbrig, ma ka' sich keier Wuurt mit em berede* man kann seinen Redeschwall nicht bremsen Sto / Gl. – **2.** bärbeißig, unfreundlich vereinz. Auch: bissig (von Hunden) selt. – **schabbern** sw. **1.** unablässig reden, quasseln verbr. nordöstl. HPom, sonst selt., HOMWB 163[b], [5]TITA 41. *Dei schabbert wat un wett gor nich, wat dat up sich hett* redet ohne Unterlaß sinnloses Zeug °Sto. – **2.** keifen, schelten vereinz. HPom. – Zu pomor. *čabrotac* schwatzen.

schabbig s. schawwig.

Schaben s. Schalm.

schåben sw., *schåwe* Sch / Pu, Sto / Dö,Pf, HOMWB 165[b], *schåm'* Ghg / Li, schaben, mit einem scharfen Gegenstand von der Oberfläche entfernen vereinz. *Hei schåft denn Stock glatt* Gwd / Ba; *dat Fleisch schåben* an der Innenseite der Haut abkratzen Dem / De.

Schåbernack s. Schåwernack.

Schablon f. Schablone, Vorlage zum Übertragen von Formen u. a. vereinz. *Dat jeht alles nåh de Schablon* nach althergebrachter Art und Weise Ank / An, Stett. – Ral.: *Schablonen in'n Kopp hebben* klug sein Rüg / Dm,Pu,Zi, Ank / An, Dra / Ga, Rum / Pr.

Schabo n., Endsilbe betont, Spitzenrüsche am Kragen (zum Verdecken der Verschlußleiste an Blusen und Kleidern) Fra / Pu, °Dem, Rüg / Pu, Dra / Ga, LAUWB 180[a]. – Zu frz. *jabot.*

Schabrack f., n. Gwd / Ba, *Schebrack* Sch / Ac, Rum / Tr, Sto / Dö, *Schåbrack* Fra / Bn, Stett, *Schawrack* Rüg / Zi, Gwald. **1.** Satteldecke verstr. VPom, sonst vereinz. – **2.** altes, abgetragenes Kleidungsstück verbr. *Wat hest du dor för 'ne olle Schabrack an?* Gwald. Spez.: (altmodischer) Frauenrock verbr. *Se nimmt geern de Schåbrack hoch* ist männertoll Stett. – **3.** baufälliges Haus vereinz. VPom, Dra / Kr. *In dat oll Schabrack wåhnt hei!* Gwd / Ba. – **4.** Schimpfw., alte Frau Dem / Tp, Cam / Fr, Sto / Dö.

Schacherie f. auf eigenen Vorteil bedachter Handel selt. *Mit sien Schacherie verdeint hei väl Geld* Gwd / Ba. – **Schacherjud** m., pejor., umherziehender (jüdischer) Händler vereinz. Auch: jmd., der gern feilscht vereinz. *Unkel Stöffer is'n richtiger Schacherjud* Gwald. – **schachern** sw. feilschen, handeln verstr. *Bim Schwienverköp musst' got schachre kœne* Uec / Ge. *Hier ward nich schachert!* hier gelten festgelegte Preise Ank / An.

schachmatt Adj., *schamatt* Uec / Ge, Saa / Ja, verkürzt zu *schach* Fra / Br, wie hd. verbr. *Ik weer so schachmatt, ik kü' ni' wiede* konnte nicht weiter Dra / Bu. → fack[1].

Schacht m., *Schaft* vereinz., Pl. *Schächt*, die umgelautet Form auch veralt. noch als Sg. Fra / Ln, Uec / Ge,Pa, Neu / We, DÄHWB 401[b]. **1.** (dicke) Stange vereinz., HOMWB 165[a], WAR 65. Fachspr.: aus Querstäben bestehender Teil des Webstuhls zum Anheben der Fäden Kol / Ma, Stolp, [4]ROSF 501. Fischerspr.: langer Stock an der Gabel des Aalstechers Stral RAS 165. Übertr.: *Hei is so'n langen Schacht* großer, dünner Mensch °Dem. Auch: derber Stock, Knüppel. *Hiet jifft't wat up'e Å(r)sch, de Lehrer kimmt mi'm Schacht* °Slo. *Nimm dei Schacht un pietsch em damit uht!* HOMWB 165[a]. Vgl. Bengel, Prangel. – **2.** m. / f. Prügel, Schläge. *Ik heff in'e Schaul väl Schacht kräge* Nau / De. *Du kumm mi blos nåh Hus, dat gifft 'ne mächtige Schacht!* Sto / Gl. *Dor helpt kein Schacht un Tauräden* das ist hoffnungslos Gwald. Spruch: *Schacht verjeht, Oorsch besteht* vereinz., HTKÖS 1930,26,4. *Weetst' keen Uträd, krichst' Schacht* wenn du dich nicht herausreden kann, mußt du mit Folgen rechnen Rüg / Dm, Uec / Pa. – Sagw.: *Wat kümmert't mi, wat achter mi passiert, säd de Jung, as he Schacht kreeg* WHTKLNAU 1925,70. *Dat hülp sich, sär de Jung, dunn kreech hei vör'e Dör Schacht un in'e Stuf Prügel* Cam / Bn. – **3.** Stiefel- oder Strumpfschaft verbr. *Mien Socke* [...] *sind soo seer to klein, dat ik mit de Hacke al inne Schecht cha* JOSTWB 81. – Ral.: *sik in de Schächt schmieten* sich beeilen vereinz. – **4.** Geschlechtsteil des Hengstes verbr. – **5.** dicke Scheibe Brot, großes Stück Fleisch u. ä. verbr. *De hett sich äwer 'n schöne Schacht afschnäde* Pyr / Dö. *en Pund Bodder un'n Schacht Mettwust* [1]BAND 4,57.

Schachtel f. **1.** wie hd. *'ne lütt Schachtel vull* Gwd / Ba. – **2.** Schimpfw., alte (häßliche) Frau verbr. Zumeist in der Vbdg. *oll Schachtel.* → Ollsch.

schachten sw. (mit einem Stock) verprügeln verbr. *Hüt hett Vadding mi düchdig schacht'* Ank / An. – **Schachterie** f. Schlägerei Gri / Mi, Ran / Pe: *Dor is 'ne grot Schachterie in'n Gangen.* – **Schachtmeister** m., scherzh., Lehrer Dem / De. – **Schachtraut** f., fachspr. **1.** Raummaß für Mauerstein, Sand, Erde (1 Rute lang und breit, 1 Fuß hoch) Uec / Pa, verstr. HPom. *son paor Schachtraud Sand* HTKÖS 1923,9,8. – **2.** Meßlatte zum Ausmessen kl. Landstücke vereinz. VPom, Pyr / Lt, Saa / Zd. *Dor kann denn jeder mit de Schachtraud rutgahn un sick den besten Acker utsäuken* [16]BAND 45. – **Schachtschnieder** m., seem., jmd., der nicht zur See fährt Gwald. Eigentlich Handwerker, der Schäfte für Speere und Lanzen anfertigt, vgl. MWB 5,1210. – **Schachtstäwel** m. Stiefel mit hohem Schaft vereinz. *För Alldag wiren de Schachtstäweln noch gaud* HAU 45. – **Schachtworm** m., auch *Schaff-*, TiN, Schachtassel (Idothea tricuspidata) °Rüg FRA 60. Vgl. PRWB 5,69: *Schachtwurm.*

Schack-elster f., TiN, Elster selt., nach DWA 15, Kt.3. – Lautm. ihren Ruf *schack-schack* nachahmend. – **Schacker** m., TiN, lautm. – **1.** *Schaker* Gwd / Da, Elster vereinz. VPom, Neu / Te, vgl. DWA 15, Kt.3. – **2.** *Tschacker* Ank / Me HTKLANK 1929,92, Drossel, bes. Wacholderdrossel selt. VPom, BRU 12. – **3.** Eichelhäher Ank / An.

schackig Adj. ängstlich Mönchg.: *Em was doch so'n bäten schackig worden.* Vgl. schåkig.

Schacklåd s. Schock(e)lor.

Schacko m., veralt., Tschako, helmartige Kopfbedeckung (des Polizisten, des Postkutschers) selt. [*De Postelljon*] *nimmt den Schako af* [*un*] [...] *wischt sik mit den Handrücken äwer de Stirn* SPI 11. Auch für die ganze Person: Polizist, Gendarm selt. *Passt up, de Schacko kümmt!* Stett.

Schackoklapp s. Schapoklapp.

schåd Adj., nur präd., bedauerlich, schade verbr. *Dat is würklich schåj* Pyr / Lt. *Schåd üm dei schöne Supp!* Gwd / Ba. *Schår üm jeden Schlag, dei vörbigüng!* Gri / Mi. Scherzh. Erwiderung, wenn jmd. etwas bedauernswert findet: *Schår is, wenn dei Oss in't Wårer schitt un dei Bur denn Meß nich kricht* Ank / Br u. ä. verstr., ALBELG 16,54. Iron. zu einem Besserwisser: *Schåd üm dien Kopp, dat dei verfulen möt, dat gifft 'n schönen Holtschauh* °Use u. ä. vereinz., BLFPVK 10,29. *Dat Kleed is noch to schå' för'n Lummenbüdel* zu schade für den Lumpenbeutel Ank / An.

Lautvar.: *schå'* Gwd / Ba,Vo, Ank / An, *schår* vereinz., BLFPVK 10,29, BUL 7, ALBELG 16,54, *schåj* Pyr / Lt, *schåij* Pyr / Sa, *schaur* Gbg / Wo,Vi, *schaud* Net / Hf.

schåden sw. **1.** jmd. oder etwas schädigen, Schaden zufügen. *Een bät Rägen künn nich schåjen* wäre dringend nötig Pyr / Lt. *Dat schåd't em gor nicks* das geschieht ihm recht Gri / Bo. Einsichtig: *Helpt dat nich, denn schåd't dat uk nich* Ank / Br, ähnl. verstr., HUMGWD 8,49,9. – Sagw.: *Dat schåd't mien Varrern gor nicks, sär dei Jung, wenn ik Prügel krich, worüm hett hei mi nich bäter uptreckt* Rüg / Ae. *Dat schadt di gornicks, säd de*

Buer tau dei Schündöör, don was sei em an'n Kopp flagen HUMGWD 11,20,11, Stral, Gwald. – **2.** jmd. befallen (bezogen auf Krankheiten, Stimmungen). *Wat schåd't di?* was fehlt dir? Fra / Bn. *Em schåd't wo' wat, hei süht so blaß ut* Saa / Le. *Ehr schåd't wat* sie ist schwanger °Rüg.

Lautvar.: *schåjen* Pyr / Lt,Wa,Wi, Ghg / Be, NACK 7, *schaure* Kol / Go, Gbg / Ze, [1]NERE 69, *schårde* Kol / Sö, BUL 28, *schode(n)* Ghg / Wt, Cam / Kn, Lau / GW.

Schåden m. Schaden. **1.** Beschädigung, Defekt. *Dei Käuh sünd mank 't Kuurn wäst, sei hemm' schönen Schåden måkt* Fra / Bn. [*Hei*] *betert Schoar u Mängel* BAL 15. In der Vbdg. *in'n / tau Schåden gåhn* zu Schaden kommen vereinz. – Ral.: *As Gott denn Schåden besach* [...] einleitend bei Aussagen über eine überraschend negative Sachlage Rüg / Ae, ähnl. vereinz., HTKLGTP 1930,23; *ihrer Gott denn Schåden besüht* unerwartet schnell Gwald u. ä. Lau / Ke. *Dei hett woll 'n kleine Schåre* hat eine kleine Meise Reg / Me. – Sprw.: *Wecker Schaden makt, möt Schaden bätern* HUMGWD 14,48,11. – **2.** Krankheit, körperlicher Schaden. *He is to Schåjen kåmen* hat einen Unfall erlitten Pyr / Lt. *Dat hei as Kind ne Schaure nauhme herr un* [...] *mit 'nem Puckel rümme loope müßt* [1]NERE 15. *Dau die bi de schwåre Arbeet kain Schåre an!* LAUWB 304[a]. Spez.: *(de schlimme) Schåden* Epilepsie verbr. *Dat Kind litt am Schåre* Kol / Zw. – **3.** Nachteil, Einbuße. *Hei hannelt sik in'n Schåden* macht für sich einen schlechten Handel Fra / Pe. *Bi siem Arf* [Erbe] *isse bloot mit Schåre weechkåme* LAUWB 304[a]. *Ik bün mienen Schåden nåhkåmen* habe meine Einbuße ausgeglichen verstr. *Dat sall dien Schå' nich sin* soll dir nicht zum Nachteil gereichen Gwd / Ba. *Då is keen Schåjen bi* es lohnt, ist gewinnbringend Pyr / Lt. – Sprw.: *Bäter Schåden as Schimp* Gri / Ge. *Wecker denn Schåden hett, bruukt för'n Spott nich tau sorgen* vereinz.

Lautvar.: Zur Realisierung des Stammvokals s. PWB 1,1, LXI, Kt.5. Verkürzt: *Schåd'* vereinz., HOEFAMSC 398[a], [5]TITA 58. Mit abweichendem Konsonantismus: *Schåje(n)* Ghg / Be, Pyr / Lt,Wa,Wi, Saa / Zd, NACK 31, *Schår(e)* vereinz. HPom, BAL 15, *Schaure* Kol / Go, Gbg / Gp,Zi HTKLGTP 1930,23, [1]NERE 15, *Schor(e)* Bel / Ka,Rn, Sch / Pu,Sd.

Schadrunn s. Schladrun.

Schäf f., selt. m. / n., holziger Rest beim Flachsspinnen. *Dat Flass ward bråkt, wat nåh unner föllt, dat is de Schäf* Saa / Le. *Schäw' bruukt dei Murer, dat Finster dicht to måken* Gri / Mi. *Mit dei Schäw' kann man Füer anböten* Rüg / Ae. – Ral.: *einen 'ne Schäf rieten* Schabernack mit jmd. treiben verbr. Syn. Schäwel, Schäwels.

Laut- u. Formvar.: *Schäw'* vereinz., *Scheew'* verstr. NOPom, HOMWB 167, *Schaiw'* Dra / Ga, Net / Hf. – Pl.: zumeist wie Sg., *Schäw'*, *Schäwen* vereinz.

Schaff[1] m. das Schaffen, Vorankommen beim Arbeiten. *Wat sei anfött, hett uk Schaff* geht gut voran Gri / Mi. *Dat Knütten hett mit ehr noch keinen Schaff nich* sie kann noch nicht stricken Gwald. *Dor is kein Schaff in* die Arbeit geht nicht vorwärts Dem / Tp. In der Vbdg. *up'n Schaff* schnell, zügig verbr. *Dat sall all up'n Schaff farig warden* Ank / An. *De is up'n Schaff* ein tüchtiger, flinker Arbeiter Dra / Bu. – Sprw.: *Iel Hast hett kein Schaff* in Eile gelingt nichts gut Dem / De.

Schaff[2] f., *Schabb* Stral, *Schabbe* DÄHWB 398[b], Krätze (beim Pferd) vereinz. VPom, Ghg / Li. *De Buren klagen väl dorœwer, dat ehr Pier an de Schaff lieden* Rüg / Zi. Vgl. MWB 5,1214.

Schaff[3] n. Holzeimer (mit Griff) Fra / Bn, selt. °Rüg. – Mhd. *schaf* offenes Gefäß.

Schaffaf m. Imperativbildung zu afschaffen. Nur in der Vbdg. *up'n Schaffaf* in schlechtem, schwer zu verbesserndem Zustand vereinz. VPom. *Dat Schur steiht up'n Schaffaf* ist baufällig Fra / Pe. *Dat Kleed is bald up'n Schaffaf* gehört in den Lumpensack Dem / Tp. *Dei Buer is up'n Schaffaf* ist bankrott Ank / Br.

schaffen sw. wie hd. **1.** hervorbringen, zustande bringen. *Wien o' Brot schafft uns dat Himmelreich up Ierde* Lau / GW. – **2.** bewerkstelligen, bewältigen. *Dat schaffen wi nich alleen* Pyr / Lt. *Dat kann ik bi'n besten Willen nich schaffen* Ank / An. *Wat ik hüt nech schaff, schaff ik morje* Gbg / Gp. – Ral.: *Dat kann he nich ut't Stroh schaffe* aus nichts kann er nichts machen Saa / Te u. ä. Sto / Dö,Pf. – **3.** sich lohnen, gut vorangehen verbr. *De Arbeit hett hüt gaut schafft* Sto / Gl. – Ral.: *Dat schafft alle Johr 'ne Kar vull* das bringt nichts ein Ran / Ro. *Dat schafft Struk inne Tun* [Strauchwerk in den Flechtzaun] schafft gut °Lau [4]KNO 19 u. ä. Sto / Gl. – **4.** seem., essen. Gwald, Ank / An, Hidd. DÄHWB 399[b]. – **5.** hist., durch Stehlen herbeischaffen Use / Li [2]MEIW 207.

Phras. zu 3.: Sprw.: *Wat nech schafft, dat schäpelt ok nech* °Sch HTNHZ 1925,5,8. – Sagw.: *Dat schafft, seggt Jochen, dunn ett hei de Stamppantüffle mit de Botterkell* Cam / Bn. *Dat schafft, secht Schröder, un drinkt Stamptuffle ut de Buttel un ät Bottermelk mit de Gawel* Sch / Ev HTKÖS 1929,24,8 u. ä. Büt / Wu, Sto / GG,Zz, Stolp, [4]KNO 19. *Dat schafft, seggt de Schnire o springt mit beire Feite tauglik* Sto / Ku [4]KNO 19. *Dat kann schaffen, seggt de Jung, dunn kriggt he in de Stuw, up de Dähl un vör de Dör Schacht* HUS 1901,41,164.

Schaffensgeschirr n., seem., Eßgeschirr Gwald. – **Schäffersche** f., veralt., Wirtschafterin Stolp, HOMWB 165[a]. – **Schaffertörn** m., seem., Dienstzeit am Steuerruder innerhalb des regelmäßigen Schichtwechsels an Bord, die in die reguläre Essenszeit fällt Gwald. – **schafflig** Adj. **1.** lohnend, gut vorwärtsgehend verbr. VPom, Ghg / Li. *Dat is 'ne schafflig Arbeit* Fra / Pe. *Kuurn schafflig måhlen* das Korn weniger fein mahlen, damit schneller mehr Mehl produziert wird Gri / Lo. – **2.** tüchtig, emsig vereinz. – **schäffre** sw., *schaffre*

Lau / Ke, sich zu schaffen machen vereinz. östl. HPom. – **schaffrig** Adj. fleißig, eifrig Sch / Rg: *Sei hett schaffrig Hänn'*. Vgl. PrWb 5,83: *schäfferig*.

Schaffrusch m. / n., PflN, *Schawrust* Fra / Da, *Schaf(f)ruß* Weig 188, HomWb 165ª, Winterschachtelhalm (Equisetum hyemale) Rum / Tr, Sch / Ac, Sto / Sw, ²Boll 53, Hom 3,89, HtKös 1929,12,10. – Mnd. *schafrisch* Schachtelhalm.

Schaffstock m., auch *Schaft-* Fra / Bn, Gwald, Ran / Pe, Pyr / Wa, *Schapp-* vereinz. westl. MPom. Nur ral.: *sik up'n Schaffstock måken* sich an die Arbeit machen vereinz.; *einen up'n Schaffstock bringen* auf Trab bringen, verprügeln Fra / Bn, ähnl. vereinz.

Schäfsel s. Schäwels.

Schaft s. Schacht.

schafucken sw., *schawucken* Ank / An, unbeholfen, schwerfällig gehen selt. *He mööt to Faut schaffucken un sei fürt in de Kutsch* ¹Gil 17. Vgl. fucken.

schafutern sw. viel reden Dem / De. Vgl. futern.

Schagen m., seem., das Kap Skagen an der Nordspitze Jütlands.

schajeken s. scharjeken.

Schåk f., selt. n., Kettenglied. Das Wort galt überall in Pom. bis auf das nordöstl. HPom, wo nur das Syn. Litt¹ gebräuchlich war. *Dei Kär* [Kette] *is räte, daue mäut 'ne nieje Schauk tüsche klemmt ware* Gbg / Gp. *Dei Schåken wiern all dünn schüert* Rüg / Ae. Zss. Enn'schåk, Notschåk.

Laut- u. Formvar.: Zur Realisierung des Stammvokals mit den Hauptvar. *Schåk, Schok, Schauk* s. PWb 1,1,LXI, Kt.5. Zudem: *Tschåk* Nau / Dr. Mit gekürztem Stammvokal: *Schock* Kol / Ro, Neu / We, Fla / Ta. – Pl.: *-en* verbr., *-s* Saa / Mu.

Schakån s. Schikån.

Schäkel, schäkeln s. Schœkel, schœkeln.

schäkern s. schekern.

Schakett n., *Dschakett, Tschakett* vereinz., Anlaut zumeist sth., *Schjakett* vereinz. °Gbg, Jackett, (gute) Jacke für Männer. Prügelandrohung: *Dat jifft wat in't Schakett!* Ghg / Wt, ähnl. verbr. Vgl. Jäckert.

schåkig Adj., *schåkrig* Ank / Br, Saa / Ja, *schœkrig* Gri / Ge,Mi, *schaukrig* Neu / Th. **1.** fröstelnd, zitternd vor Kälte verstr. nördl. VPom, sonst selt. *Mi is buten ganz schåkig worn, ik mütt eis 'n Kuurn drinken* Rüg / Ae. – **2.** mulmig, Unbehagen empfindend verstr. nördl. VPom. *Em würd 'n beting schakig, as dat düsterer un ümmer düsterer würd* °Rüg HuMGwd 2,37,11. Vgl. schackig.

schakreff Fluchwort verstr. *Schakreff noch eis!* Gbg / Gp. *Schakreff, holl dien Mul!* Stett. – Zu poln. *psiakrew* verdammt noch mal. – **schakreffen** sw. tüchtig schimpfen, fluchen vereinz. MPom HPom.

schåkrig s. schåkig.

schål¹ Adj. schal, fade im Geschmack verstr. *Drink dien Bier ut, süss ward dat schål* Gwd / Ba. *De Supp schmeckt so schål* Uec / Pa. Syn. schålig.

schål² s. schol.

Schål¹ f., *Schaul* verstr. °Gbg, *Schaua(l)* Net / Hf, *Schol* nordöstl. HPom, Schale. **1.** feste, natürlich gewachsene Außenschicht, Hülle. – **1.1.** Schale von Obst und Kartoffeln vereinz. Gebräuchlicher sind die Het. Pöll, Schell², Schlus'. Nur selten als Bez. für die Eierschale, für die Dopp gebräuchlicher ist, daneben auch für die Schale von Nüssen, Eicheln und Kastanien. – **1.2.** Hülse vom Getreide selt. *De Weiten hett dünn Schålen* Ran / Pe. – **1.3.** Baumrinde selt., vgl. DWA 11, Kt.8. Die vorherrschende Bez. für die Baumrinde in Pom. ist Bork¹, vereinz. ist noch Rinn' belegt. – **2.** hölzerner Messergriff vereinz., LauWb 302ª. *Dat Taschemetz hett 'ne blank Schaul* Gbg / Gp. – **3.** Überwuchs am Huf von Pferden vereinz. – **4.** saloppe Bez. für elegante Kleidung. Fast nur in festen Fügungen: *in Schål sin* besonders fein angezogen sein verstr.; *sik in Schål schmieten* sich festlich herausputzen verstr.

Schål² f., Lautvar. s. Schål¹, Schale. **1.** flache Schüssel vereinz. *'ne Schål vull Äppel* Gwd / Ba. – **2.** kl. Trinkgefäß, Tasse selt. *'ne Schål Kaffe drinken* Stral.

Schål³ m., *Schall* vereinz., JostWb 81, Pl. *-s*, Schal verstr. *Dat is kolt, du mußt di 'n Schall imbinde* °Sto. Vgl. Schåldauk.

Schalaster s. Scha(r)laster.

Schalben s. Schalm.

Schålbrett n. äußeres Brett eines aufgesägten Baumstamms mit Rinde, das bes. zum Verschalen benutzt wird. – **Schålbuurd** n. dass. vereinz. VPom.

Schåldauk n. / m. Schal, Umschlagetuch verstr. *'n Schåldauk drägen* °Gwd. – Zu Schål³.

schålen¹ sw. eine Schale bilden, bes. von Eiern selt. *Dat Ei mutt erst schålen* Ran / Ro.

schålen² sw. sich auf geschickte Weise (ohne Geld) Waren beschaffen vereinz. VPom MPom. *Ik gåh œwer Land schålen* besorge Lebensmittel auf dem Land Gwald. – Zu rotwelsch *schalen* Begehrtes sich zu beschaffen wissen.

schålen³ s. schœlen.

schålig Adj. schal, fade im Geschmack vereinz. *De Kaffe schmeckt so schålig* Uec / Ge. Syn. schål¹.

Schalk[1] m. Schelm, Spaßvogel verstr. – Ral.: *Em lücht't de Schalk ut'e Ogen* er treibt gerne Späße mit anderen Gwd / Ba, ähnl. verstr.

Schalk[2] f., seem., Pl. *-en*, Leiste, mit der ein Schutzbezug (Persenning) über einer Luke befestigt wird vereinz. pom. Küste. – Etymologisch zu Schalk[1]. – **schalken** sw., seem., eine Luke mit einer Persenning wasserdicht verschließen vereinz. pom. Küste.

Schall[1] m. wie hd. selt. *Dei Schall kümmt trööch* es gibt ein Echo Gwd / Ba.

Schall[2] s. Schål[3].

schallern sw. **1.** lauthals singen verstr. – **2.** in der Fügung: jmd. *ein' schallern* jmd. eine Ohrfeige geben verbr. – **Schall-lock** n. Schallöffnung im Glockenturm verstr. *In'n Karktorm is 'n Schallock* Gwald. – **Schall-luk** f. dass. verstr.

Schalm m. **1.** kleines, abgespaltenes Stück Holz VPom, sonst vereinz. *'n Schalm von dat Brett afschnieden* Dem / Kt. Fachspr.: entrindete Stelle, mit der man zu fällende Bäume markiert vereinz. – **2.** als Kerbholz dienender Stock VPom. *Dat schriew ik all up einen Schalm* das schreibe ich alles auf eine Rechnung Dem / De. – Ral.: *Dat geiht up mienen Schalm* das geht auf meine Kosten, dafür wird mir die Schuld gegeben Dem / Kt, ähnl. verbr. VPom; *wat up sienen egenen Schalm måken* etwas auf eigene Gefahr tun Rüg / Pu, ähnl. vereinz. Vgl. MWb 5,1228f. – **3.** Buchdeckel, -umschlag vereinz. VPom, Bru 1,33. *'n Schalm üm dat Bauk måken* Dem / De. – **4.** fischerspr. – **4.1.** biegsamer Zweig für Reusenbügel vereinz. vpom. Küste. *'n Bœgel besteiht ut twei Schalben* Gwd / La. – **4.2.** stumpfer Eisenzinken des Fanggeräts, mit dem man Aale aufspießt vereinz. vpom. Küste, Ras 164. Syn. Kåming, Schämel.

Laut- u. Formvar.: *Scharpen* selt., *Scharren* HomWb 165[a], *Scha(r)ben*, *Scharwen* Gwd / Wc, selt. °Rüg, *Scharm* selt., HoefAMsc 398[a]. – Pl.: *-s* verbr., fischerspr. auch *Schalben*, *Schallen*, *Schalmen*.

Schalmei f. einfaches Blasinstrument aus spiralförmig gebogener Weidenrinde vereinz. *De Wieden hebben Saft, wi willen uns Schalmeien måken* Ran / Pe.

schalmen sw., fachspr., zu fällende Bäume durch einen kleinen Schnitt in die Rinde kennzeichnen vereinz., DähWb 400[b].

Schalong s. Sches'long.

schaltere sw. sich schwankend, mühsam bewegen vereinz. ZPom. *Dat Peerd ka' nich mehr orntlich jåhe, dat schaltert bloß noch* Kol / Pr.

schalu Adj., Endsilbe betont, eifersüchtig, neidisch vereinz. VPom, [1]Tib 222. – Frz. *jaloux*.

Schalupp f. **1.** Schaluppe, kl. Beiboot selt., Pop 36. – **2.** altes, baufälliges Haus vereinz. MPom HPom. → Küff.

Schalusie f., müllerspr., *Schalesie* vereinz., 'Jalousie' verstellbare Klappe an den Flügeln der Windmühle verstr. *De Storm drückt de Schalusie rut* Ran / Mö.

Schalwer m. abgetrenntes, abgeblättertes Stück verstr. *'n Schalwe Speck* Kol / Go. *Holt to Schalwern haugen* Ran / Pe. Vgl. Schilwer.

Laut- u. Formvar.: *Scholwe* Sch / Pu, *Schelwe* Gbg / Gp, *Schelf* LauWb 305[b]. – Pl. *-n*, in HPom zumeist *Schalw(e)re*, *Schelw(e)re*, *Schelwe* LauWb 305[b].

Schalwer-ies n. dünne, brüchige Eisdecke Uec / Ge, Ran / Pe, Saa / Te. – **schalwern** sw., *schelwern* vereinz., *schelwe* LauWb 305[b], *scholwere* Nau / Db. **1.** sich von etwas ablösen, abblättern, splittern verstr. *Bi Döjwäde schalwert dat Ies up'm See* bei Tauwetter wird das Eis brüchig Dra / Bu. Vgl. beschalwern. – **2.** zerteilen, in kleine Stücke schneiden oder hacken verstr. *Bohnen schalwern* Ghg / Gr. *Wi willen Holt schalwern* Ghg / Li. Syn. scharwen. – **Schalwerstein** m. gespaltener, abgeschlagener Feldstein verstr. MPom. *Üm de Kutsch* [Tabakbeet] *rümmer warden Schalwesteener packt* Ran / Pl.

Schåm f., vereinz. m., *Schaum* Pyr / Wa,Wi, Dra / Bu, verstr. °Gbg, Kol / Go, *Schom* vereinz. NOPom. **1.** Scham, Schamgefühl. *Dei hett kein Schaum im Lief* Gbg / Gp. *Dat jeht up miene Schåm* ich muß mich deswegen schämen Reg / Rg. – Ral.: *de Schåm denn Kopp afbäten hebben* jegliches Schamgefühl verloren haben verstr. Verstärkend in der Paarformel: *nich Schåm noch Gråm hebben* völlig schamlos sein Fra / Zi, ähnl. verstr. Syn. Schenåsch, Schenie. – **2.** Schamgegend. *De Schåm mutt bedeckt sinn* Pyr / Lt. Zu jmd. mit offenem Hosenschlitz: *Bi di kiekt d' Schåm rute* Saa / Te.

Schambunk, Schåmbunk s. Scharnbunk.

Schämel m. Schemel. **1.** Stuhl ohne Lehne, Hocker verstr. Nur im westl. ZPom auch als Bez. für einen Stuhl mit geschnitzter Rückenlehne. – Ral. über arme Leute: *Dei sitte uk ma all up ein' Schämel!* °Cam. Vgl. Hüker. – **2.** Fußbank verstr. *Sei schmeet em mit'n Schämel in't Krüz* Gwd / Da. Syn. Hüker, Hutsch(e), Rutsch[1]. Zur Wortgeographie im nördl. VPom s. [8]Her-Win, Kt.3. – **3.** fachspr. – **3.1.** Querholz über der Achse des Ackerwagens, auf dem die Rungen sitzen verbr. Man unterscheidet zwischen dem Vörschämel und dem Hinnerschämel. *Dei Schämel up dei Vörass dreigt sik* Gwd / Ba. Auch: Querverbindung (urspr. hölzern, später aus Eisen) zwischen den Kufen in der Mitte des Eisschlittens (Peikschläden) vereinz. VPom, Ras 176. – **3.2.** Trittbrett am Webstuhl selt. – **3.3.** stumpfer Eisenzinken des Fanggeräts, mit dem man Aale aufspießt Stral, RAS 164. Syn. Kåming, Schalm.

Laut- u. Formvar.: *Schåmel* verstr. VPom, *Schemmel* verstr. NOPom, sonst selt., HOMWB 167[a], *Schēimel* °Büt [2]MIS 19, *Scheima(l)* DKr / La. – Pl. zumeist *-s*, vereinz. wie Sg. Nur in der fischerspr. Bed. 3.3. auch *Schåmen, Scharmen* Hidd., [1]PEE 156.

Schämelbein m. Bein eines Hockers oder einer Fußbank. Zumeist im Pl. in scherzh. Antworten auf die Frage nach dem Essen gebräuchlich: *Hüt gifft't dicken Ries mit Schämelbeinen* Fra / Bn, ähnl. vereinz., BLFPVK 6,127f. – **Schämelfaut** m. dass. vereinz., [3]WIN 45.

schämen sw. **1.** refl., sich schämen. *Dat is nich recht, du sast di wat schäme!* Sch / Gu. *Ik schäm mi nich mihr, dor hett mi noch keen Minsch wat för gäwen!* Gwald. Scherzh.: *Ik bruk mi nich schäme, ik hebb jo noch eie Hemd an!* Sto / Go. – Ral.: *sich dei Oje ut'm Kopp schäme* sich sehr schämen Reg / Me; *sich in dei gråwe Grund schäme* dass. Gwd / Ba. – **2.** zumeist unpers., peinlich, beschämend sein verstr. *Dat schämt mi keen bäten nich!* Ran / Pe. *A(r)beet schämt ni'!* Dra / Bu. – **3.** schimpfen, schelten südöstl. HPom, vgl. DWA 2, Kt.64. *Hei hett dull mit mi schåmt* Kös / Pr. → schimpen.

Lautvar.: *schaime* verstr. °Dra, Neu / We, *schaimo* Net / Sl. Vor allem in MPom u. HPom sind noch Varianten belegt, die das umlautlose mnd. *schāmen* (gegenüber der Nebenform mnd. *schēmen*) fortsetzen: *schåmen* Dem / De, verstr. MPom, vereinz. HPom, *schaume* Pyr / Wa,Wi, verstr. °Neu.

Phras. zu 1.: Sagw.: *Ik schäm mi, säd de Diern, don höl sei sik 'n Twirnsfåden vör dei Ogen* Stral, ähnl. vereinz., HUMGWD 9,18,11. *Ik schäm mi so, sär jenn gaut Mäken, un heil dat Hemd vör de Ogen* °Gwd. *De Lür starwen, dat se sich schämen möten, sär de Kuhlengräber* °Rüg. – Rä.: *Wat schämt sik noch, wenn't dod is?* = der Krebs HUMGWD 12,13,11 u. ä. vereinz.

Schämer m. Schimmer, schwacher Lichtschein verbr. *De Blinn' hett bloß noch einen Schämer von Licht* Fra / Zi. *Dat giwwt Minschen* [...], *von dei en fründlichen Schemer utgeiht* SPI 9. – **schäm(e)rig** Adj. schimmernd, schwach leuchtend verstr. *schämrig Licht* Kol / Go. Litspr.: [...] *un ward mi veeles all schämerig un düster* vieles gerät schon in Vergessenheit DLP 5,19. – **schämern** sw., *schemmern* selt., *scheimro* Net / Hf, schimmern. **1.** matt leuchten verbr. *De Mån schämert dörch de Böm* Dem / De. *Dat Licht schämert dörch dei Ritzen* Dem / Tp. – **2.** dämmrig werden VPom, sonst verstr. *Dat fingt åbends all früh an tau schämern* Gri / Gm. *Dei Morgen schämert all in'n Oosten* Rüg / Ae. → grågen. – **3.** eine undeutliche Ahnung haben, jmd. langsam bewußt werden vereinz. *Mi schämert dat so, as wenn ik dat all mål seihn heff* Dem / Tp. – **Schämerstund** f. Dämmerung, bes. am Abend vereinz. VPom. Gebräuchlicher ist Schummerstund.

schamfieren sw., *schamfeeren* Pyr / Lt, *schumfiere* selt. NOPom, [4]KNO 16. **1.** verschandeln, verunzieren verstr. *Dat olle Hus schamfiert dei ganze Stråt* Gri / Ti. *Mit dat Kleed schamfeert se sik ganz un gor* Pyr / Lt. *Wecker sien Näs afschnitt, schamfiert sien Angesicht* °Gwd, ähnl. vereinz., HUMGWD 12,25,11. Vgl. schim(p)fieren. – **2.** einen schlechten Ruf einbringen vereinz., LAUWB 302[b]. – Mnd. *schanfêren*.

schamfilen sw., seem., *schåm-* vereinz. VPom, durch Reibung schadhaft werden, durchscheuern verbr. vpom. Küste. – **Schamfiling** f., seem., *Schamfilung* vereinz. vpom. Küste. **1.** durch Reibung entstehende Beschädigung des Tauwerks verstr. vpom. Küste. – **2.** die Ummantelung einer beschädigten Stelle des Tauwerks vereinz. vpom. Küste.

schämig Adj. verschämt, sehr schüchtern vereinz., [2]ADAM 91, LAUWB 302[b]. Vgl. schu. – **schåminös** Adj. schamlos HUMGWD 14,1,9. Vgl. schandlos. – **schåmlig** Adj. **1.** schamhaft vereinz. – **2.** schwindlig selt. *Mi weer mit ees janz schåmlig vör d'Ogen* Ghg / Li.

schammeriert Part.Adj., *schammesiert* selt. **1.** gut ausstaffiert (bes. auf Kleidung bezogen) verstr. VPom, sonst selt. *De geht so schammeriert antreckt* Gwd / Ze. – **2.** schneidig, forsch verstr. VPom. – Zu frz. *chamarrer* verzieren, verbrämen.

Schampanjer m. Champagner. *'ne Buddel Schampanjer drinken* Gwald.

Schampeljong m., PflN, Pl. *-s*, Champignon verstr. *In'e Koppel plücke wi väl Schampeljongs* Dra / Dr.

Lautvar.: *Schampeljonn* selt. HPom, *Schampiljonn* Sto / Gl, *Schampenjong* Ghg / Li, *Schampendschong* Gbg / Ka [2]EBE 16, wie hd. *Champignon* vereinz.

Schamssel f. liederliche, schamlose Frau vereinz. MPom HPom.

Schamur m. Krempel, altes Zeug LAUWB 302[b].

schåmvigelett Adj. 'schamviolett' von intensiver Schamröte vereinz. VPom.

Schän f., *Scheen* Fra / Ln, Lau / GW, *Schäin* Neu / We, Pl. *-en*, Schiene. **1.** schmale Leiste aus Holz oder Metall. Spez.: (eiserner) Beschlag, bes. an Türen und Toren. *'ne lütte Döör* [...], *dei mit isern Rigels un Schänen beschlaan was* HUMGWD 74,357f.,1. – Ral. über jmd., der sich merkwürdig verhält: *Wat hett dei för 'ne Schän in'n Kopp?* Dem / De, ähnl. vereinz. – **2.** gespaltene Weiden- oder Haselnußrute zum Korbflechten. *Ut Hasselholt riete sei Schäne (af)* Nau / Rh. *Dei Schänen warn vör't Flechten in Wårer lecht* Gri / Mi. – **3.** Schienbein. *Ik heff mi dull stött un dei Schänen afschrammt* Fra / Zi. Syn. Schänbein, -knåken. – **4.** zumeist in der hd. Lautung *Schien*, Eisenbahn-, Straßenbahnschiene. *Schienen leggen* Gwd / Ba. – **Schänbein** n. Schienbein. *Ik heff mi dat rechten Schänbeen stött* Dra / Dr. Syn. Schän, Schänknåken.

Schanbunk s. Scharnbunk.

Schand s. Schann[1].

Schandål m., *Skandål* vereinz., *Schkandål* selt. VPom, Ran / Pe, °Rum, °Büt, ²MIS 36, *Skandaul* Gbg / Gp, Skandal. **1.** skandalöses Geschehen verstr. *Dat is reinen Schandål mit ehr* ihr Verhalten ist beschämend Rüg / Ae. – **2.** großer Lärm, Radau verstr. VPom. *Zank un Schandal* sehr laut ausgetragener Streit HUMGWD 5,31,10.

schandare sw. umherspionieren (wie ein Gendarm) vereinz. HPom.

Schandarm m., veraltd., Gendarm, Polizist. *Hei hett mihr Angst vör'n Schandarm as vör'n Düwel* Gri / Ti. *Måk dat nich, ik schick di süss denn Schandar up'n Hals!* °Ghg; [...] *as wier he 'n richtig Spitzbow un de Schandor achter em* ⁴HOEFE 122f. Drohung für ungezogene Kinder: *Töf, nu kümmt de Schandor!* Uec / Ue. – Sagw.: *Wat giwwt 't för niegliche Minschen, säd de Stromer, don kunterliert de Schangdarm siene Poppieren* HUMGWD 11,20,11.

Laut- u. Formvar.: *Schandar* verstr., JOSTWB 81, *Schandor* verstr., *Schandarf* vereinz. °Rüg, sonst selt. VPom, *Schindarf* Rüg / Rm, *Schangdarm* vereinz., *Schendar* Saa / Te, Sch / Rg, vereinz. NOPom, *Schendor* Dem / Kt, *Schaundar* Pyr / Wa,Wi, Reg / Me. – Pl. zumeist *-en*, *Schandeire* JOSTWB 81.

Rsyn.: Zumeist handelt es sich um scherzh. Bez. oder um Spottnamen: *Blåger, Blågkopp, Blitzkopp, Bull* (pejor.), *Knieper, Pickelhuf, Putz²*, *Schandudel, Spitzhaut, Spitzkopp, Teckel.*

Schandassel m., Pl. *-s*, scherzh. Bez. für den Kopf des Menschen LAUWB 302ᵇ. Vgl. Schandudel³.

schandbor Adj. schändlich vereinz. *Dat is schandbor, as hei sich bedrecht* Gri / Mi. Vgl. schändlich. – Zu Schann[1]. – **Schanddeckel** m., *Schann-* Uec / Ue, metaphorische Bez. für etwas, mit dem man eine Schmach vertuschen will vereinz. Über jmd., der eine Frau mit zahllosen Affären heiratet: *He is bloß ehr Schanddeckel* Gwald.

Schandeck n., seem., äußerer, waagerechter Plankengang, der rund um das Deck läuft und dieses seitlich begrenzt. – Das Erstglied wohl zu friesisch *schampen* schonen. – **Schandeckel** m. dass. verstr., ²RUD 76.

schandieren sw., *schandeeren* vereinz. MPom, *schendeeren* Ran / Pe,Sr, *schandeire* Nau / Fg,Rh. **1.** schimpfen, schelten verstr., HOMWB 165ᵃ. Antwort auf eine Strafpredigt: *Nu hest du nog öwer mi schandeert!* Ghg / Wt. Oft zur Verstärkung in Vbdg. mit *schimpen*: *Sei schimpt un schandiert denn ganzen Dag* Rüg / Ae. *Hei schimpte un schandierte up Gott un dei Welt* HUMGWD 14,12,7. → schimpen. – **2.** lärmen, Krawall machen vereinz.

schändlich Adj., *schindlich* vereinz. VPom, wie hd. vereinz. *Hei hett sich schändlich bedrågen* Gwd / Ba. Intensivierend in der Funktion eines Gradadverbs: *Dat deet schändlich weh* tut überaus weh Pyr / Lt. – Sagw.: *Versupe wull ik di, åwe ni' up so'n schändlich Oort, säd de Schnurre, as em 'n Gröschen i' de Dråg* [der Fluß Drage] *falle weer* Dra / Dr. Vgl. schandbor.

schandlos Adj. schamlos vereinz., HOEFAMSC 400ᵇ. *De Bengels singe schandlose Lieder* Pyr / Wi. Vgl. schåminös. – **Schandmul** n., *Schann-* LAUWB 303ᵃ, Schandmaul. **1.** freches Mundwerk verstr. *Sei möt eis mit'e Schüpp up ehr Schandmul hemm'* Gwd / Ba. – **2.** Schimpfw. für eine ständig lästernde Person verstr.

schändörch Adv. **1.** mitten hindurch verstr. VPom, sonst selt. *Dor stünn 'n groden Hümpel Minschen, œwer hei güng schändörch* Gwd / Ba. – **2.** ohne Unterbrechung, zügig verstr. VPom, sonst selt. *Dat geiht ümmer schändörch* die Arbeit schreitet gut voran Gri / Go. – Das Erstglied zu frz. *chaîne* Kette.

Schandpåhl m., veralt., Schandpfahl, Pranger.

Schandudel m., vereinz. n., *Schlandudel* selt., auch *Schandudels* n. selt. VPom. **1.** Schimpfw. für eine liederliche, ungepflegte Person, bes. auf Frauen und Mädchen bezogen. *Keinein will dei Schandudel friegen* Gri / Mi. – **2.** minderwertiger, unbrauchbarer Gegenstand verstr. VPom. *Schmiet dat oll Schandudels bloß weg!* Gwald. – **3.** scherzh. Bez. für den Kopf des Menschen vereinz. *Hei hett 'n Schandudel as 'ne Wåderbütt* hat einen sehr großen Kopf Cam / Ca. Vgl. Schandassel u. BBWB 3,1004. – **4.** SpottN, Gendarm, Polizist verstr. VPom, sonst selt., BRU 1968,33. Auch im Namen eines Fangspiels für Kinder im Freien: *Räuber un Schandudel* °Gwd. → Schandarm. – **schandudelig** Adj. unsauber, liederlich vereinz. VPom. *Dei Fru is so schandudelig antreckt* Fra / Zi. – **Schandudeljack** f. alte, abgetragene Jacke vereinz. – **schandudeln** sw. in unordentlicher Kleidung herumlaufen selt. VPom.

Schäne s. Schœne.

Schänen- s. Schän-.

Schanewer m., zweite Silbe betont, Genever, Wacholderschnaps vereinz., HTKLGWGRI 1929,75, HUMGWD 74,277,2.

Schang s. Schann[1].

Schangel m., Pl. *-s*, SpottN für den Franzosen vereinz. VPom, Net / Sl. – Abgeleitet aus dem frz. RN *Jean*.

schanghaien sw., seem. **1.** Seeleute (in heimtückischer Weise) zum Anheuern überreden. – **2.** stehlen vereinz. vpom. Küste. *Låt di dat nich schanghaien!* Stral.

Schangs f., *Schanz* selt. **1.** Chance, Aussicht auf Erfolg verbr. VPom. *Hei hett kein Schangsen in deesen Beraup* Gwd / Ba. – **2.** seem., Arbeitsstelle an Bord eines

Schiffes vpom. Küste. *Winters leepen de Lüd von'n Darß in Wustrow un Rostock rüm un söchten sich 'ne Schanz* Fra / Zi.

schangsieren sw., *schangseeren* verstr. MPom, *schangschieren* vereinz. VPom, changieren. **1.** farblich ineinander übergehen, schillern verstr. *Dat Kleed süht nåh'n Waschen so schangschiert ut* hat sich verfärbt Ank / An. – **2.** die Schrittfolge beim Tanzen wechseln selt. VPom.

schanieren, schanierlich s. schenieren, schenierlich.

Schanillj s. Schenillj.

Schäning[1] f., TiN, Kliesche (Plattfisch) Darß. Vgl. MWb 5,1239. Vgl. Schinning.

Schäning[2] s. Schœne.

Schänkiep f., auch *Schänen-*, Kiepe aus geschälten Weiden- oder Haselnußruten vereinz. – **Schänknåken** m. Schienbein verstr. VPom, [7]Band 115. *Ik heff mi äklig denn Schänknåken stött* Rüg / Ae. Syn. Schän, Schänbein. – **Schänkorf** m., auch *Schänen-*, aus geschälten Weiden- oder Haselnußruten geflochtener Korb vereinz. *Denn Schänenkorf bruk ik för dei Eiger* Gri / Mi.

Schann[1] f., *Schand* vereinz. HPom, *Schang* verbr. °Rum, °Büt, [2]Mis 36, *Schond* Lau / Ke. **1.** Schande, Schmach. *Dat is een Schann, wo he mit sien Peer ümgeht* Pyr / Lt. *Dat is 'ne Schann tau heiten* ist eine große Schande Dem / De. *Schäm di man nich, dat is doch keine Schann, arm tau sin!* Gwd / Ba. – Formelhaft: *Dat is ein Sünn un Schann!* das ist beschämend! verbr.; *mit Schimp un Schann* unter unehrenhaften, schimpflichen Umständen verbr. – **2.** Schaden, (materieller) Nachteil verstr. – Ral. auf eine Patenschaft bezogen: *Dat is 'ne Ihr för dei Lüd, œwer 'ne Schann vör denn Geldbüdel* Dem / Tp, ähnl. verstr. – **3.** Schamgefühl vereinz. HPom, sonst selt. *Dei hett alle Schann aflecht* kennt kein Schamgefühl mehr °Cam. – **4.** Schamgegend vereinz. *Dei deckt sich knapp sien Schann tau* ist nur spärlich bekleidet °Sch. – Zss. s. schand-, Schand-.

Schann[2] f. **1.** Schultertragholz verstr. °Kol u. °Gbg, [7]Kno 56. *Daue jüng 'ne Fru mit twei Emmers an'e Schann* Gbg / Hh. Vgl. Dråg, Dråschk. – **2.** Gurt als Tragehilfe beim Transport mit der Schubkarre verstr. °Gbg. – **3.** am Sensenblatt befestigter Riemen, den der Mäher sich um den Unterarm schlingt, um besser ausholen zu können selt. VPom, HuMGwd 12,40,8. Vgl. MWb 5,1240, BBWb 3,1003. – Mnd. *schande* „dar me mede drecht, portentula".

schännen sw., veraltd., *schinne* Nau / Da, wie hd. *schänden* selt., schänden. **1.** den guten Ruf, das Ansehen schwer beschädigen vereinz. – **2.** verunstalten, verunzieren vereinz. *De Når* [Narbe] *schännt dat ganze Gesicht* Pyr / Lt. – **3.** vergewaltigen vereinz. *Frugens würen in'n Krieg schännt* Gwd / Ba.

Schänsäf n., auch *Schänen-*, Sieb mit breitem Rahmen aus geflochtenen Holzbändern vereinz., [10]Rosf 176f.

Schänstell f., *Schaie-* Neu / We, *Schaio-* Net / Hf, kahle, unfruchtbare Stelle im Acker verbr. MPom SPom, sonst vereinz. *Dit is 'ne Schänstell, dor wasst keen Korn* Ran / Pe. Vgl. dörchschänen[1], verschänen[1].

Schänstock m., auch *Schänen-*, meist im Pl., Weiden- oder Haselnußrute, die geschält bes. zum Korbflechten benutzt wird verstr. *Wenn ik tau Busch führ, mütt ik mi 'n Deil Schänstöck haugen* Rüg / Ae.

Schanti m., seem. **1.** Shanty, Arbeitslied der Matrosen. – **2.** der beim nächtlichen Wachwechsel gesungene Ruf vereinz. vpom. Küste.

Schanz[1] f., Pl. *-en*. **1.** Schneewehe verstr., JostWb 81. *In dei hogen Schanzen schmeet dei Schläden üm* Gwd / Ba. – **2.** seem., veralt., Aufbau auf dem Achterdeck vereinz. vpom. Küste.

Schanz[2] s. Schangs.

schanzen sw. **1.** schuften, hart arbeiten verstr., LauWb 303[a]. *Dat Peerd hett schwor to schanzen* Uec / Ge. *In'n Hus un Hof giwt vel to schanzen* Rut 10. – **2.** Schneewehen aufwerfen vereinz. *Bi denn Storm schanzt dat dull* Gri / Bo. – **3.** müllerspr., verstopfen, sich zusetzen (vom Mahlwerk) vereinz., [2]Reh 55. *Dat Mähl schanzt in'n Måhljank* Dem / Jr. – **Schanzkleed** n., seem., Schanzkleid, etwa hüfthohe, außen an den Relingsstützen befestigte Verlängerung der Bordwand über das Oberdeck hinaus (urspr. aus Segeltuch). – **Schanzkleedung** f. dass. vereinz. vpom. Küste. – **Schanzlöper** m., veralt., *-loper* selt., bis zum Knie reichender Überrock für Männer vereinz. VPom. Vgl. MWb 5,1242. – **Schanztüg** n. **1.** Gerät für Schanzarbeiten vereinz., LauWb 303[a]. – **2.** scherzh., Eßbesteck vereinz.

Schäp s. Schipp[1].

Schåp n. **1.** TiN, Schaf. *Dat Schåp mutt lammen* Pyr / Lt. *Dei Jung' möt dei Schåp up'e Bråk häuden* Gwd / Ba. *Dat Schåp hett väl Wull* Ran / Pe. *Dei Schåp bruken Heu up dei Röp* Gri / Bo. *Dat Schåp is narrsch* leidet an der Drehkrankheit Rüg / Ls. Früher überwog in Pom. das *ruge Schåp* (das rauhwollige Pommersche Landschaf) Dem / De; später veredelte man diese Rasse durch Kreuzung mit Merinoschafen, die *spånsche Schåp* genannt wurden. – Ral., wie hd.: *sien Schåp in'n Drögen hemm'* allg. Zu jmd., der sich närrisch verhält: *Di hett woll dat Schop schlågen / beeten!* Ran / Ro, ähnl. verbr. *Låt dat Schåp schieten, de Wull wasst liekers!* kleinere

Unannehmlichkeiten muß man um größerer Ziele wegen in Kauf nehmen Ran / Kr, ähnl. allg. – Sprw.: *Wer sik sülfst to'n Schåp måkt, denn ward de Wulf fräten* Rüg / Zi. *So as dat Schaup is, so is dat Lamm* Gbg / Gp. *Ein rüdig Schåp steckt de ganze Haud an* Dem / Kt. *Een schoren Schåp lött Gott nich verfrieren* Rüg / Zi. *Dei Schap, dei eenmal in'n Kohl west sünd, trecken dor ümmer up tau* die zieht es immer wieder dorthin HUMGWD 10,30,2. *Dat's eie schlecht Schåp, dat sien Wull nich dräje will* Kol / Ma. *Uk tellt Schåp warn ståhlen / frett de Wulf* Gri / Bo. *Gedüllig Schåp gåhn väl in einen Stall* Gwd / Ba, auch erweitert, um Ungeduld zu kritisieren: [...] *ungedüllig noch väl mihr.* – **2.** einfältiger, gutmütiger Mensch. – **3.** oft als Dim. – **3.1.** Tannen-, Kiefernzapfen verbr. *An de Dannen hacken väl lange Schåp* Ran / Pe. *Wi willen nåh'n Holt gåhn un Schœpings sammeln* Dem / Tp. → Dannenappel. – **3.2.** Kätzchen am Haselstrauch verstr., vgl. DWA 10, Kt.7. – Zss. s. Schåp-, Schåp(s)-.

Laut- u. Formvar.: Zur Realisierung des Stammvokals s. PWB 1,1,LXI, Kt.5. Davon abweichend mit kurzem Stammvokal: *Schopp* Sch / Kt,Sl, Neu / Ju. – Pl.: zumeist wie Sg., *Schœp* verstr. VPom, Uec / Pa, Saa / Te, *Schöp* vereinz. MPom, PFA 22, *Schäup* Pyr / Wa,Wi, *Schaupa* Dra / Bu, *Schopps* Neu / Ju. – Dim.: *-ken* verbr. MPom, *-kes* verbr. HPom, *Schœping* verbr. VPom, *Schœpling* selt. VPom.

Phras. zu 1.: Spruch: *Wenn de Schåp got ståhn, de Immen got schwarmen un de Frugens got starwen, denn kann de Buer nich verdarwen* Gwald, ähnl. HUMGWD 11,49,5. – Sagw.: *Ik war mi nich von'n Schåp bieten låten, säd de Wulf un beet dat Schåp dot* Ank / An. – Wetterr.: *Wenn de Schåp tweimål pruuste, jifft dat Räjen* Lau / GW. *Wenn de Schåp drell* [hastig] *fräte, jifft't Räjen* Sto / Pf. *Wenn [...] dei Schaap veel freten un sick mit't Achterdeil gegen den Wind dreigen* [...], *denn gifft't Regen* HUMGWD 74,170f.,3. *Wenn de Schåp väl rümmerspringen, denn gifft't Rägen* Ran / Pe. – Volksgl.: Glück soll es bringen, wenn man beim Wandern weidende Schafe auf der linken Seite sieht, ansonsten droht Streit: *Schåp to linken, Glück deet mi winken. Schåp to rechten, gifft wat to verfechten* Rüg / Pu. – Wiegenlied: *Schlåp, Kinding, schlåp, dor buten gåhn twei Schåp, ein lütt schwart un ein lütt witt, wenn Kinding nu nich schlåpen will, denn kümmt lütt schwart un bitt! Schlåp, Kinding, schlåp!* Fra / Br.

Schåp-äjel m., TiN, Leberegel LAUWB 303[a]. Syn. Schåp-iel. – **Schåpbenn** f. Futterkrippe für Schafe verbr. MPom u. westl. HPom, sonst selt. *Dei Schåpbenn is vull Stroh* Nau / De. Vgl. Kt. *Benn*, Bd.1, Sp.287f. – **Schåpblaum** f., PflN, Schafgarbe (Achillea millefolium) LAUWB 303[a]. Syn. s. Schåp(s)garf. – **Schåpbråk** f. Brachland, auf dem man Schafe grasen läßt vereinz. *De Scheper höd't up de Schåpbråk* Ran / Wl. Vgl. Schåpbrink, -dreisch. – **Schåpbrink** m. dass. vereinz., [3]SCHWA 80. – **Schåpbuck** s. Schåp(s)buck. – **Schåpdreisch** m. Brachland, das als Schafweide genutzt wird verstr. Vgl. Schåpbråk, -brink. – **Schåpdrift** f., selt. m., (eingehegter) Weg, auf dem Schafe vom Stall zur Weide getrieben werden vereinz.

schapeite sw., *schapeete* Rum / Pr, trollen, gemächlich irgendwohin gehen selt. nordöstl. HPom, [2]KNO 85. – Slawisches Lehnwort, wohl zu pomor. *čapac* ungeschickt, plump gehen. Vgl. BBWB 3,1005: *[1]schappeien.*

Schäpel m. Scheffel. **1.** altes Hohlmaß von regional unterschiedlicher Größe, bes. für Getreide. Zumeist galt der preußische Scheffel, der knapp 55 Liter umfaßte. *Eie Schäpel här 16 Matte* Saa / Kl; *eie half Schäpel = acht Matte* Kol / Sö; *12 Schäpel = 1 Drömt* VPom; *96 Schäpel sünd eene Last* Rüg / Dm. Man unterschied den im Meßgefäß glatt abgestrichenen Scheffel (*'n kåhlen Schäpel* Pyr / Lt; *a' schlicht Schäpa(l)* Saa / Jk) vom gehäuften Scheffel (*'n gauden Schäpel* Dem / Tp; *'n hüpig Schäpel* Dra / La). Beim Abmessen konnte leicht manipuliert werden: *Wenn de Möller denn Schäpel to Hupen mök, wier ümmer einen bedrågen* Dem / Bs. Umgerechnet in Gewicht, galten in Pom. zumeist folgende Werte: *'n Schäpel Håwern = 50 Pund; 'n Schäpel Gasten = 60 bet 70 Pund; 'n Schäpel Roggen / Weiten = 80 bet 90 Pund; 'n Schäpel Arften = 100 Pund.* Vgl. Drömt, Last, Matt[1]. – **2.** Maßeinheit für landw. Nutzflächen verschiedener Größe vereinz. Zumeist galt das Maß für eine Fläche, für die man Aussaat in der Menge eines Scheffels (Bed. 1) benötigte. *12 Schäpel = 1 Morgen* Saa / Bu; *ein Schäpel Land* Lau / GW.

Laut- u. Formvar.: *Schepel* Ran / Ro, vereinz. NOPom, HOMWB 167[b], *Schäppel* selt. VPom, Bel / Ei, Rum / Bs, *Schäbbel* Sch / Pk, *Schäbel* Reg / Kt, *Schaipe(l), Schaipa(l)* Pyr / Wa, verbr. südl. SPom KÜHL 6, Neu / Wr, Lau / Ne, verbr. °DKr [3]TITA 8, *Schēipel* °Büt [2]MIS 19. – Pl.: zumeist wie Sg., *-s* vereinz., LAUWB 303[a], [5]TITA 73, *Schäp(e)le* vereinz. HPom.

Phras. zu 1.: Ral.: *Dat gütt mit Schäpel* regnet heftig °Rüg; *dörch 'n Schäpel Arften verwandt sin* weitläufig verwandt sein verbr. Verteidigung der Genügsamkeit: *Is dat nich mit dem Schepel, so is dat doch mit dem Löpel* HOMWB 167[b]. Scherzh. Nachahmung des Mühlengeräusches, bes. im Kniereiterlied: *Von dit, von dat, von'n Schäpel twei Matt* Gri / Gm, ähnl. verstr.

Schäpelbücks f., scherzh., sehr weite Hose verstr. VPom, sonst selt. *Du hest 'ne Schäpelbücks un 'n Mattnoors* trägst eine viel zu weite Hose für dein kleines Hinterteil Ank / An. Syn. Schäpelhos. – **Schäpelheid** f. kurzer, bröckeliger Flachsstengel °Kös. – **Schäpelhos** f. wie Schäpelbücks vereinz. – **Schäpelkiep** f. sehr großer Korb (urspr. etwa einen Scheffel Getreide fassend) vereinz. HPom.

schäpeln sw. scheffeln. **1.** reichen Ertrag bringen, bes. von der Ernte. *Dat Kuurn schäpelt gaut* Kol / Pr. *Dit Johr warn dei Tüften schäpeln* Fra / Zi. *Hüt schäpelt de Arbeet* Ank / An. *Bi em schäpelt dat düchdig* er hat finanziellen Erfolg Gwd / Ba. – Ral.: *Wat nich lohnt, dat schäpelt nich* ALBELG 1937,63. – **2.** in großen Mengen an sich bringen, anhäufen. *Hei hett schön Geld schäpelt* Ghg / Gr. *De kann nich nooch schäpeln* ist sehr raffgierig Ank / An. – **3.** veralt., den Scheffel als Hohlmaß verwenden vereinz. *Wi hemm' hier nåh'n Krieg nich mihr schäpelt* Gwald.

Lautvar.: *schepeln* Ran / Ro, vereinz. NOPom, HomWb 167[b], *schäppeln* selt., *schäbeln* Gri / Mi, *schaipele, schaipela* Pyr / Wa, verbr. südl. SPom, Neu / Wr, Lau / Ne, verbr. °DKr, *schēipele* °Büt.

Schäpeloorsch m. sehr dickes Gesäß verstr. MPom HPom. *Sien Schäpeloorsch hängt em bet an't Knee* Ran / Pe. – **Schäpelsack** m. sehr großer Sack (urspr. einen Scheffel fassend) vereinz. *Dei hett 'n Schäpelsack vull Geld* ist sehr wohlhabend Gwd / Da. – **Schäpelsdeil** m. die Menge etwa eines Scheffels, ziemlich viel vereinz., [5]Band 17, Pop 122. *Dat Gewicht stimmt nich, du kannst noch 'n Schäpelsdeel toleggen* Rüg / Dm. – **schäpelwies** Adv. scheffelweise, in großen Mengen. *Schäpelwies gifft mien Fru dat Jeld ut, un ik möt't gröschenwies verdeenen* Ank / An. *Dat gifft œwer Johr schäpelwies Plummen* Gwd / Ba. – Ral.: *Gifft Gott nich schäpelwies, so doch läpelwies* gibt Gott es nicht im Überfluß, so doch ausreichend Gri / Go.

schäpen s. schippen.

Schåpen m., veralt., flacher Topf, Tiegel verstr. *Jeet man de Melk in'n Schäpen rin!* Uec / Ge. – Ral.: *nich Gråpen noch Schåpen hebben* in ärmlichen Verhältnissen leben Ank / An, ähnl. verstr. – Mnd. *schāpe*.

Schäper s. Scheper.

Schåpfell n. **1.** Fell eines Schafes. – **2.** Trommelfell Fra / Zi, Ank / An. – **Schåpflåk** f. Einfriedung für Schafe vereinz. *de Schop in'e Schopflåk jäge* Sto / Gl. – **Schåpfleisch** n. Fleisch vom Schaf. – Scherzfr.: *Wo wåhrt Schåpfleisch am längsten?* = wenn das Schaf lebt °Kol, ähnl. BlfPVk 5,185. – **Schåp-iel** m., TiN, Leberegel vereinz. Syn. Schåp-äjel. – **schåpig** Adj. sehr einfältig (wie ein Schaf) vereinz. *Stell di nich so schåpig an!* Ghg / Wt. Vgl. schåpsdœmlich. – **Schåpkebläder** Pl. 'Schäfchenblätter' Wegerichblätter Sch / Ac,Rg, vereinz. NOPom. Auch generalisierend als Bez. für die Pflanze selbst. – **Schåpkrœt** f., TiN, (große) Kröte vereinz. nordwestl. ZPom, BlfPVk 7,152. – Wohl umgebildet aus Schorfkrœt. – **Schåplamm** n. weibl. Schaflamm (im Unterschied zum Bucklamm) verstr., vgl. DWA 7, Kt.2. → Lamm. – **Schåplos'** n. Gericht aus den Innereien des Schafes vereinz. °Nau, Saa / Le. – **Schåplus** f., TiN, Schaflaus, Schafszecke vereinz., HomWb 163[b]. – Volksmed.: *Wenn 'n Hingst / Wallach dat Wårer nich loswarden kann, warden Schåplüs in'n Dopp* [Vorhaut] *sett't* Ank / Br. Syn. Schåptäk.

Schapoklapp m., *Schackoklapp* vereinz., *Schawwelklapp* Bru 1968,34, zusammenklappbarer Zylinderhut verstr. – Frz. *chapeau claque*.

Schapp[1] n., Pl. *Schappen, Schapps* VPom, *Schepp* Reg / Kt. **1.** Schrank jeglicher Art. *Dat grode Schapp steht up'e Däl* Rüg / Zi. *Dei Kleeder lingen in't Schapp* Gwd / Ba. *Wi hemm' kein Brot mihr in't Schapp* Ank / An. *Mudder stellt de Melk in't Schapp* Ran / Sr. *Dat Äten schmeckt nåh't Schapp* schmeckt nach langem Liegen im Schrank muffig Dem / Tp. – Ral.: *De hett düchtig wat in't Schapp* ist sehr reich Pyr / Lt. Iron. zu jmd., für den nichts mehr übrigbleibt: *Nu kiek in't Schapp!* Gwd / Ba. Vgl. Spind. – **2.** großes Regal für Geschirr u. Speisen, bes. in der Küche vereinz. MPom HPom. *Dat Schapp in'e Kœk för't Geschirr hett keen Dör* Ran / Pe. – **3.** Schubfach im Schrank °Uec, °Pyr, selt. HPom. *Treck ma dat Schapp up, dor ward dat Dok lijja!* Dra / Dr. Vgl. BBWb 3,1005. – **4.** fischerspr., abgeteilter Raum mit Verdeck im Fischerboot vereinz. vpom. Küste.

Schapp[2] s. Schappk.

Schåppauhl m. 'Schafpfuhl' kleiner Teich, in dem Schafe vor der Schur gewaschen werden vereinz. Vgl. Schåpwasch.

Schappenör m., veralt., Endsilbe betont, Brautführer Gwald, Saa / Ja. – Wohl zu frz. *chaperonner* jmd. in seine Obhut nehmen.

schappieren sw. fortlaufen, ausreißen verbr. VPom, sonst vereinz. *Dei Franzosen sünd achter em her* [...], *äverst hei is eer schappiert* HuMGwd 74,357f.,3f. *Dei Kauh was dei Driewers schappiert* Gwald. – Frz. *échapper*.

schappig Adj. bissig, aggressiv verstr. MPom. *De Köter is so schappig* Ghg / Wt. *He is schappig mit mi* ist böse auf mich Ran / Pe.

Schappk f., *Tschappk* selt., *Schöppk* Rum / Pr, *Schapp* selt. nordöstl. HPom, alte, abgetragene Mütze verbr. NOPom, [7]Kno 69. Vgl. DWA 12, Kt.7. Über etwas völlig Wertloses: *Dor jeew ik nich mål mien Schappk fer!* Lau / Lg. Scherzh. auch als Bez. für das Barett des Pfarrers Rum / Pr, Sto / Dö,Pf. – Pomor. *čœpka*, poln. *czapka* Mütze.

Schappsied f., fachspr., Schappeseide, minderwertiges Seidengarn, das zumeist als Knopflochseide Verwendung findet vereinz.

Schappstock s. Schaffstock.

Schappwand f. Anbauwand vereinz. VPom, HWWb 267[a].

Schåpsalwie f., PflN, Salbei (Salvia) Pyr / Dö,Lt. Motiv der Benennung ist das gebräuchliche Würzen von Schaffleisch mit Salbei. – **Schåp(s)buck** m. Schafbock. – Ral. zu einer mißmutigen Person: *Hett di de Schaupbuck stött?* Gbg / Gp. Desinteresse oder Geringschätzung bekundend: *Wat gåhn denn Schåpbuck dei Lämmer an!* Gri / Mi. – Wetterr.: *Wenn dei Schåpbuck stötsch* [stößig] *is, kümmt Wind up* Fra / Br. Weiteres s. HUMGWD 10,24,9. – **Schåp(s)bunk** m., TiN, Mistkäfer Sto / Gl. Rsyn. s. Bussbunk. – **Schåpschier** f. Schere für die Schafschur. Syn. Schåpschinner. – **Schåpschiet** m. / f. Kot von Schafen. Über einen dummen Menschen: *De is so dœmlich as 'n Stück Schåpschiet* Rüg / Li. Ausruf der Verärgerung: *So'n Schåpschiet!* °Ghg. Vgl. Schåp(s)mess. – **Schåpschinken** m. **1.** Keule vom Schaf. Syn. Schåpskül. – **2.** scherzh. – **2.1.** Gewehr verstr., HUMGWD 11,4,8. – **2.2.** Violine vereinz. VPom. – **2.3.** seem., Sextant vereinz. vpom. Küste. Vgl. Schinkenknåken. – **Schåpschinner** m., scherzh., *-schinder* [11]HAAS 4, Schere für die Schafschur selt. Syn. Schåpschier. – **Schåpschur** f. Schafschur. *Nu is Mai, dei Tiet von'e Schåpschur kümmt* Reg / Rg. – **schåpsdœmlich** Adj. sehr dumm (wie ein Schaf) verstr. *Ut em kann jå nicks warden, de is schåpsdœmlich* Rüg / Dm. Vgl. schåpig. → dœmlich. – **Schåp(s)garf** f., PflN, Schafgarbe (Achillea millefolium). *Tee von Schåpgarf is sihr jesund un got bi Hoosten* Ank / An. *Großvodde hett Schaupjarf priemt* Gbg / Gp. Syn. Dusendblatt, Grüttblaum, Reinfor, Rölken, Schåpblaum, Schåpskermel. – **Schåp(s)hausten** m. trockener, bellender Husten vereinz., DÄHWB 397^b, HOMWB 163^b, LAUWB 303^b. – **Schåp(s)kees** m. **1.** Schafskäse. *Schåpkees is basch* Ank / Br. Zur bäuerlichen Herstellung von Schafskäse, der in Pom. nur eine geringe Rolle spielte u. zumeist mit Kümmel gewürzt wurde, vgl. MWB 5,1266. – **2.** kindspr., Früchte der Ackermalve LAUWB 303^b. – **Schåpskermel** m., PflN, 'Schafskerbel' Schafgarbe (Achillea millefolium) Fra / Kl,Ri, Gri / Bn,Vl. Syn. s. Schåp(s)garf. – **Schåp(s)kleewer** m., PflN, Steinklee (Melilotus) vereinz. – **Schåpskopp** m. **1.** Kopf des Schafes. – Volksgl.: *'n Schåpskopp an'n Husgäbel bringt Glück un Sägen* °Fra. – **2.** Schimpfw. für eine einfältige Person. Grobe Abweisung: *Du Schåpskopp, gåh hen un häur dei Häuhner!* Rüg / Ae. – **3.** das Kartenspiel Schafkopf. *Wi hemm' denn ganzen Åbend Schåpskopp späält* Gwd / Ba. *Wi späle Schåpskopp tå veier orre to fief* zu viert oder zu fünft °Sto. Syn. Ollschenbaster. – **Schåp(s)kœtel** m. **1.** Kotballen vom Schaf. *Mit Schåpskœtel warden dei Blaumenpött messt* Rüg / Ae. – **2.** scherzh., Rosine vereinz. – **Schåpskrint** f., scherzh., 'Schafskorinthe'. **1.** Kotballen vom Schaf vereinz. VPom, NIB 58. Syn. Schåpsrosin. – **2.** Rosine selt. VPom. – **Schåpskül** f. **1.** Keule eines Schafes vereinz. Syn. Schåpschinken. – **2.** scherzh., Gewehr Lau / Lt.

Schäp(s)låg f., veralt., kleiner Hafen selt., DÄHWB 404^a. *Hei licht mit sienen Schoner in dei Seedörper Schäpslåg* Rüg / Ae.

Schåp(s)ledder n. Schafleder. *Schåplerrer is tåg* Gri / Ge. – Ral.: *Dat ritt ut as Schåp(s)ledder* reißt schnell, ist wenig haltbar verstr. Auf Menschen bezogen: *utrieten as Schåp(s)ledder* überstürzt davonlaufen verstr. – **Schåp(s)melk** f. Schafmilch. *Schåpmelk is bannig fett* Gwd / Ba. Zu jmd., der sich närrisch verhält: *Du hest woll Schåpsmelk drunken!* Uec / Ge. – **Schåp(s)mess** m. Kot von Schafen. *De Schåpmess wür tweemål im Johr utbröcht un plückt* mit den Händen zerpflückt und als Dünger auf dem Feld verteilt Nau / Sr. Ausruf der Verärgerung: *So'n Schåpmess!* Uec / Ue. Vgl. Schåpschiet. – **schåp(s)nar(r)sch** Adj. närrisch, albern (wie ein Schaf) verstr. – **Schåp(s)näs** f. 'Schafsnase' Schimpfw. für eine einfältige Person vereinz. – **Schåp(s)noors** m. dass. vereinz. – **Schåpsrosin** f., scherzh., Kotballen vom Schaf vereinz. – Sagw.: *Dat sünd sure Rosinen, sär dei Düwel, don freet hei in'n Düüstern Schåpsrosinen* Rüg / Ae. Syn. Schåpskrint. – **Schåpstall** m. Schafstall. *Im Schåpstall blifft de Mess dat chanz Jahr lijje, bit de Schåp wedder up'e Weid kome* Sto / Gd. Nachdem der Schafdung aus dem Stall gebracht wurde: *De Schåpstall licht nu deep* Pyr / Wa. Über einen unermüdlichen Arbeiter: *Hei maracht as 'n Wulf in'n Schaapstall* HUMGWD 75,271f.,1. – **Schåp(s)tung'** f. **1.** Zunge eines Schafes. – **2.** PflN, Breitwegerich (Plantago major) selt. VPom, vereinz. östl. HPom.

Schäp(s)worm m., TiN, Schiffsbohrwurm selt. VPom. Vgl. Påhlworm.

Schåptäk f., TiN, Schafszecke verstr. Über einen Trinker: *He süppt as 'ne Schaptäk* HUMGWD 14,4,11. Syn. Schåplus.

Schapumpel m., pejor., Mensch, der unbeholfen, wackelig auf den Beinen ist Fra / Br, Ank / An, Ghg / Hi, Lau / Vl.

Schåpwasch f. **1.** das Waschen der Schafe vor der Schur. – **2.** kleiner Teich, in dem Schafe vor der Schur gewaschen werden verstr. *Dei Schåpwasch licht vör't Dörp* Gri / Mi. Vgl. Schåppauhl. – **Schåpwulk** f. Schäfchenwolke vereinz. – **Schåpwull** f. Schafwolle. *Han(d)schen ut Schåpwull* Ank / An. *Twei Fitzen* [Stränge] *Schåpwull* Gwd / Ba. – Ral.: *Dei kann Schåpwull wassen hüren* ist überklug vereinz. – **schåpwullen** Adj. aus Schafwolle. *schaupwullen Strümp* Gbg / Gp. – **Schåpzäg** f. Ziege, deren Zitzen schräg nach außen stehen vereinz. Auch: Ziege ohne Hörner Rum / Tr. Vgl. Kauhzäg.

Scharbuck m., veralt., *Schär-*, *Schör-* DÄHWB 399^b, *Schōr-* HOEFAMSC 411^a, Skorbut vereinz. – **Scharbuckskrut** n., PflN, Scharbockskraut (Ficaria verna) vereinz., HOM 2,65.

Schärf f., fachspr., die Schärfe der Mahlsteine verbr., [2]REH 15ff. *Nieje Schärf up'n Stein upsetten, dat kann nich jeder* Gwald. Man unterschied nach der Ausrichtung der Furchen auf dem Mahlstein *linksche Schärf un rechtsche Schärf* Fra / Br.

scharjeken sw., zweite Silbe betont, *schajeken, schejeken* vereinz. VPom, *schejöken* Rüg / Dm. **1.** spöttische Bemerkungen machen vereinz. *Dei scharjeekt achter jeden her* spottet über jeden Fra / Br. *Se hebben so väl mit mi schejöökt, dat ik nåh Hus gåhn bün* Rüg / Dm. – **2.** schreien, kreischen verstr. VPom, sonst selt. *Dat Wief scharjeekt so lut œwer de Stråt* Gri / Ge. → schriegen.

scharjuckeln sw. sich unruhig hin und her bewegen Gwald. Vgl. MWB 5,1276: *scharjucken.*

Scharker s. Schacker.

Scharlack m., wie hd. *Scharlach* vereinz., Scharlach. *Bi mi to Hus liggen se all to Berr, se hebben Scharlack* Rüg / Pu.

scharlant Adj., Endsilbe betont, genierlich, peinlich Use / Us, Cam / Al, Gbg / Wo, Lau / GW. Syn. schenant.

Scha(r)laster m., TiN, Elster Rüg / Bi, Ran / Ks, Lau / Lg, BLFPVK 5,12 u. 6,159. Vgl DWA 15, Kt.3. – Umgebildet aus einer Zss. mit Schacker als Erstglied, vgl. BBWB 3,986: *Schackelster.*

Scharletee f. Sakristei vereinz. °Saa. *De Paster geiht in'e Scharletee* Saa / Ja.

Scharling s. Schörling.

Scharlott RN Charlotte. Auch verallgemeinernd für das weibliche Geschlecht. Daher ral.: *Nu is't wedder richtig mit Scharlotten!* nun ist es mit ihr wieder nicht auszuhalten! Gwald, ähnl. vereinz. – **Scharlottenburger** m. saloppe Bez. für das Schneuzen der Nase mit Daumen und Zeigefinger verstr. Zumeist in der Fügung: *'n Scharlottenburger måken* Rüg / Pu. – Zum ON Charlottenburg (Berlin), dessen Fuhrleute als unfein galten.

Scharm s. Schalm.

scharmieren sw. auf charmante Weise anbändeln vereinz. VPom, UP 1922,282.

Scharnbunk m. / f., TiN. **1.** Mistkäfer verbr. im Belbucker Abteigebiet und im nordöstl. HPom. – Wetterr.: *De Schambunke brumme, dat jifft gaut Werre* Sto / Dö. *Morje ward gaut Wärer, dei Schanbunk hett fl̊åge* Kol / Zw. Rsyn. s. Bussbunk. – **2.** Pferdebremse, Stechfliege vereinz. NOPom, [5]KNO 1,10, BLFPVK 6,30. – **3.** Laus Sto / Wl BLFPVK 6,30. – Das Erstglied zu mnd. *scharn* Mist.

Lautv.: *Schanbunk* Kol / Zw, BLFPVK 7,154, *Scham-* Sto / Dö,Pf, Lau / GW, *Schåm-* Gbg / Br, [5]KNO 1,10, *Schom-* Lau / Vl, *Scharm-* HOMWB 165[a], *Schaum-* Gbg / Wa, *Schein-* Sch / Pt BLFPVK 7,154, *Scheinbunker* Sch / Kk,Sz, *Schänbonk, Schäəbonk* verstr. im Belbucker Abteigebiet, vgl. PRI / TEU 225f.

Scharnwäwer m., TiN, Mistkäfer verbr. VPom. *Scharnwäwers süht man an'n Sommerdag väl in'n Busch* Rüg / Pu. – Ral.: *läben as dei Scharnwäwer in'n Schiethop* im Überfluß leben verstr. VPom. – Wetterr.: *Wenn dei Scharnwäwer åbends flücht, gifft't gaut Wärer* Dem / Kt. → Bussbunk. – Mnd. *scharn(e)wēver.*

Laut- u. Formvar.: *Schannwäwer* Rüg / Bi,Zi, *Scham-* vereinz. °Rüg, *Schaden-* vereinz. °Dem, *Schar-* Use / Ga, *Scharpen-* Fra / Ln, Gri / Sv, *Schåben-* Dem / De.

scharp Adj., *schâp* verstr., *schäp* Pyr / Bt [1]TITA 81f., scharf. **1.** gut schneidend, gut geschliffen. *Dat Metz is sehr scha(r)p, seh di vör!* Dra / Bu. *Wi bruken 'ne scharpe Schier* Gwd / Ba. *Måk dei Seiss / denn Mœhlstein scharp!* Gwd / Kü. – Volksgl.: *Man sall keine scharpen Såken schenken, de schnieden de Fründschaft intwei* Gwald. – **2.** sehr herb, beißend im Geschmack. *De Päper is sehr scharp* Pyr / Lt. *Dei Schnaps is so scharp, dei schmitt einen jå üm!* Fra / Br. – Sagw.: *Scharp, scharp, säd de Buer, don freet hei denn Semp mit'n Läpel* Gwald, ähnl. verstr., HUMGWD 74,60f.,3. Vgl. sarp. – **3.** gut sehend oder hörend. *Dei Oll hett noch sihr scharpe Ogen / Uhren* Gri / Mi. – **4.** ungemein streng, unnachgiebig. *Dei Vadder is ehr sihr scharp* läßt seiner Tochter keinen Freiraum Gri / Go. – **5.** intensiv, stark ausgeprägt. *Dat Brot is tau scharp backt* Reg / Kw. *Dor wür scharp drunken* wurde viel Alkohol getrunken Gwd / Ba. *Wi hewwen hüt scharpen Wind* Ran / Pe; *scharp Frost* starker Frost ohne Schnee Pyr / Wa. *Bi dei Arbeit güng dat scharp her* die Arbeit war sehr anstrengend Gri / Go. – **6.** bissig (von Hunden). *Pass up, dat's 'n scharp Köter* Cam / Ca. – **7.** ganz in der Nähe, dicht. *Dat Hus licht scharp an'e Stråt* Ank / Br. – **8.** wollüstig. Scherzh.: *Is de Mann scharp, kåme de Kinner nåh'm Vadder, is de Fru scharp, kåme de Kinner nåh de Mudder* Dra / Ga. Chauvinistischer Spruch: *Scharp in't Berr un schön an'n Hierd sünd Frugens dusend Dåler wiert* Ank / Br. – **9.** *scharp up wat / ein' sin,* begierig, versessen auf etwas oder jmd. sein. *Se is scharp up'e Arbeet / up Koken / up'e Bengels* Stett. – **10.** fachspr., spitz zulaufend (von Bug u. Heck). *'n scharpes Schipp* Rüg / Sn.

Schärp f. Schärpe verstr. – Ral.: *Dat ka' di de Schärp koste!* kann dich um dein Amt bringen! Nau / Wa.

scharpen[1] sw., *schape* verstr., schärfen (durch Schleifen, Wetzen oder Anspitzen). *Nimm eis dat Metz un scharp mi dat 'n bitzk!* Sto / Gl. *Dei Såg mutt scharpt ware* Nau / De; *'n Griffel scharpen* Fra / Zi.

scharpen[2] s. scharwen.

Scharpen s. Schalm.

Scha(r)pie f., veralt., *Schepie* Reg / Rg, Lau / GW, zerrupfte Leinwand- oder Baumwollfasern (bes. als Verbandmaterial) vereinz., [4]SEG 222. *Scharpie ut dei Lum* *men* [zerrissene Kleidungsstücke] *måke* Sto / Bu. – Frz. *charpie.*

Scharpmåker m. Aufhetzer vereinz. *Mit denn ollen Scharpmåker låt di nich in!* Gwd / Ba. – **Scharprichter** m. **1.** Scharfrichter, Henker. Iron. Spruch: *Dei Scharprichte is eie scharp Barbier* Cam / Bn. – **2.** Abdecker vereinz., HOMWB 165ª. → Schinner.

scharren sw. wie hd. vereinz. *in'n Sand scharren* Gwd / Nu. *Dei Oll hett scharrt un dei Jung' klarrt* der Vater hat Geld gehortet, der Sohn gibt es mit vollen Händen aus Ank / An.

Scharren m., veralt., *Scharn* selt. VPom, *Schårn* Ank / An, Verkaufsstand der Fleischer vereinz. VPom. *Gåh man nåh'n Markt, dor kannst du an'n Scharn wat köpen!* Rüg / Dm. – Mnd. *scharren.*

Scharrick f. / m., TiN. **1.** Bleßhuhn vereinz. °Gri. → Zapp. – **2.** *Scharreck* Fra / Se, *Scharrig* Dem / Zt, Eichelhäher selt. VPom, vgl. DWA 15, Kt.1. Rsyn. s. Markwart. – **scharricken** sw., *scharrigen* Gri / Mi, *scharrecken* Uec / Ue, schreien, kreischen (von Vögeln) vereinz. VPom, °Uec, HOEFAMSC 401ª. – Wetterr.: *Wenn Vœgel väl scharricken, gifft dat Unwäder* Gri / Bo.

Schartek f. Scharteke. **1.** altes, zerlesenes Buch. In jüngerer Bed. auch auf alte, wertlose Sachen aller Art bezogen. *De ollen Scharteken don nicks mehr nütt* Uec / Ue. – **2.** Schimpfw. für eine alte Frau. *Dat is so 'ne Schartek, mit dei will keint wat to daun hebbe* Sto / Gl. – Mnd. *schartêke* Schriftstück, Urkunde; Machwerk. Entlehnt aus mittellat. *chartecea.*

Scharutschk s. Schrutschk.

Scharw' f. Scherbe verstr. Gebräuchlicher ist bes. in VPom Schör, vgl. zudem Scharwel. *De Scharwe dråg ma nåh de Emmer rinner!* Saa / Le. – Volksgl.: *Scharben bringen Glück, bloß keen Glas darf mang sinn* Uec / Ue. – Mnd. *scherve.*

Laut- u. Formvar.: *Scherf* LAUWB 306ᵇ. – Pl.: *Scharben, Scharm'* verstr., *Scharwe* vereinz. MPom HPom, *Scherwe* Gbg / Tr, LAUWB 306ᵇ, *Schorwe* Lau / Ke.

Scharwel f., vereinz. m. / n., wie Scharw' verstr. MPom HPom. *Wer hett denn Pott to Scharbel schmeeten?* Ran / Pe. *Då is ni' eea Stück ganz, 't sin lute Scharwele* Pyr / Wa. – Mnd. *schervele.*

Laut- u. Formvar.: *Scharbel* vereinz. MPom, *Scherbel* Kol / Pr. – Pl.: zumeist *Scharwele(n), Scharbele(n), Scharbels* Sch / Sd, Stolp, *Scharbel* (wie Sg.) Ran / Pe.

scharweln s. scherbeln.

Scharweltüg n. **1.** Geschirr aus Porzellan oder Ton Ran / Pe, Net / Hf. Vgl. BBWB 3,1041: *Scherbelzeug.* – **2.** Scherben vereinz. MPom. *Tum Pulteråwend jifft dat 'n ganzen Hopen Scharbeltüg* Ghg / Wt.

scharwen sw., *scharben* selt. VPom, *scharpen* selt., in kleine Stücke schneiden verstr. außer MPom. *Nettel scharwe fo dei Äänte* Gbg / Gp. *Wi möten dei Bohnen noch scharben* Gwald. *Kohl scharwen* HOMWB 165ª. *Tobak scharpe* Gbg / Vi. Syn. schalwern. – Mnd. *scharven.*

scharwenzeln sw., *scherwenzeln* ⁴GIL 1,114, *scharwinzeln* HOMWB 165ᵇ, sich einschmeicheln, schöntun verstr. *Schäm di! Du scharwenzelst all wedder achter dei Diern an* Fra / Br. Vgl. rümscharwenzeln.

Schasmin m., PflN, *Schesmin* HOM 2,10, Jasmin verstr. VPom, EEKS 1922,15. *Schasmin rückt so streng* Gri / Mi.

schassen sw., *schasten* vereinz. **1.** jmd. (kurzerhand) entlassen, relegieren. *Sei hemm' em up'e Schaul schasst* von der Schule verwiesen Gwd / Ba. Übertr.: *dei ollen Såken schassen* ausrangieren Fra / Br. – **2.** jmd. ergreifen, ertappen vereinz. *Se hemm' em bi'n Stählen schasst* Stral. – Zu frz. *chasser.*

Schassepo n., Endsilbe betont, *Schaste-* KEL 8, Chassepotgewehr (Hinterlader der frz. Armee 1870 / 71) selt. – Benannt nach dem Konstrukteur *Chassepot.*

Schaster m., Pl. *-s*, Angehöriger einer Landwehr, Soldat Ran / Ro. – Evtl. zu schassen.

Schät m. / f., *Scheet* Sto / Gl, selt. im Pl. *-s* LAUWB 301ª. **1.** Furz. *'na Schät lauta furzen* Dra / Dr. Abweisend zu einem Angeber: *Dîə Schät stinkt uk as uns!* Sto / Dö. – Sagw.: *Bäter in'e wiede Wilt as im inge Buk, säd dei Bur o' leit 'ne grote Schät* Büt / Bt, ähnl. ¹KNO 58. – **2.** Vorgang und Resultat des Ausscheidens von Kot. Vgl. Schiß. – **3.** derbe Bez. für etwas Wertloses, Nichtiges. *Smiet denn Schät doch weg!* Rüg / Ae. – Ral.: *Dat geiht di 'n Schät wat an!* geht dich überhaupt nichts an! Gri / Mi, ähnl. verbr. *Von nicks kümmt nicks: Schickt man 'n Schät hen, kricht man 'n Schät wedder!* Stolp, ähnl. BLFPVK 9,147. Vgl. Schiet. – **4.** *kleie Schät*, Kosew. für ein Kleinkind verstr. NOPom. – Mnd. *schēt* Schiß, Furz.

Schato-Multrecker m. scherzh. Bez. für einen sauren Rotwein vereinz. VPom. Vgl. Multrecker. – Das Erstglied zu frz. *château.*

Schatt s. Schatz.

Schatten m. wie hd. *Dei Planten ståhn to dull in'n Schadden* Gwd / Da. *Dei Bom gifft gauden Schatten* Gri / Mi. *Nimm diene Schatte bi're Siet!* geh mir aus dem Licht! Sto / Pf. – Ral.: *för sienen eigen Schatten* ganz für sich selbst verstr.; *wat in'n Schatten stellen* ein Vorhaben nicht weiter verfolgen vereinz.; *einen in'n Schatten stel-*

len jmd. seine Überlegenheit zeigen vereinz. *Em ward vör sienen eigen Schatten grugen* er ist übermäßig ängstlich Gri / Ti, ähnl. verbr.

Laut- u. Formvar.: *Schadden* verstr. VPom, vereinz. MPom, *Schatte, Schadde* HPom. – Pl.: zumeist wie Sg., *-n* (zum Sg. *Schatte, Schadde*) vereinz. HPom, LAUWB 301[b].

Phras.: Rä., in denen nach dem Schatten gefragt wird: *Wat geiht äwer't Stroh un ruschelt nich?* HUMGWD 11,31,11. *Wat kann unner friegen Himmel von dei Sünn nich beschient warden?* Ank / Br. *Dat geht im Wauter un ward nich natt* Gbg / Ro HTKÖS 1933,4,12. *Middags is dat kort un kleen, åbends äwer lang to sehn* Gwald, ähnl. verstr., HUMGWD 8,11,2. *Wer hett keina Lief o is doch sichtbar?* Cam / Ga [2]BRUNK 57.

Schatterie f. kl. Ansammlung von Gehöften abseits einer größeren Siedlung vereinz. °Lau.

schattig Adj., *schaddig* vereinz. VPom. **1.** wie hd. verstr. *He will unner de schattig Linn' sitten* Uec / Pa. – **2.** von dunkler Farbe vereinz. *schattig Tüg* Neu / Aa.

Schatull f. / n., *Schatoll* vereinz., *Schastoll* Reg / Kt, Schatulle. **1.** (verschließbares) Schubfach, bes. zur Aufbewahrung von Wertsachen verstr. Nur selt. auch als Bez. für eine Geld-, Schmuckkassette. *In de Schatull lött sich väl rinpacken* Ran / Pe. *Se hett nich nooch in ehr Schatull* sie erhält nur eine kleine Aussteuer Uec / Pa. – Ral.: *Dat föllt ut'e Schatoll in'e Bilåd* es bleibt alles in der Familie °Reg. Vgl. Schuf. – **2.** (geflochtene) Schachtel, in der das Essen mit zur Arbeit genommen wird Lau / Lt [10]ROSF 174. – **3.** Schimpfw. für eine alte, liederliche Frau verstr. – **Schatullenrutscher** m. SpottN für den Kaufmannsgehilfen GRO-GLÜ 421.

Schatz m. wie hd. **1.** große Menge kostbarer Dinge. *Dei hett 'n Schatz vergråben* Gwd / Ba. – Zu Schatzsagen in Pom. s. bes. [1]HAAS, [9]HAAS, [3]JAHN, BLFPVK 4,184ff. – **2.** geliebter Mensch verstr. Zumeist auf den Lebens-, Ehepartner bezogen: *So is dat: Irst will man sinen Schatz vör Leiw upfräten, nahsten deit't eenen leid, dat 'n 't nich dahn hett* HUMGWD 9,28,11. – Das ältere nd. Lexem *Schatt* ist nur noch in der Zss. Brutschatt bewahrt.

schaudüweln sw. **1.** jmd. schlecht behandeln, schikanieren vereinz. VPom. Vgl. MWB 6,117: *schodüweln*. – **2.** hist., *schodüweln*, „vermummt und schwärmend herumlaufen" DÄHWB 410[a].

Schauermann m., seem., Hafenarbeiter Rüg / Sn. – Nl. *sjouwer(man)*.

Schauf f. Schar, größere Gruppe von Tieren gleicher Art oder von Menschen VPom, sonst selt. *Up'n Diek schwemmt 'ne Schauf Gäus* Fra / Zi; *'ne Schauw' Sparlings* UP 6,61; *'ne Schauf Minschen* Gri / Ti. Vgl. schauwen, schauwenwies. – Mnd. *schōve*.

Laut- u. Formvar.: *Schauw'* selt. VPom, *Schof* verstr. °Rüg, Gwd / Da, Uec / Ue, *Schau'* Fra / Mg, Use / Ne, *Scho'* Rüg / Gr. – Pl. *Schauwen, Schauben* verbr. VPom, sonst *Schowen*.

schäugen sw. 'schuhen' ein Stück (bes. Holz) ansetzen, fest mit einem anderen verbinden selt. VPom. – Gebräuchlicher in der Zss. anschäugen.

Schauh m., Pl. wie Sg. **1.** Schuh. *Ik will mi de Schauh besåhle låte* Nau / Db. *Dei Schauh sünd nåh mi måkt* sind nach meinem Maß gefertigt Sch / Rg; *Schauh ut Ledder* Lau / GW; *de Schoh schmären* einfetten Uec / Pa; *barft in'e Schoh gauha* Schuhe ohne Strümpfe tragen Dra / Bu. *Treck di flink dei Schäuhkings an, mien Lütt, wi gåhn nåh de Stadt!* Dem / Tp. – Ral.: *Dor ward kein Schauh ut!* daraus wird nichts! Dem / Kt, ähnl. verbr. *Dat heff ik all lang unnerm Schauh afdråge!* habe ich schon lange gewußt! Reg / Kt, ähnl. LAUWB 304[b]; *einen ut dei Schauh bringen* jmd. viel Geld abnehmen vereinz.; *wat in dei Schauh hebben* vermögend sein vereinz. Scherzh., wenn Gegenstände oder Personen nicht zusammenpassen: *Een' Schoh un een' Schlarben, is dat nich to'n Gottserbarmen!* Ran / Ro, ähnl. verstr. Wenn Schuhe knarren: *De Schauh gnarren so, de sünd woll noch nich betåhlt* Gri / Ge, ähnl. verbr. – Sprw.: *Een Schoh paßt nich up all Föt* Menschen haben unterschiedliche Voraussetzungen und Bedürfnisse Pyr / Lt. – Volksgl.: *Schoh sall man nich up'n Disch stellen, dat gifft Striet* Rüg / Zi, ähnl. verbr. Vgl. Schauhböst. – **2.** Huf von Schweinen, Rindern, Schafen u. Ziegen verbr. *de Zick de Schoh beschnieje* beschneiden Pyr / Wa. Nach dem Schlachten: *demm Schwien mit de Knieptang de Schauh uttrecke* die Hufe entfernen Cam / Kw. Vgl. Hauf[2]. – **3.** müllerspr., kurz für Rüddelschauh vereinz., [2]REH 42f. – **4.** veralt., Längenmaß (ca. 30 cm) selt. *Dat's vier Schauh breit* Gri / Mi. Von einem Walfisch: *dei in dei Längd sine 25 Schauh hadd* [2]ADAM 52. Üblicher ist das synonyme Längenmaß Faut.

Laut- u. Formvar.: Zur lautlichen Realisierung des Stammvokals (Hauptvar. *Schauh* und *Schoh*) s. PWB 1,1,LXVII, Kt.14. – Dim.: *Schäuhking* verbr. VPom, *Schöhking* verbr. °Rüg, *Schäuhke(n), Schöhke(n)* verbr. MPom HPom, *Scheihke* vereinz. nordöstl. HPom.

Phras.: Scherzfr.: *Wecke Schauh passt ni' up de Faut?* = der Handschuh Kol / Sö. *Wecker Schauh is nich von Lerrer* = der Hemmschuh Ank / Br. – Im Wiegenlied: *Kindke, treck din Schäuhkens an, wi danze up dem Flauer* Rum / Tr BLFPVK 5,41.

Schauhantrecker m. Schuhanzieher. *Nimm ma' denn Schauhantrecker, dat jeht bäter!* Saa / Le. – **Schauhbåhn** f., *-bähning* verstr. VPom, *-bahnk* HOMWB 165[b], Schlitterbahn verbr. VPom, sonst selt. *Schohbåhn lopen* auf einer Schlitterbahn rutschen Rüg / Rp.

schauhbåhnen sw. mit Anlauf über eine Schnee- oder Eisfläche schlittern verbr. VPom, sonst vereinz. *up'm Ies schauhbåhne* Sch / Pu. Auch refl.: *Wi willen uns 'n bäten schauhbåhningen* Fra / Zi.

Laut- u. Formvar.: *schauhbåhningen* verstr. °Fra, *-båhnigen* Gri / Ge, *-bahnke(n)* Sch / Gu, HOMWB 165[b], *-bauhnke* Gbg / Vi.